安徽高等教育振兴计划重大教学改革项目"高职院校教师发展研究"(2015zdjy189)
安徽省高校优秀中青年骨干人才国外访学研修重点项目(gxfxZD2016314)
研究成果

"双师型"视域下 高职院校教师在职培养困境研究

Research on the Predicaments of Teachers In-service Training in Higher Vocational Colleges under the Perspective of "Double-Qualification"

李玉萍 著

中国科学技术大学出版社

内 容 简 介

本书以一所高职学院为研究案例，就“高职院校‘双师型’教师在职培养困境及其成因”这一问题，分别从培养方式、培养环境和教师个人三个方面开展系统分析和研究，揭示“双师型”教师培养困境形成原因的多样性和复杂性，有利于促进相关利益方的相互了解和沟通，为优化和完善高职院校“双师型”教师培养体系提供参考。

图书在版编目(CIP)数据

“双师型”视域下高职院校教师在职培养困境研究/李玉萍著. —合肥：中国科学技术大学出版社，2018.11

ISBN 978-7-312-04552-3

Ⅰ. 双… Ⅱ. 李… Ⅲ. 高等职业教育—技术学校—师资培养—研究 Ⅳ. G715

中国版本图书馆 CIP 数据核字(2018)第 196342 号

出版 中国科学技术大学出版社
安徽省合肥市金寨路 96 号，230026
http://press.ustc.edu.cn
https://zgkxjsdxcbs.tmall.com

印刷 安徽省瑞隆印务有限公司

发行 中国科学技术大学出版社

经销 全国新华书店

开本 710 mm×1000 mm 1/16

印张 14

字数 274 千

版次 2018 年 11 月第 1 版

印次 2018 年 11 月第 1 次印刷

定价 60.00 元

前 言

自20世纪90年代起，我国经济开始进入快速发展的轨道，尤其是近年来，经济发展模式转型加快，经济结构不断升级，随之而来的是社会对中高级技术技能型人才的需求不断增加，使得高等职业教育的规模急剧扩张。与普通高等教育不同，高职教育的办学定位是“为生产、建设、管理和服务一线行业企业培养高素质技术技能型人才”，特有的办学定位和人才培养目标，对从事高职教育的教师提出了“双师型”的要求。

理论上，高职院校的“双师型”教师必须既系统掌握与任教专业相关的理论知识，又了解专业对应的企业一线工作岗位(群)的任务和流程，具备岗位实际操作能力和技术应用开发能力，在向学生传授专业基本理论知识的同时，也能够指导学生开展实习实训。然而，当前我国高职院校教师以普通高校的应届本科毕业生或硕士研究生为主，他们普遍具备比较扎实的专业理论知识，但严重缺乏与专业相关的企业岗位工作经历，基本不具备岗位操作技能和专业实践教学能力。因此，加强高职教师的“双师”素质和能力的在职培养和培训是每所高职院校师资队伍建设的重要任务之一。

长期以来，政府相关部门对职业院校“双师型”教师的在职培养十分关注。在各级各类涉及职业教育的政策文件中，几乎都有关于“加强职业院校‘双师型’教师队伍建设”的内容，明确了“双师型”教师培养培训的路线图、时间表和任务清单，相关部门投入了大量的人力、物力和财力，为高职教师设计并落实了一系列国家级培训项目、省级培训项目和海外培训项目等。各高职院校也配合主管部门的要求，加大经费投入，强化“双师型”教师的在职培养和培训。这些措施和手段的应用，的确在一定程度上提高了高职教师的专业理论水平和实践教学能力，但没有能够从整体上根本改变“高职院校教师实践教学能力不强”的状况，“双师型”教师数量不足、质量不高依然是制约高职教育发展的“瓶颈”之一，这表明高职院校“双师型”教师培养面临着困境。作为一名长期任职于高职院校的一线教师和教学管理人员，我一直关注着“双师型”教师专业发展的问题，对“双师型”教师在职培养的困境抱有浓厚的研究兴趣。

本研究遵循个案研究的路径，以一所高职院校的“双师型”教师培养状况为例，运用质性研究方法和问卷调查法收集第一手研究资料，运用访谈法、观察法、焦点团体、文本分析法和问卷法等具体方法，就“高职院校‘双师型’教师培养困境及其成因”这一问题从培养方式、培养环境和教师个人三个方面展开了较为系统、全面的分析和研究，并结合相关的组织理论、学习理论等对困境形成的深层次原因进行讨论，就“双师型”教师培养体系改革与政策制定进行反思，提出若干面向“建设数量足、质量高的高职‘双师型’师资队伍”的可操作性建议。希望本研究能够揭示“双师型”教师培养困境形成原因的多样性和复杂性，促进高职教育相关利益方的相互了解和沟通，能够为优化和完善高职院校“双师型”教师培养体系提供参考。

本书是在我的博士论文的基础上撰写而成的。在开展研究的过程中，本研究得到了北京大学教育学院陈向明教授、陈洪捷教授、文东茅教授、阎凤桥教授、郭建如教授、施小光教授、马万华教授、赵国栋教授和沈文钦副教授的悉心指导和热情帮助。我的博士论文指导教师蒋凯教授为本研究提供了丰富的研究资料和参考文献，他对本研究的问题聚焦、理论选取、内容选择、框架构建等方面严格把关，耗费颇多心力。在研究过程中，我所在工作单位的领导和同事们，牺牲休息时间接受访谈、参与问卷调研等，与我毫无保留地分享他们的所思所想，为研究提供了丰富的第一手资料。在此，我对在研究和写作过程中所获得的来自各方面的帮助和支持表示诚挚的感谢。此外，在写作过程中本书也参考了大量的国内外相关研究成果，对这些研究成果的作者也一并表示感谢。

由于我的理论基础和学识能力有限，研究水平仍待提高，书中疏漏之处在所难免，祈盼读者不吝批评、指正！

李玉萍

2018 年 6 月

目 录

第一章　绪　论

本章主要介绍本研究的选题背景，说明研究的理论意义和实践意义，梳理关于“双师型”教师培养的政策，界定本研究中使用的主要概念，说明本研究的思路和所应用的研究方法，并对本研究进行反思。

第一节　选题背景与研究意义

一、选题背景

众所周知，高等职业教育是与社会经济发展关系非常紧密的高等教育类型，中国职业教育的产生、扩张和升级都是因应不同阶段社会经济发展对技术技能人才需求的产物。新中国成立之初，在当时有限的经济发展水平下，就已建立了 20 多所技工学校，主要是农业中学和城市职业中学。自 20 世纪 70 年代末起，中国开始进入“以经济建设为中心”的改革开放时代，职业教育伴随着经济的发展也迎来了它的发展期，1992 年第一所高等职业技术学院在深圳建立，至 20 世纪 90 年代末，我国已成立了 100 余所高等职业院校，在校学生近 15 万人。①进入 21 世纪后，随着我国经济建设的快速发展和人们接受高等教育需求的迅猛增长，我国的高等职业教育也开始步入急剧的规模扩张期，据教育部统计，截至 2016 年年底，我国已有高职高专院校 1 359 所，占全国普通高等学校总数的 52. 37%。②至今，一半以上的高等教育属于高等职业教育类型，并且仍然有继续增长的趋势。

不同于普通高等教育，高等职业教育的办学定位是“为生产、建设、管理和服务

---

① 李梦卿，刘晶晶. 我国职业教育 150 年的局变与势况[J]. 中国职业技术教育，2016(34)：71-76.

② 中华人民共和国教育部. 2016 年全国教育事业发展统计公报[EB/OL]. (2017-03-21). http://www. moe. gov. cn.

领域的一线行业企业部门培养高素质技术技能型人才”的高等教育类型，独特的办学定位和人才培养目标，对从事高职教育的教师也提出了“双师型”的要求。因为，教师在学校的教育教学中起着主导作用，既然是为企业一线培养人才，教师就必须了解企业一线工作岗位的任务和流程，只有掌握实际操作能力和技术应用开发能力，才能在专业教学中给学生示范，指导学生的实习实训。高职教育在培养学生职业素养和基本就业能力的同时，还要强化学生的专业岗位工作能力，这样才能满足企业的用人需求。这种培养目标的达成只能由同时具备专业理论和专业实践两方面知识和素能的“双师型”教师或教学团队实现，而未经过企业岗位工作锻炼的高职教师是不可能具备双师能力的。因而，加强和重视“双师型”教师培养和队伍建设是实现高职教育目标的不二选择。

鉴于“双师型”教师对于高职教育类型的重要性，官方文件也将具备一定数量的“双师型”师资作为高职院校办学的基本条件之一。早在 1995 年，国家教委在《关于开展建设示范性职业大学工作的原则意见》中就要求“专业课教师和实习指导教师具有一定的专业实践能力，其中有 1/3 以上的‘双师型’教师……专业课教师和实习指导教师基本达到‘双师型’要求”；1997 年，国家教委在《关于高等职业学校设置问题的几点建议》中对于师资状况的规定为“每个专业至少配备中等专业技术职务以上的本专业非教师职称系列的或‘双师型’专任教师 2 人”；2006 年，教育部在《高职高专院校人才培养工作水平评估方案》中对高职院校“双师型”专业教师的指标要求为 70%；2010 年，教育部、财政部发布的《关于进一步推进“国家示范性高等职业院校建设计划”实施工作的通知》则更明确地要求“具有双师素质专业教师比例达到 90%”。由此可见，一定数量的“双师型”教师不仅是举办高职院校的基本要件，也是高职院校跻身优质示范院校的必要条件。

除了满足院校办学和发展的需要以外，成为“双师型”教师也是高职院校教师个人职业发展的必由之路。因为，在学校的组织结构中，职能部门、院系部门的设定数量是有限的，各级别的行政职务也都是有限的，大部分教师的职业发展是“不可能走行政职务晋升这条路”的，由初级到中级再到高级的专业技术职务的评定和晋升就成为大部分教师追求事业成功和发展的目标，逐级评定的职称成为教师所处职业发展阶段的标志物，而目前高职院校的教师职称评审一般与参评教师是否为“双师型”教师直接相关。

以本研究的案例院校所属的 A 省为例，在 2016 年之前，A 省教育厅制定并实行的《A 省高职高专院校教师专业技术资格条件》中没有要求教师必须有“双师型”资格的条款，只是对专业课教师提出了“专业实践工作要求”，如对申报副教授职称的要求是“专业课教师到企业或生产服务一线实践锻炼不得少于 6 个月，帮助企业开展技术研发，或承担生产性实习实训基地建设与管理”。对申报教授职称的要求是“在行业、企业的技术领域具有一定的影响力”，这些条件都没有严格的定性或定量的标准，教师稍加努力都能达到，在历年的职称评审中，都未构成教师申报职称的"障碍"。但自2016年起，A省教育厅开始试行针对高职高专教师的新的职称评审条件，其中"专业实践工作要求"条款在原有的评审条件的基础上增加了对教师符合"双师型"条件的专门要求，对评定讲师职称的要求是"取得相应的与专业相关的职(执)业资格证书或技能等级证书或双师素质证书"，对评定副教授职称的要求是"取得A省高职院校'双师型'教师证书初级以上"，对申报教授职称的要求是"取得A省高职院校'双师型'教师证书中级以上"。在修订过的现行职称评审条件中，对"双师素质"证书和"双师型"教师的资格有了明确的要求，成为高职院校教师职称评定的必备条件。

鉴于"双师型"教师对职业教育事业和教师职业发展的重要意义，各级各类政府都十分重视高职院校"双师型"教师的培养。如在"十二五"期间，为加强职业院校"双师型"教师队伍建设，教育部联合财政部投入了大量的经费用于提高高职院校教师素质，在全国范围内建设了300个职教师资培养培训专业点，组织了2.25万名高职院校专业骨干教师参加国内培训、2.5万名教师参加国外培训、2.5万名教师参加企业顶岗培训，按照国内培训5000元/人、企业顶岗1万元/人、海(境)外培训3万元/人的标准给参培教师所在高职院校核拨经费。除了国家层面的培训投入外，各省、市及各高职院校也纷纷制定相应措施，投入大量的人力、物力和财力强化"双师型"教师的在职培养和培训。这些举措的确在一定程度上提高了高职教师的专业理论水平和实践教学能力，但仍然没有从整体上根本改变高职教师"双师"素质不高、教师实践教学能力不强的现实状况。① 2015年上半年，全国人大常委会针对职业教育法的执行情况开展了检查，在其提交的《国务院关于落实职业教育法执法检查报告和审议意见的报告》中，除了肯定职业教育业已取得的进步和对社会经济发展所做的贡献外，也着重强调了职业教育当前面临的六大问题，包括社会对职业教育的偏见、职业教育本身与社会需求脱节、企业参与职业教育积极性不高等，其中"教师队伍整体素质不高"也是突出的问题之一，具体表现在"双师型"教师总量不足、素质不高，"双师型"教师培养的激励政策不够，表明"双师型"师资匮乏仍是当前制约职业教育发展的主要因素之一。②

综上所述，可以看出高职教育类型的产生和快速发展是对我国经济高速发展的回应，而"双师型"师资培养成效不高的问题也一直伴随着这种教育类型的发展而存在着。据统计，随着我国高职院校的逐年增加，高职院校教师数量也在逐年递增，截至2016年年底，我国高职专任教师总数为390 407人③，其中"双师型"教师数量很不乐观。2016年，高职院校的"双师型"教师比例为39.1%。④ 除了"双师

① 贺文瑾.完善培养培训机制，促进职教师资专业成长[J].当代职业教育，2013(11):1.

②《国务院关于落实职业教育法执法检查报告和审议意见的报告》(http://www.gov.cn/guowuyuan/vom/2016-02/26/content_5046412.htm)。

③ 数据来自教育部高职院校人才培养状态数据平台(http://crpdc.gzvtc.cn/xin/log/login.aspx)。

④ 中新网(http://www.chinanews.com/gn/2017/09-28/8342585.shtml)。

型”教师总量不足以外，“双师型”教师培养还表现出严重的区域不平衡的问题。如2015年全国职业教育工作专项督导报告显示，山东省和黑龙江省“双师型”教师的比例已分别达到67.3%和67.1%。[①]有研究者根据《2017中国高等职业教育质量年度报告》，系统梳理了我国1 298所高职院校提交的报告数据，发现截至2016年年底我国有100多所高职院校“双师型”教师比例达80%以上，远高于全国平均数39.1%，可见地区间和院校间的差异巨大。数据还显示，2016年至少有13所高职院校“双师型”教师比例小于10%，甚至有的学校数据为零。[②] 2016年A省高职院校专任教师总数为18 541人[③]，经A省教育厅评审委员会认定的“双师型”教师为4 507人[④]，占A省高职专任教师总数的24.3%。本研究的案例院校——A省S学院2016年有“双师型”教师145人，占教师总数的34.7%；2017年“双师型”教师人数增加到159，比例提高至38%[⑤]。数据表明，无论是A省全省还是S学院，其“双师型”师资情况都不容乐观，“双师型”教师培养的任务依然艰巨。

从以上分析可以看出，长期以来，关于高职“双师型”教师的培养，一直都是困扰教育主管部门、高职院校和高职教师的一个重要问题，那么，“双师型”教师培养到底面临哪些困境？巨大的培训投入为什么没有带来相应的结果？教师的双师素质和能力为什么难以提高？影响“双师型”教师培养成效的因素到底有哪些？这些问题的确是值得探讨和细致研究的“难题”。

二、研究问题

高等职业教育已成为我国高等教育必不可少的教育类型，而高职教育事业的成败兴衰在很大程度上取决于是否有一支适合这种教育类型的“双师型”教师队伍，对“双师型”教师培养问题的研究十分必要。马克斯威尔(Maxwell)认为确定研究问题取决于三种不同的目的：个人的目的，指那些激发研究者本人去做某项研究的目的，可能只是研究者对一个具体问题或事件的好奇心，或仅仅是因为研究者自身职业发展的需要，研究者希望通过研究某个特定项目改变或改善自己所处的环境，而对其他人来说却未必重要；实践的目的，研究者的目的是实现某种需求、改变某种环境或达到某个目标；知识或学术的目的，研究者的目的是了解事物，全面掌握事物变化的情况及其成因，以解决前期研究中没有说明或没有正确说明的问

① 中国教育网(http://edu.china.com.cn/2015-09/23/content_36660334.htm)。

② 搜狐网(http://www.sohu.com/a/164750298_769853)。

③ 数据来自教育部高职院校人才培养状态数据平台(http://crpdc.gzvtc.cn/xin/log/login.aspx)。

④ 来自A省高等职业院校“双师型”教师认定名单(http://www.ahedu.gov.cn/164/view/19209.shtml)。

⑤ 来自S学院人事处工作人员提供的数据。

题。现实中,这三种目的有时是单一存在的,但更多的时候是相互交叠的。[①]作为长期在高职院校工作的一名教师和教学管理人员,本书作者抱着对个人承担的教育教学任务及教学管理工作负责任的态度,即出于"实践的目的"和"学术的目的",一直对高职院校"双师型"教师培养的困境、如何解决问题克服困境、如何不断提升教师的"双师"素能和提高"双师型"教师在职培养成效等问题有着浓厚的研究兴趣。

"双师型"教师,一方面指"双师结构"的教师团队,即"理论课教师+实践课教师"构成的教学团队;另一方面指教师个体兼具"双师"素质和能力,即"专业理论教学能力+专业实践教学能力"。"双师型"教师培养既指入职前由技术师范大学或综合性大学为职业院校培养教师的过程,也指入职后学校对在职教师"双师"素质和能力的持续培养和培训,即教师的在职继续教育。为便于结合实际工作,本研究聚焦于已入职的高职院校 "双师型"教师个体的在职培养问题。

教师队伍是由教师个体组合而成的,教师队伍整体"双师"素质不高、能力不强是由教师个体在不同方面、不同程度存在的形形色色的问题集合而成的结果,它并不否认有优秀的"双师型"教师个体的存在,但在优秀的个体数量没有达到一定规模时,也就不能掩盖教师群体存在的问题。

如上文所述,上至教育部、财政部,下至各省市相关部门,对职业院校"双师型"教师培养都十分重视,设计实施了各种培训项目,投入了大量的人力、物力和财力,然而,就全国高职教师群体而言,截至 2016 年年底,仍然有 60%以上的教师不具备"双师型"教师的条件。就本研究的案例院校 A 省 S 学院来说,自 2006 年为迎接教育部推行的高职高专院校人才培养工作水平评估起,就非常强调对教师双师素质和能力的培养,也制定了相应的制度鼓励教师通过各种途径提高学历、获得职业资格证书。配合国家级培训和省级培训,S 学院每年在师资建设和聘用兼职教师方面投入数百万元(见表 1.1),选派各专业教师参加国内外在职培训,鼓励教师开展企业实践、前往企业顶岗挂职等。然而,截至 2017 年,S 学院仍然有 62%的教师不能满足"双师型"教师认定要求,在通过"双师型"资格认定的教师中,也有很大比例的教师对自己的"双师型"教师身份并不完全认同,因为他们认为自己只是由于具备了一定的培训经历,获得了符合认定条件的证书,但其实自己并不真正具备双师素质和能力,对专业实践操作技能的掌握既不全面也不熟练,岗位实际业务经验依然十分缺乏。

---

① 马克斯威尔.质的研究设计:一种互动的取向[M].朱光明,译.重庆:重庆大学出版社,2007:13-16.

表 1.1 2013～2017 年 S 学院师资队伍建设经费一览表①

项目	2013 年		2014 年		2015 年		2016 年		2017 年	
	数额（万元）	占比（%）	数额（万元）	占比（%）	数额（万元）	占比（%）	数额（万元）	占比（%）	数额（万元）	占比（%）
师资建设经费	253	1.85	255	2.1	176.3	1.93	278.2	2.25	307	2.6
外聘教师经费	198	1.45	220	1.82	235	2.57	235.3	1.9	292.65	2.5

注：表中“占比”指所支出费用占学校全年总收入的比例。

这些现实中的现象促使本书作者思考：为什么“双师型”教师的在职培养如此困难？由此，导出本研究关注的问题：① 高职院校“双师型”教师培养面临什么样的困境？② 高职院校“双师型”教师培养困境是如何形成的？其中的关键影响因素是什么？③ 如何走出高职院校“双师型”教师培养困境？其中第二个问题是本研究主要探讨的问题。

研究高职“双师型”教师的培养，实质上是研究对“人”的培养。“人”的培养是个复杂、持久的系统工程，影响因素多且互相交织，其中，如何培养即采取什么方式培养、在什么样的环境中培养以及培养过程中人的主观能动性发挥的程度，无疑是影响培养效果的最直接、最根本的因素。而且，这三类因素之间是相辅相成、相互影响的关系。首先，培养方式的选择受制于环境条件，环境条件好，选择的方式更倾向于贴合培养目标；同样，方式选择得当，目标效果达成度高，也有利于良好环境的保持和进一步优化。其次，恰当的培养方式和优良的培养环境能够激发参训教师积极的内部动因；同样，教师自身的内部动因强烈也有利于彰显方式和环境的优势或弥补其不足。因此，为探究上述问题的答案，本研究将从高职院校“双师型”教师培养方式、培养环境以及教师个人三个方面展开全面而深入的调研和分析，具体问题如下：

（1）高职院校培养“双师型”教师的方式有哪些？有效实施这些培养方式的困境及造成困境的原因是什么？

这一部分首先介绍目前高职院校培养“双师型”教师的起点和现有条件，在此基础上，进一步阐释“双师型”教师在职培养所采取的三种具体方式，并揭示其困境和成因。旨在弄清高职院校在落实“双师型”教师在职培养政策和实施“双师型”教师在职培养时采取了什么具体的方法和途径，梳理培养的过程，了解培养效果和

① 数据来自教育部高职院校人才培养状态数据平台（http://crpdc.gzvtc.cn/xin/log/login.aspx.2017-12-28）。

"双师型"教师身份认同度，分析在培养过程中遇到了哪些困境以及导致这些困境的原因是什么。

（2）高职院校"双师型"教师培养困境的环境因素主要有哪些？形成这些环境困境的原因是什么？

这一部分主要介绍"双师型"教师培养所处的社会、组织（院校）和企业等的具体环境，探析导致"双师型"教师培养效果不佳的宏观（社会环境）、中观（院校制度和文化环境及企业实践环境）和微观（人际关系）三个层面的现实环境困境，并分析其成因。

（3）高职院校"双师型"教师培养过程中，教师个人层面面临着哪些困境？造成这些困境的原因是什么？

这一部分主要介绍教师对实施"双师型"教师在职培养的态度和看法，有哪些内部或外部动因促使教师个人重视或轻视参与"双师型"教师培养，弄清这些动因在教师提高自身双师素质和能力的主动性和积极性等方面产生的影响，同时分析教师的个人心理和教师的家庭对"双师型"教师培养可能形成的积极或消极的影响。

通过对上述三方面问题的系统研究，了解"双师型"教师在职培养现状，梳理"双师型"教师培养的现有模式，总结"双师型"教师培养效果，力求从培养方式、培养环境和教师个人三个方面，对高职院校"双师型"教师在职培养困境有一个全面、客观的完整认识，在此基础上，结合有关理论，分析现存的培养培训体系背后存在的问题以及来自方方面面的影响因素，呈现导致高职院校"双师型"教师在职培养成效不高的一些原因，并尝试提出相应的建议，为各级管理部门完善"双师型"教师在职培养培训体系提供参考依据。

三、研究意义

本研究以一所高等职业院校"双师型"教师在职培养为研究案例，尝试客观呈现"双师型"教师在职培养过程中面临的困境，研究成果具有一定的理论参考价值和实践指导意义。

（一）理论意义

本研究在工作场学习理论和职业教育跨界理论的框架下，分析"双师型"教师在职培养的方式选择和环境构成，以组织防卫和组织困境的观点切入，探讨培养方式、培养环境和教师个人三方面困境的形成原因，并主要基于案例院校一线教师的视角，运用经验实证研究方法，了解组织和教师个体宣称的意欲遵行的关于“双师型”教师培养的理论，掌握和分析他们在组织和参加“双师型”教师在职培训以及开展实际教育教学活动时的观点和表现，推论他们在行动中实际使用的理论，分析他们语言表达的“信奉理论”和行动中应用的“使用理论”之间的偏差及其成因。[①]本研究的理论意义体现在两个方面：

（1）应用有关人力资源管理理论、组织学习理论和教师发展阶段理论对“双师型”教师在职培养过程中呈现出来的问题和现象进行解释，有利于探究导致高职“双师型”教师培养困境的深层次原因，为政府教育主管部门和高职院校优化或完善“双师型”教师培养方案、设计培训项目提供理论支持。

（2）从多个方面入手，立体、全面地对影响“双师型”教师培养的因素进行历时和共时的综合调研分析，尝试提高和强化对“双师型”教师培养困境这一问题领域的研究力度和深度，丰富关于“双师型”教师培养研究的理论分析模式。因此，本研究对丰富现有的教师发展研究成果以及后续对“双师型”教师培养问题的研究具有一定的理论意义。

（二）实践意义

高等职业教育是现代职业教育体系中不可或缺的一个环节，居于承上启下的中间位置，是提供加快经济发展转型升级所需的大量高素质技术技能人才的有力人力资源保障，也是加速形成我国高等教育普及化形势的重要措施。政府和社会对高职教育的重视程度日益增强，对高职“双师型”教师的数量增加和素质提升也愈加重视，各级管理部门和高职院校对“双师型”师资队伍建设都十分重视，采取了一些措施和手段培养“双师型”教师，但在培养的规划性、针对性和有效性方面面临着很大的改进空间。本研究围绕高职院校“双师型”教师培养困境展开系统调研，了解教师在参与在职培训活动过程中的所思所想，试图发现“双师型”教师培养中面临的具体现实问题，并在此基础上提出相应建议，从而充实并加深对这一问题有兴趣的研究者，相关的政策决策者、管理者和行动者对“双师型”教师培养需求和培养效果的认识，为完善“双师型”教师培养的政策调整和方案制定提供可资参考的实证依据，为在职“双师型”教师培训方案的制订和优化提供启示，提升“双师型”教师培养培训成效，切实提高高职院校教师的双师素质和能力，进而提高高职院校的人才培养质量。因而，本研究具有较强的实践指导意义。

总之，本研究积累了大量的关于高职“双师型”教师培养培训的第一手访谈、观

---

① 克里斯·阿吉里斯，罗伯特·帕特南，戴安娜·麦克莱恩·史密斯. 行动科学：探究与介入的概念、方法与技能[M]. 夏林清，译. 北京：教育科学出版社，2012：59.

察和文本资料。特别是运用工作场学习理论和组织防卫与组织困境理论，力求解释“双师型”教师在职培养成效不高背后的培养方式因素、培养环境因素、教师个人因素等，拓宽了“双师型”教师培养的研究领域，有利于人们了解“双师型”教师培养困境的实质和困境产生的根源。

第二节　“双师型”教师培养的政策梳理

职业院校“双师型”教师的培养一直都颇受政府主管部门的关注。早在 1985 年《中共中央关于教育体制改革的决定》中就指出“经济建设大量急需的职业和技术教育没有得到应有的发展”[①]。阻碍职业教育发展的因素很多，其中师资严重不足是突出的矛盾之一，尤其是符合职业教育特点的既懂理论又能实践、既会说又能做的“双师型”职业教育师资在数量和质量方面的双重短缺一直是提高职业教育人才培养质量的瓶颈。事实上，国家对职业教育师资的培养不可谓不重视，虽然当时还没有“双师型”的提法，但在队伍构成、培养培训方面已初步体现了“双师型”的概念。如 1996 年制定的《中华人民共和国职业教育法》第三十六条明确指出“县级以上各级人民政府和有关部门应当将职业教育教师的培养和培训工作纳入教师队伍建设规划，保证职业教育教师队伍适应职业教育发展的需要。职业学校和职业培训机构可以聘请专业技术人员、有特殊技能的人员和其他教育机构的教师担任兼职教师，有关部门和单位应当提供方便”，第三十七条又强调“企业、事业组织应当接纳职业学校和职业培训机构的学生和教师实习”。行文中的三个“应当”体现了国家注意到建设职业教育“双师型”教师队伍的重要性，也给出了明确的指导性意见，但对企事业单位参与和支持职业教育师资培养的责任、权利和利益没有具体明晰的规定，对企事业单位承担相应职责的约束力不够，使得“双师型”师资培养问题并没有得到根本解决。[②]

20 世纪 90 年代末至今，我国的经济发展进入快车道，经济发展模式转型，经济结构不断升级，社会对中高级技术技能型人才需求增加，国家再次大力倡导发展职业教育，尤其是推动高等职业教育快速发展，使得高职教育规模随之急剧扩张，

---

① 中共中央关于教育体制改革的决定[N]. 中国教育报，1985-06-01(1).

② 蒋夫尔，马树超. 高素质教师队伍是这样打造出来的[N]. 中国教育报，2010-06-27(3).
余祖光. 建设我国高技能人才队伍的战略思考[N]. 中国组织人事报，2011-03-25(6).
贺文瑾，石伟平. 我国职教师资队伍专业化建设的问题与对策[J]. 教育发展研究，2005(10)：73.
吴全全. 职业教育“双师型”教师基本问题研究：基于跨界视域的诠释[M]. 北京：清华大学出版社，2011：4.

高职院校“双师型”教师匮乏的问题更加凸显。为解决高职院校“双师型”师资短缺问题，教育部于2000年公布《关于加强高职高专教育人才培养工作的意见》，强调要“抓好‘双师型’教师的培养，努力提高中青年教师的技术应用能力和实践能力，使他们既具备扎实的基础理论知识和较高的教学水平，又具有较强的专业实践能力和丰富的实际工作经验；积极从企事业单位聘请兼职教师，实行专兼结合，改善学校师资结构，适应专业变化的要求”；同时，“要淡化基础课教师和专业课教师的界限，逐步实现教师一专多能；要加强高职高专院校教师的培训工作，委托若干有条件的省市重点建设一批高职高专师资培训基地。根据高职高专教育特点和有关规定，制定适合高职高专教师工作特点的教师职务评审办法，为中青年教师营造良好的成长环境。”①这一文件传达出对教师“双师型”的要求从专业课教师向基础课教师扩展，从企业接受教师实习的零散性培训向基地化集中性培训转变，并将改变教师职称评审条件，以促进“双师型”教师的成长。

2012年，《国务院关于加强教师队伍建设的意见》也强调：“职业学校教师队伍建设要以‘双师型’教师为重点，完善‘双师型’教师培养培训体系，健全技能型人才到职业学校从教制度；创新教师培养模式，发挥好行业企业在培养‘双师型’教师中的作用。”提出“建立教师学习培训制度，完善以企业实践为重点的职业学校教师培训制度；依托相关高等学校和大中型企业，完善教师培养培训体系等措施。”②

如果说之前的政策文件中涉及“双师型”教师培养问题时的表述还具有明显的“方向性指导”的特点，那么2014年之后的表述则逐渐突出“规定性制度”的特点。2014年5月，《国务院关于加快发展现代职业教育的决定》（以下简称《决定》）明确了建设“双师型”教师队伍的具体做法：“完善教师资格标准，实施教师专业标准；实行五年一周期的教师全员培训制度，落实教师企业实践制度；政府要支持学校按照有关规定自主聘请兼职教师；完善企业工程技术人员、高技能人才到职业院校担任专兼职教师的相关政策，兼职教师任教情况应作为其业绩考核评价的重要内容；加强职业技术师范院校建设；推进高水平学校和大中型企业共建‘双师型’教师培养培训基地。”并且要求“规模以上企业要有机构或人员组织实施职工教育培训、对接职业院校，设立学生实习和教师实践岗位；企业因接受学生实习和教师实践所实际发生的与取得收入有关的、合理的支出，按现行税收法律规定在计算应纳税所得额时扣除；企业开展职业教育的情况纳入企业社会责任报告。”顺应信息化时代特点，《决定》还提出“加强培训教师现代信息技术应用能力，将现代信息技术应用能力作为教师评聘考核的重要依据”③，从而对“双师型”教师提出了信息化教学能力方面

① 《教育部关于加强高职高专教育人才培养工作的意见》（教育〔2000〕2号）。

② 《国务院关于加强教师队伍建设的意见》（国发〔2012〕41号）。

③ 《国务院关于加快发展现代职业教育的决定》（国发〔2014〕19号）。

的要求，进一步丰富了“双师型”教师的内涵。

2014年6月，教育部联合国家发改委、财政部、人力资源社会保障部、农业部、国务院扶贫办等六部门组织编制了《现代职业教育体系建设规划（2014～2020年）》（以下简称《规划》），《规划》在职业教育体系建设的重点任务中强调要完善“双师型”教师培养培训体系，探索职业教育师资定向培养制度和“学历教育＋企业实训”的培养办法；建立职业院校教师轮训制度，促进职业院校教师专业化发展，实行新任教师先实践后上岗和教师定期实践制度，明确了专业教师每两年专业实践的时间累计不少于两个月，鼓励职业院校教师加入行业协会组织，并规定新增教师编制主要用于引进有实践经验的专业教师，建立符合职业院校特点的教师绩效评价标准，绩效工资内部分配向“双师型”教师适当倾斜。《规划》首次明确了是否是“双师型”教师可能会影响到教师个人的经济收入。①

2015年7月，在《教育部关于深化职业教育教学改革全面提高人才培养质量的若干意见》的第七部分“完善教学保障机制，加强教师培养培训”中，除了重申“加强教师专业技能、实践教学、信息技术应用和教学研究能力提升培训，落实5年一周期的教师全员培训制度，实行新任教师先实践、后上岗和教师定期实践制度”等内容外，进一步提出“建立健全高校与地方政府、行业企业、中职学校协同培养教师的新机制，积极探索高层次‘双师型’教师培养模式，培养造就一批‘教练型’教学名师和专业带头人”。明确提出了高层次“双师型”教师应达到“教练型”教学名师和专业带头人的能力水平。②

综上可以看出，在1985到2015年的30年间，国家有关部门频频颁发关于职业教育的政策文件，其中几乎都有关于职业院校师资队伍建设的内容，而“双师型”教师的概念也经历了一个从无到有、内涵从简单到不断丰富、内容表述从模糊到定性定量、培养培训制度从笼统到具体的发展变化过程，政策文件内容表达的演变显示出职业教育中“双师型”教师培养的重要性和紧迫性，同时也反映出师资培养的低效问题。在国家政策的督促和指导下，各省市纷纷出台配套文件，制定相应措施，投入大量的人力、物力和财力落实执行，针对培养职业院校“双师型”教师的国家级培训、省市级培训和校本培训也层出不穷。这些措施和手段的确在一定程度上提高了教师的专业理论水平和实践教学能力，但仍然没有从整体上根本改变职业院校“双师”素质不高、“双师型”教师实践教学能力不强的状况。在2015年上半年，全国人大常委会开展了职业教育法执法检查，由张德江委员长担任检查组组长，这次检查成为各类教育执法检查中的第一次，体现了国家对职业教育的高度重视，并由时任教育部部长袁贵仁在第十二届全国人民代表大会常务委员会第十九次会议上提交《国务院关于落实职业教育法执法检查报告和审议意见的报告》，报

① 《教育部等六部门关于印发〈现代职业教育体系建设规划（2014～2020年）〉的通知》（教发〔2014〕6号）。

② 《教育部关于深化职业教育教学改革全面提高人才培养质量的若干意见》（教职成〔2015〕6号）。

告也强调了“双师型”教师在量与质方面的双重不足对我国职业教育发展的负面影响。①

第三节 主要概念界定

本研究涉及的核心概念有“双师型”教师、双师素质与能力和“双师型”教师培养。

一、“双师型”教师

“双师型”教师是指具备“双师”素质和能力的教师。在具有良好的教师职业道德、教育教学专业素质和专业能力的同时,“双师型”教师还应该具备认真的行业职业态度,掌握实践技能,并拥有实际操作层面的知识和能力。这一概念的提出是建立在实现职业教育不同于普通教育的人才培养目标基础之上的。

国内学者从不同的视角界定、阐释了“双师型”教师的内涵,如贺文瑾提出了“双师型”的10种说法,包括“双证书说”“双职称说”和“双来源说”等②;肖凤翔将“双师型”教师定义为具备基本的教育和职业工作素质,精通特定专业工艺原理并

① 2016年2月24日,在第十二届全国人民代表大会常务委员会第十九次会议上,时任教育部部长袁贵仁在其提交的《国务院关于落实职业教育法执法检查报告和审议意见的报告》中对照执法检查报告和审议意见,提出职业教育目前仍然存在六大问题:一是对职业教育的认识还不到位。社会对职业教育和职业院校毕业生仍然存在偏见,一些用人单位存在以学历为门槛歧视职业院校毕业生现象,技术技能人才的社会地位和待遇有待提高,家长们主动选择子女上职业学校的积极性也不高。二是职业教育与经济社会需求存在脱节现象。一些地方对职业教育的统筹管理还不够有力,职业院校的地域布局、专业结构、层次类型不够合理,办学特色不鲜明,存在重复建设、资源分散、学校无序竞争、学生获得“双证书”的渠道不够畅通等问题。三是多渠道筹资机制尚不够完善。因历史欠账较多,一些职业院校特别是西部、农村和民族地区的办学条件未达到国家办学基本标准。在调动社会力量兴办职业教育方面,还缺乏有针对性的引导政策和操作办法。四是职业院校教师队伍整体素质不高。符合职业教育特点的编制管理、收入分配制度和评价机制不完善,技术技能人才在学校和企业之间流动仍有障碍,“双师型”教师总量不足、素质不高、激励政策不够。五是行业企业参与的内生动力不足。行业、企业等参与办学的责权利尚未有法律明文界定,具体政策缺乏吸引力、可操作性。特别是一些国企“办学难”,所办学校既无生均经费、教师工资等财政拨款,也不能按民办学校标准收费。六是部门沟通协调的有效机制有待完善。职业教育工作涉及诸多部门和管理层次,部门之间的协调配合力度不够,上下协调、各方协作的潜力远未发挥出来。六大问题中,“双师型”教师的问题是其中之一。以上资料来源:http://www.gov.cn/guowuyuan/vom/2016-02/26/content_5046412.htm。

② 贺文瑾.职教教师教育的反思与建构:基于专业化取向的研究[D].上海:华东师范大学,2007:50-59.

具备专业实践能力，胜任教育和培训职业教育学习者任务的职业教育机构的教育者。[①]研究者从不同角度切入，解读“双师型”教师的内涵，反映出“双师型”教师概念所指称对象的复杂性和多样性，也反映出职业教育教师群体在专业和实践能力方面的全面性和包容性。

二、双师素质与能力

素质与能力是指人们在从事某项社会实践活动时所应具备的两项基本条件。从事教师职业的人，应具备相应的教书育人的素质与能力。教师素质指教师的专业素质或职业素质，包括教师职业道德、职业理想、职业技能等因素。教师能力也称教师专业能力，要求教师必须掌握相应的教师专业性知识，包括通识性知识、本体性知识、条件性知识和实践性知识。[②]

“双师素质与能力”是我国根据职业教育不同于其他教育类型的特定人才培养目标，除了上述教师职业应具备的基本素质与能力外，对从事职业教育的教师专门提出的应该具备的特定专业素质和职业能力，包括：与职业教育教学相关的实践能力，行业或职业岗位的专门知识和实践技能，一定的科研能力和创新能力，一定的生产经营、技术应用、成果推广、组织管理和指导学生创业就业的能力和素质。

三、“双师型”教师培养

教师培养主要分为任职前和任职后所接受的教育和培训两个阶段。

“双师型”教师的职前培养指的是教师在任教于职业院校前，他们在职业技术高等师范院校、综合师范大学或综合性大学等高等教育机构中所接受的系统教育。职业教育教师相对于普通教育教师而言，其素质和能力有更多的构成成分和要素，他们除了需要系统掌握本专业的学科体系理论知识和一般的教育教学方法外，还需要掌握与专业相关的技能知识，具备一定的专业实践经验，即要集学术性、师范性和实践性于一体。然而，由于学生在高校修业的时间是有限的，很难保证这三种性质的知识与能力在在校学习时间内都能得到充分的培养。长期以来我国高等教育的目标一直倾向于培养学科专家型人才，所以即使是职业技术高等师范院校和一些综合型大学的职业教育学院，在职教师资的培养过程中，也往往采取强化学术性、弱化师范性和实践性的培养策略[③]，因职前培养在客观上和主观上存在的这些

① 肖凤翔，张弛．“双师型”教师的内涵解读[J]．中国职业技术教育，2012(15)：69-74.

② 冯塔纳．教师心理学[M]．王新超，译．北京：北京大学出版社，2004：34-42.

③ 贺文瑾，石伟平．我国职教师资队伍专业化建设的问题与对策[J]．教育发展研究，2005(10)：73-78.

不足，职业院校对在职教师开展“双师型”培养培训就显得尤为重要和必要。

“双师型”教师的职后培养，也称为在职培训或教师继续教育，指入职后教师所接受的专业理论、职业教育教学理论、职业道德与教育政策、专业实践知识、实践教学能力等方面的在职学习和培训。职后培养是促进“双师型”教师素质与能力形成以及不断提高的重要形式，一方面，弥补来自于高校的新入职教师缺少双师素质与能力培养的先天不足；另一方面，应职业教育要与瞬息万变的经济社会发展保持同步的要求，职业院校教师客观上也需要通过不断参加在职培养培训持续更新专业知识与专业技能，才能满足实现职业教育人才培养目标和提高人才培养质量的要求。“双师型”教师职后培养主要有校本培训、高校进修、国内外培训、企业实践、工作场学习等形式。本研究的内容聚焦于影响“双师型”教师职后培养的方式、环境和个人三个方面因素的调查与分析。

第四节　研究方法与研究思路

一、研究方法

本研究按照个案研究的路径，以 A 省 S 学院为案例院校，主要应用质性研究方法和问卷调查法收集第一手研究资料，应用了访谈法、观察法、焦点团体座谈法、文本分析法和问卷法等具体方法。

（一）访谈法

“访谈”是一种研究性交谈，是研究者通过与被研究者进行口头交流，达到收集第一手资料目的的研究方法。[①]半开放性访谈是访谈法的一种类型，这种访谈方式一方面可以帮助研究者在一定程度上控制访谈节奏和内容，使得研究者能够围绕事先设计的访谈提纲进行访谈；另一方面又赋予受访者一定的主体性和自由表达的空间，激励他们积极参与。本研究采用半开放性访谈，了解受访对象对“双师型”教师培养的认识及对相关培养培训活动的意见、评价和期许。

本研究以 S 学院的“双师型”教师培养为例，在研究过程中，依据抽样的目的性和

① 陈向明. 质的研究方法与社会科学研究[M]. 北京：教育科学出版社，2000：165.

方便性原则[①]，选择了12位S学院的专任教师、6位S学院和A省教育厅师资培养管理部门的行政人员和3位与S学院有合作关系的企业管理人员作为研究的访谈对象。

12位专任教师分别来自S学院不同的学科专业，在2015年12月S学院根据A省教育厅的有关文件组织的首次高职“双师型”教师认定中，其中9位具有“双师型”教师资格，3位暂时不具备“双师型”教师资格。2016年底，12人中有2人由中级“双师型”教师升为高级“双师型”教师，2人由初级升为中级，1位非“双师型”教师被评定为初级“双师型”教师。S学院坚持“商科为主、工科为辅”的办学定位，将人才培养目标设定为“为现代服务业培养输送高级技术技能型人才”，本研究中选择作为深度访谈对象的12位专任教师分别来自烹饪、旅游、市场营销、国际商务和电子信息等专业，能够体现S学院的整体专业特色。12位教师均为中青年教师，职称为讲师或副教授[②]，正处于积极进取、努力向上的职业发展阶段，可以作为学院教师群体中坚力量的缩影，对于研究“双师型”教师培养具有一定的代表性和说服力。12位教师访谈对象的个人具体情况见表1.2。

表1.2　访谈对象中专任教师的基本情况

代码	性别	年龄	专业	职称	2015年“双师”情况	2016年“双师”情况
JS01	男	35	烹饪	讲师	中级“双师型”教师	高级“双师型”教师
JS02	男	38	中文导游	讲师	高级“双师型”教师	高级“双师型”教师
JS03	男	45	市场营销	副教授	高级“双师型”教师	高级“双师型”教师
JS04	男	40	电工电子	副教授	初级“双师型”教师	中级“双师型”教师
JS05	女	35	信息技术	副教授	初级“双师型”教师	中级“双师型”教师
JS06	女	31	商务英语	讲师	非“双师型”教师	非“双师型”教师
JS07	男	37	信息技术	副教授	中级“双师型”教师	中级“双师型”教师
JS08	男	36	网络工程	副教授	初级“双师型”教师	初级“双师型”教师
JS09	男	44	英语	讲师	中级“双师型”教师	中级“双师型”教师
JS10	女	32	国际商务	讲师	非“双师型”教师	非“双师型”教师
JS11	女	39	旅游管理	副教授	中级“双师型”教师	高级“双师型”教师
JS12	男	34	市场营销	讲师	非“双师型”教师	初级“双师型”教师

注：遵循研究伦理，访谈对象的真实姓名均隐去，以代码代替。

① 陈向明.教育研究方法[M].北京：教育科学出版社，2013：232-233.

② 受A省人事厅给S学院核定的职称编制的限制，S学院讲师职称编制已没有空额，自2015年起，S学院每年设定一定比例的校内讲师名额，校内讲师经济待遇与有编制的讲师一致，但不能申报省教育厅组织的“双师型”教师评定。12位研究对象中有2位为校内讲师，不能参与“双师型”教师评定。

选择6位具体负责S学院师资培养的领导和管理人员以及教育主管部门中与师资培养有关的领导和管理人员作为访谈对象，旨在了解来自不同级别的与"双师型"教师培养直接相关的行政管理人员对"双师型"教师培养的影响因素、培养方式和培养效果的观点和意见，同时收集一线教师和管理人员对同一现象的多种解释，力图比较全面地把握事实背后的成因。对3位与S学院有校企合作关系的企业有关领导进行访谈，目的是了解企业对接纳教师实习或顶岗挂职的态度、对教师在企业工作和实践能力提升效果的评价等，了解在"双师型"教师培养过程中，企业是否支持高职教师企业实践以及支持的程度如何，他们是否也面临一些困境，等等。这两类访谈对象的个人具体情况见表1.3和表1.4。

表1.3 访谈对象中教育管理人员的基本情况

代 码	性 别	年 龄	职 务
LD01	女	53	S学院校级领导
LD02	男	50	S学院人事部门领导
LD03	女	46	S学院教务部门领导
LD04	男	48	A省教育厅高教处领导
GL01	男	35	S学院人事部门管理人员
GL02	女	35	A省教育厅高校师资培训管理中心人员

注:遵循研究伦理,访谈对象的真实姓名均隐去,以代码代替。

表1.4 访谈对象中企业管理人员的基本情况

代 码	性 别	年 龄	职 务
QY01	男	51	A省某国有企业某公司副总经理
QY02	男	50	A省某进出口公司副总经理
QY03	女	33	A省某旅行社业务经理

注:遵循研究伦理,访谈对象的真实姓名均隐去,以代码代替。

在整个研究过程中，对上述21位访谈对象开展了31次正式访谈，在与每位访谈对象做第一次正式访谈时，分别向他们说明研究的问题、目的和方法，并签署"知情同意书"，告知他们后续可能还会就一些话题对他们进行正式或非正式访谈，如预约面谈、电话访谈、QQ或微信交谈等。尽管有几位教师因为对这种研究方法不甚了解，感觉有些好奇或紧张，认为同事之间没有必要如此正式，但在本书作者解释了规范研究的要求和程序后，他们也很快释然，表示理解并积极配合，欣然接受访谈过程中的电子录音和笔录形式。对与校内外其他教师或管理人员在非正式场合交流中获取的相关信息，事后都及时记录并整理。与其他高职院校教师在正式或非正式场合随机交谈所获得的有关信息也可作为三角验证的支撑材料。本书作者通过对收集来的各类访谈资料进行编码和分析，尽可能导出客观的研究结论。

（二）观察法

本研究中强调教师个体对“双师型”教师培养的看法和评价，访谈可以帮助我们了解研究对象的主观想法，但是要知道研究对象的主观想法和客观表现是否统一，还需要渗透到研究对象的教学和实践工作中去，观察研究对象的真实表现及其与他人的互动过程。观察法是人类认识所处世界的方法之一，也是开展科学研究的一种手段。①观察法可以分为参与型观察和非参与型观察。

在参与型观察中，观察者（研究者）与被观察者（研究对象）生活工作在同样的环境中，研究者在与被研究者的密切接触中倾听和观察他们的一言一行，同时自己也亲身体验同样的经历，加深对被研究者的理解。这种研究的环境比较自然，一方面观察者可以具体感知观察所在地的社会文化现象，另一方面可以接触到被观察者的内部文化，加深对被观察者对其行为意义解释的理解。②在本研究进行过程中，本书作者在2016年暑期，曾与来自全国各地其他高职院校的56位教师一起参加针对高职国际商务专业类教师开展的国家级“双师型”教师国内培训，与他们一起生活、学习、工作，对教师在培训活动过程中的言行和反应进行了参与式观察，近距离真实地观察他们对待培训活动的态度、投入的程度、成长的速度，感知活动的效度，撰写了详细的观察笔记，记录观察到的事实和相应的解释与分析，为研究收集、积累吧第一手资料。

观察法中的非参与型观察，也称为旁观观察，是一种在社会科学研究中经常采用的观察方法。其主要特征是观察者（研究者）不介入被观察者（研究对象）的生活和工作，不做语言上的交流与沟通，保持第三方及中立者身份，客观冷静地观察、分析研究对象的言行，获得第一手资料，或验证第二手资料和研究假设。本研究中的非参与型观察主要采取“随机听课”的形式，进入研究对象实施教学的场所，或是观察理论课堂教学，或是观察实训室或实习基地的实践教学，观察研究对象在实际教学过程中“双师”素质或能力的体现、水平和应用，并做观察笔记，积累研究素材。本研究对12位专任教师的课堂教学过程进行了随机观察，整个研究过程中一共做了26次教学观察（其中包括7次对12位教师之外的其他教师的教学观察），并做了观察笔记和小结。观察笔记应用叙兹曼和斯特劳斯提出的实地笔记、个人笔记、方法笔记和理论笔记四栏记录格式分别记录观察资料。③其中，实地笔记记录观察过程中研究者看到或听到的事实，个人笔记记录研究者在实地观察时的感觉和所思所想，方法笔记记录研究者使用的具体观察方法及其所起到的作用，理论笔记则记录研究者在观察过程中即时形成的初步理论分析。

---

① 陈向明.质的研究方法与社会科学研究[M].北京：教育科学出版社，2000：227.

② 陈向明.质的研究方法与社会科学研究[M].北京：教育科学出版社，2000：231.

③ 陈向明.教师如何做质的研究[M].北京：教育科学出版社，2001：138-139.

（三）焦点团体座谈法

焦点团体座谈是指在一个安全的、可接受的环境下，为了解某个特定领域或研究者所关心的某个特定问题而精心设计的团体讨论。讨论通常是比较轻松的，使参与者能够毫无顾虑地表达他们的看法和意见，团体成员通过对意见进行回应和对其他人进行评论而表达观点并互相影响，目的是使研究者能够收集到尽可能充分、真实的信息。[①]本研究针对国际商务类“双师型”教师国培项目活动，组织了1次焦点团体座谈，详细记录了讨论过程和内容。参与者为参加培训的10位高职教师，他们都是从事涉外类课程教学的一线教师，在培训项目结束后，进行了为时约1.5小时的自由交流和讨论，参与讨论的教师对培训模式、培训内容、培训方法、培训效果以及培训环境等畅所欲言，他们的意见和建议被应用到本研究的有关论述之中。

（四）文本分析法

文本分析法是指从文本的表层入手，深入分析解读文本的内在涵义，便于读者把握理解。本研究对通过访谈、观察等方法收集的信息形成的文本进行了分析，并收集了与“双师型”教师培养有关的各级各类政策文本，包括：S学院关于教师招聘、新教师培训的文件，学院转发的省级及学院自定的“双师型”教师评审、职称评审文件，学院关于教师校本培训的各种通知或公告等，利用这些文本中的一些信息结合研究问题对“双师型”教师培养中的一些现象加以解释；此外，还收集了案例院校的教学检查材料，如教师的教案、教师学期测评材料、学生对教师的评价意见、教师教科研成果汇总材料、教师参加培训后的总结汇报材料等资料，作为三角验证的材料，支撑研究结论。

（五）问卷法

为了充实第一手资料，更好地呈现与研究问题相关的现状，本研究还采用了问卷调查法。问卷调查法是用问卷的形式间接搜集书面研究材料的一种方法。通过向接受调查者发送问卷，可以面向较大的研究群体短时间内集中获得与研究问题相关的基本情况及意见和建议等信息材料。为了更全面地了解“双师型”教师培养面临的困境，掌握“双师型”教师培养培训的一般情况，如教师来源、年龄结构、参加双师培训活动的动因、参培次数、培训活动类型和方式、培训内容、培训环境以及教

---

① RUGER R A，CASEY M A. 焦点团体：应用研究实践指南[M]. 林小英，译. 重庆：重庆大学出版社，2007：2-14.

师对最终培训效果的看法及评价等，本研究设计了"高职'双师型'教师培养培训调查问卷"(见附录2)，面向较大范围的310位教师(S学院的大部分专任教师以及国内其他同类院校的一些教师)①，通过问卷调查采集支撑数据，并对数据进行统计分析，帮助了解高职院校"双师型"教师参加培养培训的一般状况及趋势，为"双师型"教师培养困境的分析提供数据支撑。必须说明的是，本研究设计的调查问卷是"嵌入式"设计，也就是说除了以具体数字和选项形式回答的问题外，问卷中还有少量必须以文字回答的问题和开放式问题，并在每个选择式问题下方留有一个文本框，供有意愿的调查对象充分表达自己对相应问题的观点和看法，补充说明数字或选项背后的事实或具体细节，弥补数字或选项过于笼统、缺乏个性化和针对性的缺点，这一部分事实上属于"书面访谈"形式，对问卷中这些部分收集到的材料一并归于访谈资料，进行录入、编码和分析。

教育研究方法多种多样，在实际研究过程中，没有必要做一位研究方法的纯粹主义者，不需要绝对忠贞于一些范式纯粹论的理想标准和方法论上的正统，为实现研究目的、解答研究问题，可以组合运用多种研究方法进行资料收集、描述、分析和解释，以达到方法论上的适切性和设计上的弹性以及对情境的回应性。②因此，教育研究可以根据研究需要，同时采用多种适合的研究方法，包括定量的研究方法、质性的研究方法、历史的研究方法或者比较的研究方法等③，不一而足。对研究方法科学性的判断主要依据所用的方法是否适合回答研究问题④，是否能够实现研究目的。

本研究的问题是关于高职院校"双师型"教师培养的问题，旨在了解教师对"双师型"概念的认知及对自身双师素质和能力的评价，分析他们对成为"双师型"教师的意愿强度和内外部影响因素是什么，他们对自己身处的培养环境做何评价，他们参加"双师型"教师在职培训活动时面临的困境以及对相关培训活动效果的看法和评价等，通过对这些观点和看法的陈述与分析，形成相应的结论，最终目的是为高职院校"双师型"教师在职培养培训方案的制订和实施提供参考依据。因此，本研究综合运用了上述各种研究方法，以求达到研究目的。

二、资料数据分析

本研究以一所高职院校为案例，对校内12名专任教师进行深度访谈和课堂观

① 本书作者在2016年暑期参加针对高职国际商务专业类教师开展的国家级"双师型"教师国内培训时，邀请来自全国各地其他高职院校的56位教师填写了调查问卷。

② 米高·奎因·巴顿.质的评鉴与研究[M].吴芝仪，李奉儒，译.台北:桂冠图书股份有限公司，1995:46.

③ 陈向明.教育研究方法[M].北京:教育科学出版社，2013:ⅰ.

④ 理查德·沙沃森，丽萨·汤.教育的科学研究[M].曹晓南，译.北京:教育科学出版社，2006:91.

察，同时对与师资培养和教师培训有关的校内中高层管理人员、省级教育主管部门人员以及合作企业的有关负责人开展访谈，并对校内其他管理人员和其他职业院校教师或管理人员进行非正式的访谈与交流、问卷调查等，收集、积累研究所需的资料和数据。尽管本书作者作为S学院的一名教学和管理人员，长期以来一直关注与“双师型”教师培养有关的各种问题，但也只是在近3年(2015～2017年)才开始有意识、有目的地开展田野调查，收集文本资料和各种数据。截至2017年10月底，共做了31次较深入的访谈，每次访谈持续时长约为1小时，并征得访谈对象许可，进行了录音，整理出5万余字的访谈记录；课堂教学随机听课26次，积累了约3万字的课堂教学实录笔记；参加了一次“双师型”教师国家级培训项目并开展了焦点团体访谈和问卷调查；收集了2013～2017年约8万字的教师教学检查、学生评教意见、教师教科研成果总结和教师参加培养培训活动的小结报告等文字材料，为开展本研究积累了丰富的原始资料和数据。

上述各类资料数据中需要精心处理并加以分析的主要是访谈资料和问卷数据，而政策文本资料，如培训内容、时间和名额分配，以及教师教学评价数据和观察资料等，则主要是作为三角验证资料，以充实研究的论据，提高研究结论的可靠性和说服力。

(一) 访谈资料分析

对通过各种途径收集的访谈资料(包括正式非正式访谈、焦点团体座谈和问卷调查中的“书面访谈”部分)按类属进行编码分析，形成资料矩阵表和核心概念图，成为资料分析和形成研究结论的支撑材料之一。下面举一个对英语教师的省级“双师型”教师培训访谈资料的分析实例来说明本研究中访谈资料的处理过程。

分析资料来自对S学院5位英语教师的半开放式访谈，每位教师都参加过一次以上省级“双师型”教师培训。5位教师中，1位参加的培训方式为企业实践，在为期2个月的时间内，去了3个涉外物流公司，每个公司都为其配备了岗位指导师傅，大部分时间是看岗位指导师傅操作，偶尔帮助公司做一些简单的单据处理；其他4位教师参加的培训均为一个月的课程讲座，学习3～4门课程，培训地点为本省的某所大学，也有上机模拟操作环节。在对访谈资料进行编码分析后，形成了资料矩阵表，见表1.5。

表 1.5　访谈资料矩阵表

概念框架	资料代码
双师素质形成途径	系统学习，自学，请教，咨询，知识点学习，问题本，MBA 硕士学位，职业资格证，商科课程，相关培训，企业实践，岗位操作，知识体系，教学内容，方法，考核，语言规律，语言教学规律，专业英语输出能力，商科专业课英语教学，双语教学，自身理论学习，与××沟通，资源共享，方向选择，商务，经贸，导游，有计划，形式多样，实操流程，设定目标
参加培训的效果	大概了解，开阔眼界，接触一线，商务知识，操作，不缺语言，缺乏商务知识和应用操作，提升非常有限，时间短，新课程，难学透，内容不致用
双师素质的应用	英语语言教学，语言知识，语言应用，商务知识，商务应用与操作，加强商务操作实践，英语教学工具，英语交流工具，商务岗位，专业能力，素质累加，升华，难，双语教学，全英语教学，实践锻炼，教学中分享
外部条件	时间，机会，经济基础，津贴

根据资料矩阵表的内容，可以归纳出英语“双师型”教师的培养需要在外部条件保障下，结合教师个人持续学习、参加课程培训、进行企业实践并能够在实际教学中应用等方法得以实施，形成的核心概念图见图 1.1。

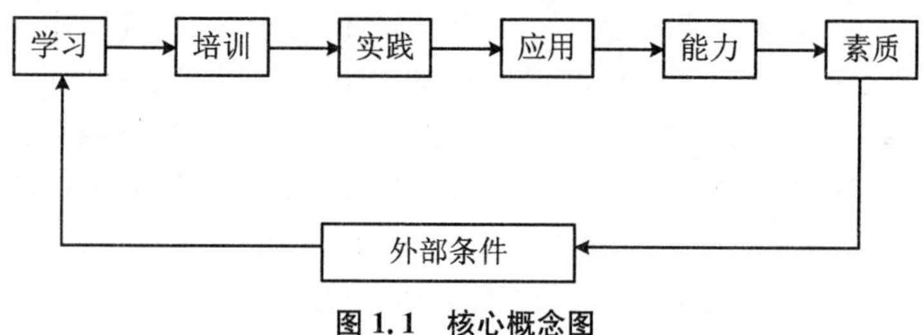

图 1.1　核心概念图

针对这个小型访谈案例的研究得出如下结论：

(1) “双师型”英语教师要通过个人有意识的不断学习、参加专业课程培训和赴企业顶岗实践多种途径综合作用才能得以培养。

(2) “双师型”英语教师的双师素质和能力要在实际教学中切实应用，在相关的英语课程中，除教授基本的语言理论知识外，还要能够用英语讲授涉外业务操作流程和岗位工作要求等专业知识内容，应用仿真实训软件或实习平台演示业务操作流程，保持并提高实践教学能力。

(3) “双师型”英语教师的培养和素质提升是一个比较长期的过程，需要外部力量，如学校、企业、社会提供持续的时间、机会和经费支持。

（二）问卷数据分析

本研究的问卷数据主要来自《高职“双师型”教师培养培训调查问卷》，问卷面向S学院的专任教师和省内外其他高职院校的部分教师发放，共发出问卷310份，回收260份，剔除无效问卷，最终保留有效问卷220份。220位参与调研的教师中，男教师82名（占37%），女教师138名（占63%），年龄跨度在24～55岁之间，平均年龄为38岁。在受教育程度方面，有博士（含在读）6人（占2.7%），硕士186人（占84.5%），学士26人（占11.8%），专科毕业生2人（占1%）。在职称方面，有教授6人（占2.7%），副教授52人（占23.6%），讲师152人（占69.2%），助讲10人（占4.5%）。学科专业分布为数学12人，英语20人，语文12人，农业科学10人，工程技术14人，工商管理24人，护理10人，旅游管理26人，商务营销24人，信息技术31人，财务金融40人。参与问卷调查的教师在性别、年龄、学历、职称和学科分布各方面基本上代表了目前我国高职学院的一般情况，如女教师和年轻教师多、高学历和高职称教师少、专业分布广而多等特点。

问卷共由两大部分组成：第一部分的14个问题是关于参研者个人基本信息的，包括性别、年龄、学历、来源、职称、职业资格证书获取等情况；第二大部分共27个问题，其中26个题目以Likert-5级量表形式设计，最后一题（第27题）是开放式问题，收集教师的具体意见和建议。27个问题中，关于参加培训动因的有8个问题，涉及培养培训环境的也有8个问题，体现培养过程和方式的问题有5个，还有6个问题的目的是了解培养培训效果。问卷首先在小范围内请教师和教学管理人员试测，根据他们提出的意见和建议进行了修改，形成定稿，然后再发送给其他教师，开始正式调查。使用SPSS 20.0统计软件处理问卷结果，获得每个问题的统计数据，作为解释问题所反映现象的辅助数据，充实研究的支撑数据。

三、研究思路与分析框架

首先，从高职教育与社会经济发展关系的视角，阐述高职院校“双师型”教师培养的宏观背景，通过简要分析高职院校“双师型”师资现状并梳理有关的政策文献，呈现当前“双师型”教师培养的重要性及迫切性，并导出研究问题。

其次，在问题导向下，以A省S学院“双师型”教师培养为例，采用访谈、观察、问卷调研等具体研究方法，围绕影响“双师型”教师培养效果的培养方式因素、培养环境因素和教师个人因素收集第一手资料，揭示高职“双师型”教师在职培养困境的表现形式和具体现象，应用工作场学习理论和职业教育“跨界”理论论证“双师型”教师培养方式选择的合理性和培养环境构成的客观性和主观性因缘，尝试应用组织防卫和组织困境理论分析培养方式、培养环境和教师个人困境形成的组织或个人层面的深层次原因，并探讨培养方式困境、培养环境困境和教师个人困境之间的相互联系和相互影响。这一部分是研究的核心内容，相互之间的逻辑关系见图1.2。

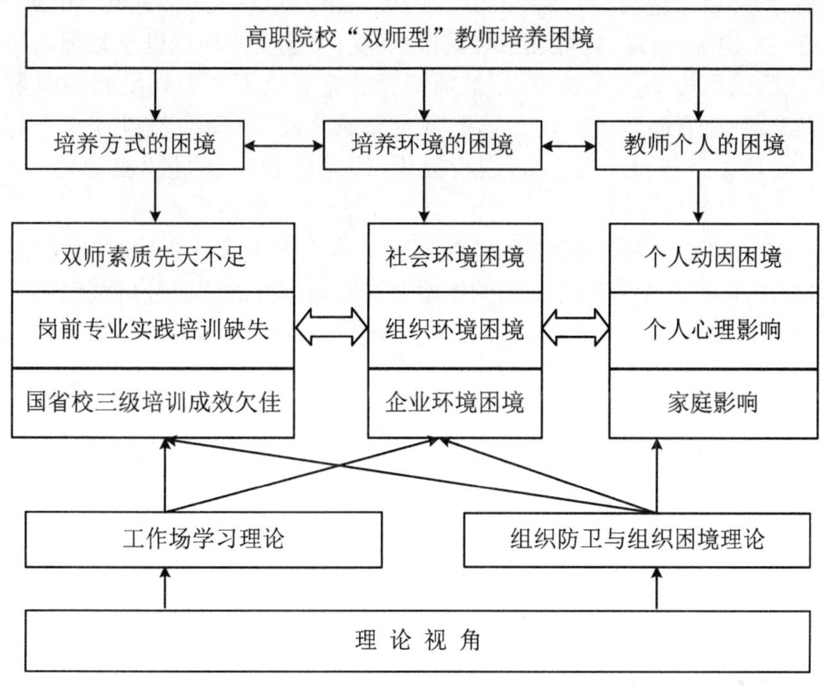

图1.2　分析框架图

最后，根据本研究的调研分析结果结合政策文件和国内外学者的相关研究文献以及教师发展阶段理论，形成高职“双师型”教师培养困境的几点结论，并对存在的问题尝试提出相应的政策建议。

基于研究思路和分析框架，本书写作的整体结构由三大部分组成，共八章。

第一部分为研究的基础内容，包括前四章。第一章为绪论，在分析宏观社会经济发展背景与职业教育发展形势的基础上提出研究问题，阐述研究的理论意义和实践意义，梳理关于“双师型”教师培养的有关政策内容，界定研究中涉及的主要概念，介绍应用的研究方法和研究思路，并对本研究进行反思。第二章对已有的关于“双师型”教师的研究文献从“双师型”教师的培养、“双师型”教师的内涵和“双师型”教师的标准三个方面进行综述，指出现有研究取得的成果和不足之处，并陈述本研究的新的视角。第三章介绍本研究的理论视角，分别介绍组织防卫与组织困境理论、工作场学习理论、职业教育跨界理论和教师发展阶段理论的涵义、理论基础和在本研究中的应用等内容。第四章对本研究的案例院校进行了白描式介绍，呈现了案例学校的发展历史沿革、办学基本情况和师资结构及“双师型”教师现状。

第二部分为研究的主体部分，包括第五章至第七章。第五章在梳理高职院校聘任新教师的任职条件和程序后，详细讨论“双师型”教师培养的三种主要方式——国家级培训、省级培训和校本培训，客观呈现在职“双师型”教师的培养方式，并结合对“双师型”教师培养效果的讨论，总结培养成效，分析存在的问题及成因，呈现“双师型”教师在职培养的方式困境。第六章从宏观、中观和微观三个层次，分析与之对应的社会环境、组织（院校）环境、企业支持环境以及教师之间、师生之间的人际关系等，探讨“双师型”教师培养的有利或不利的环境影响因素，分析“双师型”教师培养的环境困境。第七章对高职院校“双师型”教师培养的个人动因、个人心理以及家庭三个方面进行分析，探讨影响“双师型”教师培养的个人困境。

第三部分即第八章，为全书的总结部分。第八章在前三章针对“双师型”教师培养的方式、环境和个人三个方面的困境及其影响因素的调研分析基础上，形成研究结论并提出相应的政策建议，最后讨论了本研究的贡献和不足，同时展望未来可能的研究方向。

第五节　研究者的反思

一、研究的效度和信度

研究效度和信度是衡量研究的真实性、可信性的指标。在研究的效度方面，很重要的一点是收集资料数据的真实性和可靠性。在收集文献资料时，本研究主要从官方网站和职能部门保存的原始档案文件中寻找第一手资料。对于正式访谈类型的资料，除了现场笔录，同时还全程录音。现场访谈时，注意观察记录受访者的面部表情和身体语言，作为后期对访谈内容真实性的一种判断依据，访谈录音可以长久保存，反复播放，以防现场笔录和誊录录音内容时可能出现的笔误和信息遗漏等不实之处。在受访者陈述时，研究者一直保持倾听状态，不打断也不做主观评论，只是在受访人音量、语速或发音不清晰时，会以“你是说……吗?”的反问句式确认相关内容。在问卷设计时采用“嵌入式”方法，既收集可以统计的数字型和量表型数据，也收集对数字的语言解释，了解数字“背后的故事”，提高资料数据分析的可靠性。在对访谈资料进行分析解释时，交叉对比了不同受访者对同一个问题的陈述，对极端主观的表述采取谨慎的态度，观察记录资料、有关的文本资料和实物资料等也可以用来验证访谈资料的真实性和客观性，评估受访者的信奉理论和使用理论的偏差度。此外，在书稿写作过程中，也把相关内容呈现给受访者，听取他们对于相关问题的解释和分析的准确性的看法。

在研究的信度方面，本研究针对研究问题，主要采用访谈法和观察法进行研究。在访谈时，明确告诉受访对象访谈资料仅作为研究之用，他们的姓名和访谈内容会严格保密，他们可以无所戒备、毫无保留地表达自己内心的真实想法，因此，在其他场合他们需要按真实情况回答同样的问题时，可以保证受访者关于事实陈述内容的一致性和稳定性；在做课堂观察方面，研究者对每个教师所做的课堂观察在时间上都是随机的，不提前通知，所以，每次观察到的现象是被观察教师的课堂教学常态，有时课堂观察是研究者和学校其他教学督导和管理人员同时进行，观察结束后几名参与观察的老师对观察对象的集体评议达成的看法比较一致，也可以避免研究者个人观察视角的限制和过于主观的评价，在一定程度上，也可以提高观察结论的信度。此外，本研究收集到的教师个人的教学科研资料、学生每学期对教师的评价、教师提交的企业实践小结或报告等文字材料，在被用作本研究参考资料前，早已客观存在，不会因收集资料的时间或收集人员的变化而发生任何改变。

二、研究的推广度

研究的推广度是衡量研究有无应用价值的指标。对于以质性研究为主要方法的研究成果来说，其"推广度"往往是一个比较遭人质疑的问题，为了提高本研究对其他高职院校的借鉴和参考作用，在研究过程中采取了以下几点措施：

(1) 在选取研究对象时，采用目的性抽样方法，选择在专业、来源、年龄、性别、职务和成长阶段比较典型的教师进行研究，增强其代表性。

(2) 利用参加会议、培训、论坛等机会，与其他高职院校的同行就研究问题进行交流探讨，及时记录他们的观点和意见并有机地融合到对研究问题的解释中，最终在研究结论中呈现。

(3) 除主要运用访谈、观察等质性研究方法对有限的十几位访谈和观察对象进行调研外，还采取问卷调查的方法，在更大范围内收集针对研究问题和分析框架的数据资料。

(4) 构建一个基于研究结论的高职"双师型"教师多阶段多维度的针对性培养模式，便于同类或相似的研究者检验、应用，达到方便借鉴的目的。

通过以上几点方法的应用，研究者希望本研究的结论和相关经验可以在针对相同或相近类型的教师培养和教师发展研究中有一定的借鉴和参考价值。

三、研究的伦理

研究的伦理主要是指一项研究行动是否是正确和正义的,研究所采用的方法或手段是否是恰当的。[①]研究伦理具体涉及研究的价值、收益、付出与互惠、知情同意、隐私保密与匿名等。

通过研究,弄清高职院校“双师型”教师在职培养面临的问题和困境,探究导致问题和困境产生的原因,改进“双师型”教师在职培养培训方式,培养并不断提升教师的双师素质和能力,提高学校的人才培养质量等,这些均是研究者所在工作单位校级层面的重要工作,也是作者所承担的一项省级教学改革研究课题的内容。本书作者希望通过这项研究能为改进学校的师资培养工作、优化“双师型”教师培养效果提供帮助和指导。在开展研究的整个过程中,研究者与案例院校的有关领导和管理人员就研究的主要内容进行了探讨,了解了访谈对象对研究本身的接受认可程度和对研究成果的期待,并根据他们的建议完善了部分研究内容。

在研究过程中,本研究得到了访谈对象和其他参与研究的人员的支持,按照公开公平原则,向他们公开研究的内容和进度安排,并根据他们的情况,确定访谈和田野调查的时间安排,对于有的访谈对象出于隐私考虑而对某些问题不愿深谈,虽然觉得遗憾,但也表示尊重,不予强求;尊重个人隐私和保密原则,对研究中涉及的人和事进行了匿名处理;研究者按照伦理道德原则,“公正地”对待访谈对象和搜集到的各类资料,“合理地”处理自己与参与研究人员的关系以及自己的研究结果[②],在与访谈对象合作时,研究者没有因为自己与他们在年龄、职称、职位、资历等方面的差别而产生态度上的变化,而是努力保持客观的立场去倾听和观察他们的言行。对于他们为本研究付出的时间、精力和表现出来的友好和支持,研究者常常觉得无以回报,所以,除了在访谈时,研究者尽力做好倾听者和分享者的角色,让访谈对象感觉找到了一个情感宣泄口,获得精神上的释放感觉之外,在非研究的场合,研究者也与他们持续保持着友好的联系,在有关工作上配合他们的需求,在他们需要时,尽自己所能提供帮助,对他们感兴趣的、与本研究有关或无关的话题,也积极参与讨论,发表观点和意见,以自己在时间、精力方面的投入和秉持友好态度的表现回馈他们给予的帮助和支持,让自己的“负债之心”得到一些平衡。

---

① MATTHEW B M,MICHAEL A H. 质性资料的分析:方法与实践[M]. 张芬芬,译. 重庆:重庆大学出版社,2008:391.

② 陈向明. 质的研究方法与社会科学研究[M]. 北京:教育科学出版社,2000:436.

第二章 “双师型”教师培养研究综述

根据本研究的问题，本章着重对高职院校“双师型”教师培养及面临的问题、“双师型”教师的内涵和“双师型”标准等现有相关文献进行检索和述评。国内相关研究文献主要通过互联网和中国期刊网全文数据库以“高职院校”“双师型”“在职培养”“困境”“教师发展”等关键词进行一次或二次检索；国外相关研究文献主要通过 ProQuest、EBSCO、Google Scholar 等以“community college”“vocational education and training”“technical education”“staff development”和“faculty development”等关键词进行一次或二次检索①；除了用关键词进行检索以外，还通过所参考的文献后附的参考文献来扩大检索范围，寻找研究领域内比较经典和权威的文献。通过购买、在图书馆借阅、网络下载等方式采集检索到的专著、论文等，并将搜集到的相关研究文献用归纳法进行了总结和梳理。

第一节 关于“双师型”教师培养的研究

“双师型”教师关系到高职教育的发展和高职院校的人才培养质量，因此，对如何培养“双师型”教师的问题进行研究意义非常重大。国内研究者对此也显示出较大的热情，关于“双师型”教师培养现状、路径和问题等已有较多研究成果。

一、“双师型”教师培养现状研究

国内关于“双师型”教师现状的研究文献比较多，通过梳理，本书将研究中呈现的当前我国“双师型”教师存在的主要问题归纳为以下几个方面：

---

① 外文中没有与“双师型”一词相对应的表达，职业教育与培训、技术教育、教师发展和员工发展是他们常用的概念；美国与我国高职院校比较对应的教育类型是“社区学院”(community college)。

（一）“双师型”教师结构不合理

牟燕萌通过对一所地方职业院校的调查归纳出了高职“双师型”教师的六大现状：“双师型”教师的数量不足；“双师型”教师尚未形成梯队建设形式；“双师型”教师队伍的职称结构欠佳；“双师型”教师队伍整体缺少高学历人才；“双师型”教师的学缘结构单一；“双师型”教师队伍不稳定。①徐英俊和齐爱平通过调查，发现民办院校专业基础课和专业课教师中“双师型”教师所占比例较低；“双师型”教师中拥有硕士以上学位者较少；“双师型”教师大多在进行专业理论课程的常规教学，而开展实习实训课程教学的教师不足；具有行业执业资格证书、专业技能考评资格证书和高级技术职务职称证书的教师数量较少。②研究者通过对公办或者民办的高职院校进行的个案研究，从不同范围归纳“双师型”教师的结构现状，反映出各自的特点和情况，但在全面性和系统性方面尚显不足。

（二）“双师型”教师的认证和考评机制不完善

由于我国目前对“双师型”教师的内涵界定不清晰，没有统一、权威的“双师型”教师认证标准，存在多种标准并存的现象，这些情况导致了我国“双师型”教师的认证和考评机制不健全、不规范的现状。“双师型”教师除了要具备普通教师所应该有的教学能力和素质以外，更要有实践教学和指导学生实际操作的能力，这就要求“双师型”教师不但要关注教育教学和本专业理论知识，更要投入大量的时间和精力去掌握和更新与专业相关的实践技能。而目前大多数院校对“双师型”教师的考核与评价依然立足于本校的课堂教学效果，并没有多少激励性的机制去鼓励教师加强专业实践技能的更新和提升，忽视了合格“双师型”教师任职条件的特殊性。正如张宝歌所论“高职院校在现实的抉择中已认可和接纳了‘双师型’教师概念，但是却面临对这类教师评价的困惑”③。

（三）“双师型”教师培养措施不力

柴秀智对某学院“双师素质”教师队伍现状的个案调查表明：教育主管部门对“双师素质”教师培养程序的指导和规定不够具体，偏于理念化，不易操作；学院自身没有正式规范的培养“双师素质”教师的制度，缺少合理的评价与激励制度，“双师素质”教师培养与培训计划不够完善；学院培养“双师素质”教师的资源不足，培

① 牟燕萌. 高职院校“双师型”教师队伍现状及建设研究[D]. 济南：山东师范大学，2006：16-18.

② 徐英俊，齐爱平. 高职院校“双师型”教师队伍现状抽样调查及对策分析[J]. 成人教育，2009(11)：11-14.

③ 张宝歌. 高职“双师型”教师素质的提升：培养与评价一体化[J]. 江苏高教，2007(6)：136-137.

养、培训经费投入不足，“双师素质”教师培养的渠道没有打通，培养效率不高；学院师资数量紧张，教师课堂教学工作负担重，教师无精力也无时间参加培训。[①]

也有一些学者除了总结问题，还给出了一些解决问题的建议。郑余通过研究，归纳出高职“双师型”教师培养现状中存在的两个主要问题：一是高职教师对成为“双师型”教师总体上积极性不高；二是支持高职教师“双师型”发展的外在条件不完备。针对以上问题，他提出了三种解决办法：首先，制定法律法规，建立“双师型”教师任职资格制度；其次，明确培养目标，设置与高职“双师型”教师特征相匹配的培养培训课程体系；再次，继续加强高职“双师型”教师相关问题的理论研究。[②]

职业教育的特殊性决定了教师必须具有实践经验并能熟练使用新技术和新技能，掌握新工艺和新产品。而从我国整体财政情况来看，职业教育经费投入还不够充足，经费使用限制多，很多地区高职教育生均经费仍然低于普通高等教育，在职教师的培养培训需求还不能得到充分满足，校内实验、实习、实训设备的更新跟不上时代发展，教师企业实践锻炼机会少。十余年来，教育主管部门加大了对职业院校“双师型”教师的培训力度，设置了一些“省级培训”“国家级培训”项目，但总体来看，培训理念与现实需求有一定差距，培训内容针对性不强，有的教师在培训中了解掌握的有限的“实践”知识和技能在实际教学中得不到应用，实践能力不能积淀并内化成为自身的素质和能力。目前的研究成果虽然缺乏对这些问题的系统深入研究，但从不同侧面折射出这些问题的存在。

二、“双师型”教师队伍建设的研究

目前，学术界关于“双师型”教师队伍建设的研究分成两大类别：一是基于教师个体，培养集两种能力和素质于一身的“双师型”教师；二是着眼于教师整体，建设校企“双元”的“双师结构型”教师团队。

关于“双师型”教师个体的培养，现有研究中常见的主要有校本培训、校企合作培训和“师徒制”的拜师学艺三种形式。校本培训指在学校内开展培训，通过聘请校内外的教学名师、骨干教师和专家技术人员传、帮、带来提高教师的理论教学能力和实践教学能力，教师无需离开工作岗位就可以接受培训，培训期可长可短。校本培训既充分利用了学校自身的资源，也缓解了教师离岗参加培训带来的生活不方便和经济收入减少等方面的影响。

校企合作培训是“双师型”师资队伍建设的另外一条重要途径。上海冶金专科学校的王义澄在他的研究中分析了本校校企合作培养“双师型”教师队伍的具体做

① 柴秀智. 地方高职院校“双师素质”教师队伍现状及培养对策个案研究[D]. 长春：东北师范大学，2006：16-22.

② 郑余. 高职“双师型”教师的内涵识读与培养模式研究[D]. 金华：浙江师范大学，2006：34-46.

法：一是派遣教师到国内外工厂和企业进行长期实习；二是要求教师必须亲自带领学生参加生产实习和指导毕业实习，从而提高教师自身的实践能力；三是根据行业建设或者生产企业技术改造的需求，实际参与企业重大工程项目中的调研和建设工作；四是通过提供技术服务或咨询，支持教师多方争取，以承担更多的企业技术项目改革和研发工作。①他的研究最先引导了我国关于职业教育“双师型”教师培养的研究，对后来的政策制定产生了重要的影响。

高筠的调研也总结出了校企培训的四条主要措施：一是制定并实施专业教师定期到企业实践的制度，重点是提高教师的专业实践技能和专业实践教学能力；二是在本校内积极为教师创设实践机会，提供专门的实践技能训练场所；三是邀请行企专家，定期或不定期来校举办讲座，帮助教师提高“双师素质”，这一条也是校本培训的方法之一；四是促进教师“产、学、研、用”相结合，提高教师专业教学、专业研究、专业技能和科技转化应用能力。②

在校企合作培训“双师型”教师队伍方面，研究者提出了一些模式，如由建勋提出的“双通道流动”③，既打通高职院校教师到企业顶岗实践、挂职锻炼的通道和企业专家技术人员进入高职院校兼职或成为专任教师的渠道，实现高职院校拥有一批来自企业的高素质技术管理人才担任专兼职教职，同时教师经常性地深入企业实践，不断提高教师实践教育教学能力；林素琴、邵汉强借鉴民间“师傅带徒弟”的模式，提出了“拜师学艺”的“双师型”教师培养路径，“拜师学艺”就是高职院校专业教师拜行业实践者、企业技术工人或者技术专家为师，学习相关专业技能知识，从而提高他们的专业实践能力。④

关于“双师型”教师个体培养，吴全全从“跨界”的视角进行了比较有学理性的研究。她认为职业教育跨越了企业与学校、工作与学习和职业与教育的界限，基于这种“跨界”的特点，“双师型”教师应该具备四个要素：专业理论知识、专业理论职业实践、职业教育理论、职业教育理论的教育实践，并形成与之相对应的四种能力：掌握专业理论知识的能力、掌握与该专业相关的职业工作过程相关的能力、掌握职业教育教学方法和教育教学理论知识的能力、掌握职业教育教学过程知识的能力。⑤为帮助教师形成这四种能力，她提出了“对象-内容-形式”的“链式”结构培养路径，包括两个环节，一是“对象-内容”的针对型模式，根据来源的不同，她把职业院校教师分为五种类型：毕业于职业技术师范院校的专业教师，毕业于普通高等院校的专业教师，毕业于普通高校并有高校教学经历的专业教师，来源于企业有工作

① 王义澄. 建设“双师型”专科教师队伍[N]. 中国教育报，1990-12-05(3).

② 高筠. 地方本科院校培养“双师”素质教师的创新研究[J]. 继续教育，2007(9)：31-29.

③ 由建勋. 高职教师“双通道流动”机制的构建[J]. 教育发展研究，2007(07B)：112-114.

④ 林素琴，邵汉强. “拜师学艺”创新“双师型”教师培养模式[J]. 中国职业技术教育，2007(29)：26-27.

⑤ 吴全全. 职业教育“双师型”教师基本问题研究：基于跨界视域的诠释[M]. 北京：清华大学出版社，2011：74.

经历而调入的专业教师或来自企业的兼职专业教师，毕业于普通师范高校或普通高校的公共课教师。她提出要分析每种教师所缺乏的胜任职业教育的知识和能力，在内容方面进行有针对性的培养或培训。所缺内容确定以后，就进入了“链式”结构的第二环节——“内容-形式”的灵活型模式，如对于缺失专业理论内容的，可以采取校内专题培训，或到普通高校相关专业脱产进修的方式；对于缺失职业实践内容的，可以采取校内开展技能训练、获得职业资格、赴企业顶岗实践、参与技术服务等方式进行培养。

提出建设校企“双元”结构的“双师型”教师队伍的观点，是源于“个人时间、精力、能力有限”的现实，要求职业院校所有教师都成为名副其实的“双师型”教师是不现实的，不能要求所有教师既把理论知识研究深透并能有效地教授给学生，又能熟练掌握实践技能和实务操作并把经验和技巧传授给学生，所以职业院校要积极引进企业的专家技术人员和业务能手，成为学校的兼职实验、实习、实训教师，专门传授实践技能和业务操作流程，这也是一些政策文件大力提倡的。加强企业兼职教师队伍的建设，是职业院校弥补“双师型”专任教师质量不高、数量不足的重要途径和方法，是帮助职业院校脱离“双师型”教师资源短缺困境的一个办法，但不同于专职教师，现实中兼职教师的管理和聘用都存在着很大的不稳定性，同时，兼职教师的教学水平和教学质量也很难保证。

三、“双师型”教师培养困境的研究

乔新生通过调研，统计出我国目前高级技术技能型人才缺口多达 1 000 万人，很多重要技术岗位不得不聘请国外技术人员来国内任职①，这凸显了我国的高等职业教育人才培养质量存在着很大的缺陷。尤其是近年来，我国经济发展模式转型加快，经济结构升级迅速，“一带一路”倡议、“中国制造 2025”经济发展战略等的提出和制定，对高职教育又提出了“助力企业优势产能‘走出去’”的要求，经济新常态、“大国工匠”和“工匠精神”的概念也相继出现，社会对中高级技术技能型人才需求更加迫切。因为科技发明、工艺创造需要假以数以万计的能工巧匠之手才能转化成实际应用，向“一带一路”沿线国家的技术推广也需要他们去具体实施；而大量能工巧匠的培养任务必然应由职业院校承担，这对高职院校“双师型”师资提出了更高、更新的要求，因为概念的贯彻、战略的落实要切实融入到高职教育教学过程之中，这个过程需要“双师型”教师在具体的教育教学过程中去完成和实现，这使得高职院校“双师型”教师匮乏的问题更加突出。

社会经济的快速发展一方面突出了高职教育的重要性，但同时也清晰地暴露

① 乔新生. 用“有形之手”促高职教育发展[N]. 深圳特区报，2017-03-23(A02).

出能够保障高职教育人才培养质量的既懂理论又能实践的“双师型”师资数量不足和质量不高的严重问题。为了适应经济发展对技术技能人才供给的需求，我国高职院校的数量在不断增加，规模在持续扩大，但是培养高职“双师型”教师的师范教育却没有同步发展。贺文瑾的调研发现，当前我国仅有 8 所独立设置职教师范专业的职业技术师范学院和 30 多所综合型大学的职业技术教育学院，专业覆盖面窄，招生人数少，并且以本科教育层次为主，主要是为中等职业学校培养教师，这些学院中所设置的可以达到高职教师入职学历门槛的硕士及以上学位占比例很小，其中设置“职业技术教育”研究生学位的综合性大学只有 10 所，研究生层次无论是培养数量还是质量，都远远不能满足高职院校对“双师型”教师的需求。①陈亚军等以天津大学为例，调研了职业教育方向博士生培养的现状，他们发现，职业技术教育研究方向的博士生培养招生开始于 2006 年，2006～2008 年每年招生三四名学生，2009 年开始扩大招生，每年招生 10 余名，其中包括四五名定向培养生②，除了来自高职院校的定向培养生回到原单位工作外，大部分毕业生的去向为各级政府管理部门或高等教育研究机构，最后真正到高职院校教育教学一线工作的寥寥无几。

朱厚望在其论文中总结了高职院校双师队伍建设面临的三个困境：“双师型”教师数量不足、培养培训流于形式和教师工作积极性不高，并从认识理解、双师培养规划和管理体系三个方面简要分析了困境形成的原因。③陈慧姝以高职院校青年女教师群体为研究对象，对高职青年女教师专业发展现状进行了调查，发现目前高职院校青年女教师专业发展面临着发展意识薄弱、专业发展水平不强、自身发展动力不足、专业发展保障制度缺乏、引导力度薄弱等问题。④苑毅则以校企合作为背景，阐述了“双师型”教师培养的困境，认为在校企合作中，教师的主体地位缺失，很难融入企业的生产实践和项目，实践技能严重匮乏；同时，由于职业教育的发展，要求教师持续、快速地更新实践知识和技能，但教师自己的职称却不能同步提升；在学校内部，在评价“双师型”教师时，对教师在企业中的考核缺乏合理的标准，甚至不予认定，对教师在企业中指导学生实习和教师对校企合作的贡献不纳入绩效考核。⑤这些困境导致教师在校企合作中的积极性和主动性不足，造成“双师型”教师在校企合作中消极被动、懒于思考、懒于行动的现象，教师的双师素质难以提高。

贺文瑾从职业院校教师的来源角度分析了“双师型”培养的困境问题。她发现，目前我国职教师资主体是来自非师范类综合性大学非职业教育专业和培养普通教育教师的师范大学的应届毕业生。⑥前者在校学习期间，以学习学科专业理论

---

① 贺文瑾.完善培养培训机制，促进职教师资专业成长[J].当代职业教育，2013(11)：1.

② 陈亚军，李莉芳.高职院校教育研究机构建设现状调查与对策研究[J].中国职业技术教育，2017(6)：91-96.

③ 朱厚望.高职学院双师队伍建设的困境与对策[J].教育与职业，2015(6)：76-77.

④ 陈慧姝.高职院校青年女教师专业发展困境与对策研究[D].湖南：湖南师范大学，2016：39.

⑤ 苑毅.校企合作背景下“双师型”教师培养困境与出路[J].佳木斯职业学院学报，2016(7)：218-219.

⑥ 贺文瑾.职教教师教育的反思与建构：基于专业化取向的研究[D].上海：华东师范大学，2007：16-24.

知识为主，以学习专业技能知识和应用为辅，在行业企业实习阶段的组织管理和要求并不严格，有的甚至流于形式，至于职业技术师范教育内容，则根本没有接触过；后者虽系统接受过教育学、心理学、教学法等教育专业知识的培养，但严重缺乏专业实践教学能力，对高职教育应经济发展需求而举办的各种应用型专业的教学内容不了解，对高职教育特点也不清楚。因此，他们入职时都严重缺失高职“双师型”教师应具备的基本素质和能力。由于高职教师的经济待遇及社会地位不高等现实情况，到高职院校任教对具有相应学历的企业专业技术人员也没有足够的吸引力，因而，国外对职教师资必须具有数年企业任职经历的入职要求也不适用于我国的具体情况。而高职教育规模的急剧扩张，又迫使高职院校急需大量补充新教师，导致高职教师以高校刚毕业的学生为主的现象频繁出现。

高等院校为高职院校培养的师资数量严重不足以及吸引企业人员担任高职教师不大实际，这两种原因客观上造成了大批不具备“双师型”教师基本素质的高校应届毕业生才出校门即入教门、成为高职教师队伍主力军的现实状况，而他们的教学也难免承袭自己所接受的学科体系教育的模式，以传授学术性、陈述性知识为主，脱离或弱化专业实践教学环节，培养的学生岗位工作能力不强，职业素质不高，使得高职院校的人才培养规格与企业需求的人才标准衔接不上，毕业生不能满足用人单位对他们在职业能力和职业素养方面的要求，总体上高职院校的人才培养质量社会认可度较低。

目前的研究文献从“双师型”教师现状、队伍建设和培养困境等方面揭示了“双师型”教师职前培养的数量不足、深度不够以及职后在职培训校企合作困难等现实困境，呈现了高职“双师型”师资培养落后于高职院校发展需求的困境；总结或介绍了“双师型”教师队伍建设的方法和路径，对加强“双师型”教师培养有参考和指导价值。但这些研究主要是以研究者的视角，从宏观和中观层面对“双师型”教师培养的现状和困境进行研究，缺少从一线教师的视角和微观层面切入对“双师型”教师培养问题的全面细致研究，有的研究虽然能从某个角度，如校企合作中教师群体、青年女教师群体等进行针对性分析，但对困境形成的因素缺乏多角度、多维度的探讨，各影响因素之间没有建立相互关系，也鲜有研究者对困境形成原因进行深层次的挖掘和深入的理论分析。因此，需要从多层面、多角度对“双师型”教师培养困境的形成原因展开系统、深入的研究，加强了解一线教师对“双师型”培养困境的认识，才能为提高“双师型”教师培养的实际效果找准原因，对症下药。

第二节 关于“双师型”教师内涵的研究

学术界研究的规范一般是先界定研究对象的内涵。在我国，“双师型”教师不仅指教师个体的双师素质，而且指教师整体的双师结构和专兼职人员构成，涉及资格、能力、层次、来源等内容。因此，出现了对“双师型”教师内涵的不同解读。

一、“双师型”教师内涵的多元化理解

“双师型”教师的称谓是一个具有中国特色的职业教育术语，是职业教育领域根据我国职业教育师资特点，在借鉴其他国家职业教育与培训领域对教师和培训师的素质与能力要求的基础上提出的专有名词。①现有文献表明，20 世纪 80 年代末 90 年代初，上海冶金专科学校的王义澄先生在分析本校培养教师队伍的经验做法时，最早提出了“双师型”教师的概念。② 自此之后，因其概括的全面性和立体性，“双师型”教师的称呼逐渐进入研究者的视野和各级政府的相关文件之中，成为职业教育研究的一个热点。“双师型”教师作为我国指称职业院校教师特征的一个本土概念，对其内涵的界定，国内研究者们的看法和表述不一③，综合起来可归纳为以下五种类型：

（一）双证“双师型”教师

周明星在他的著作《职业教育学通论》中提出，教师凡是持有“双证”，即教师资格证和与从教专业相关的某种职业技能证，就属于“双师型”教师。④这种定义从形式上强调了“双师型”教师应同时具备教育教学资格和能够从事某种职业岗位工作的资格，体现了职业教育重视实践工作技能传授的特点。“双证型”定义易于理解，便于操作，但也招致不少的质疑，一些研究者认为拥有“双证”并不代表就一定是

---

① 梁成艾.职业学校“双师型”教师专业化发展论[M].成都：西南交通大学出版社，2014：26.

② 王义澄，苏汀林.改革工科专业教育，培养高级工艺技术人才[J].上海高教研究，1988(3)：49-52.
王义澄.建设“双师型”专科教师队伍[N].中国教育报，1990-12-05(3).
王义澄.努力建设“双师型”教师队伍[J].高等工程教育研究 1991(2)：49-53.
王义澄从工业专科学校教学特点提出理论密切结合实际的“教师加工程师型”“双师型”教师概念。他认为，要培养高级应用型技术人才，应使学生接受助理工程师的基本训练，毕业后能掌握本专业所必需的基础知识和专业知识，以及制图、运算、实验和工艺操作等技能，并具备一定的制造、运行、维修和安装等能力，教师当然首先应该更好地具备这些能力。除了聘请一些工厂、企业的工程师、高级工程师担任学校的专职或兼职教师之外，学校的专业教师也须具备两年以上生产实践经验，成为“双师型”教师。基础课教师也要下厂实践，了解专业基础理论在生产实际中的应用。

③ 詹先明.“双师型”教师发展论[M].合肥：合肥工业大学出版社，2010：15.
梁成艾.职业学校“双师型”教师专业化发展论[M].成都：西南交通大学出版社，2014：3.

④ 周明星.职业教育学通论[M].天津：天津人民出版社，2002：17-18.

“双师型”教师①，因为当前我国劳动就业准入制度和职业资格证书制度尚不健全，很多资格证书是通过书面考试获得的，并不能证明资格证书的所有者一定拥有从业的经历和实际工作能力，若一味强调“双证”即“双师”，会误导教师为考证而考证，忽视实际业务工作能力的培养。

（二）双能“双师型”教师

持此定义者认为，“双师型”教师是指既具有作为普通教师的职业素养和职业能力，又具有与本专业相关或相近的技术人员或其他中高级专业人士的从业素质和执业能力的专业教师。②这种定义从关注形式转向了关注内涵，体现了双能“双师型”教师在能力与素质方面的整体性和统一性。成为双能“双师型”教师的关键在于能够在知识、能力和态度等方面把教师素能与专业技师素能有机融合，教师要在充分吸收生产、建设、管理、服务领域的知识和能力的前提下，将其内化成自身具备的知识和能力，并能有效地再现、传授给学生。但是，“素质”和“能力”的评定不像“双证”那样易于操作，对教师素质高低和能力强弱的评价往往主观性较强，难以量化，难以形成被广泛认可的标准。

（三）“双证＋双能”“双师型”教师

与上述两种对“双师型”教师内涵的解释相对应，一些研究者采取综合的观点，他们认为“双师型”教师应是“双证＋双能”型教师③，“双证”是“双师型”教师的形式，“双能”是“双师型”教师的实质内容，“双证”和“双能”必须同时兼具，缺一不可。

---

① 郑秀英，周志刚．“双师型”教师：职教教师专业化的发展目标[J]．中国职业技术教育，2010(27)：75-78.
赵志峰．“双师型”教师的成长与发展[J]．中国职业技术教育，2014(12)：75-77.
唐林伟，周明星．职业院校“双师型”教师研究综述[J]．河南职业技术师范学院学报，2005(4)：30-33.
郭泽斌，夏金星．职业院校“双师型”教师队伍建设文献综述[J]．长沙民政职业技术学院学报，2012(3)：123-125.

② 杨金土．高等技术与职业教育的专业和课程：以澳大利亚为个案的研究[M]．北京：科学出版社，2004：2-3.
姚贵平．解读职业教育“双师型”教师[J]．中国职业技术教育，2002(6).
郑秀英，周志刚．“双师型”教师：职教教师专业化的发展目标[J]．中国职业技术教育，2010(27)：75-78.
余祖光．建设我国高技能人才队伍的战略思考[N]．中国组织人事报，2011-03-25(6).
赵志峰．“双师型”教师的成长与发展[J]．中国职业技术教育，2014(12)：75-77.

③ 曹晔．我国职业教育“双师型”师资的内涵及发展趋势[J]．教育发展研究，2007(10A)：22-24.
吴全全．职业教育“双师型”教师内涵及能量结构解读[J]．中国职业技术教育，2014(21)：212.
薛晓瑜，胡业华．浅析我国中职学校“双师型”教师内涵及其认定办法[J]．职教论坛，2014(11)：11-12.

（四）双职称“双师型”教师

一些研究者认为“双师型”教师应该既具有讲师以上的职称，又至少具有一种专业岗位职称，如工程师、医师、会计师、律师、商务师、经济师等。[①] 这种观点实质上与“双证型”“双师型”教师的界定有异曲同工之效，也从形式上强调了“双师型”教师应具有的“双栖”功能。由于教师系列职称与其他专业岗位系列职称在申报和评定上分属于不同的行政管理部门，在实际操作中也存在较大的困难。

（五）双层次“双师型”教师

有些研究者认为“双师型”教师的内涵包括“能力”和“素质”两个层次，“双师型”教师是“素质之师”和“能力之师”的统一体。姚贵平把“能力之师”作为第一层次，是指能够传授精湛专业技术的“技师”和经典专业知识的“经师”的复合体；“素质之师”为第二层次，指能够对学生进行价值引导的“人师”和进行职业指导的“事师”的复合体。[②]双层次“双师型”教师既要能够传授与专业相关的基本理论知识，又能够开展与本专业对应的实践岗位操作指导；既能引导学生世界观、价值观和人生观，又能指导学生掌握与个人性格和潜能相符合的职业能力，是“经师”“技师”“人师”“事师”的复合体。[③]

以上对“双师型”教师内涵不同界定的共同之处在于都尝试从不同的角度定义“双师型”教师，阐释“双师型”教师的内涵，不同之处是研究的思路和切入的视角各不相同，有的强调形式和外延，如第一种和第四种定义；有的强调内容和内涵，如第二种定义；第三种和第五种定义则将形式和外延与内容和内涵综合起来，全面覆盖教书育人和职业能力培养。这些对“双师型”教师概念含义的多视角思考，丰富了“双师型”教师研究领域的理论内容，但不足之处是多元化的理解对何为“双师型”教师的理解造成了莫衷一是的局面，对师资队伍的培养产生了一些不利影响，如“双证型”双师的界定导致了形式主义，形成了有些教师具备的证书与任教学科相距甚远的怪现象，如语文教师考餐厅服务员证、体育教师考导游证等。后续的研究可以在一定范围内提高统一认识的程度，按专业大类界定“双师型”教师的内涵，使

---

① 曹哗.重视兼职教师的发展构建二元化“双师型”师资队伍[J].中国职业技术教育，2007(6)：27.
孟庆国，吴炳岳，张兴会，等.动手动脑并举培养“一体化双师型”职教师资[J].中国高等教育，2006(22)：59-60.
杨涛.职业教育“双师型”教师全方位解析[J].中国成人教育，2013(6)：83.

② 姚贵平.解读职业教育“双师型”教师[J].中国职业技术教育，2002(6)：30-31.

③ 刘建湘，周明星.探析双师型教师专业发展的管理策略[J].教育与职业，2005(21)：25.
谭胜富.浅谈中职校“双师型”教师培养[J].职教论坛，2007(7)：33-34.
杨涛.职业教育“双师型”教师全方位解析[J].中国成人教育，2013(6)：83.

各专业“双师型”教师的评定和培养有可操作并行之有效的参照标准。

二、“双师型”教师的分类分级界定

自20世纪90年代初首次提出“双师型”教师定义以来，中等职业学校、高等职业技术学院和应用型本科院校都对教师提出了“双师型”的要求，“双师型”教师已逐渐成为我国职业院校教师培养的基本目标，体现了我国职业院校教师的任职特点和对职业院校教师培养不同于普通教育教师培养的一种独特要求。不同类型的高校因定位和人才培养目标的差异，对师资能力和素质要求也相应不同。西方国家的高等教育通常按学术性和非学术性两个类型划分，不同类型的院校人才培养的任务和目标也各不相同。学术类高校培养学术型人才，非学术类即应用技术类院校以培养适应社会和企业需要的应用型人才为目标。在教学方面，学术类高校既关注教学又注重研究，并努力将两者结合，而应用类高校一般偏重教学；在科研方面，学术类高校以理论研究和基础研究为主，应用类高校倾向于技术转化应用研究，以满足实际工作中解决实际问题的需要。

我国正在实行的普通高等教育和高等职业教育分类管理是优化我国高等教育类型结构的重要措施。在职业教育领域，目前正在致力于构建现代职业教育体系，形成职业教育类型从中职教育→高职教育（专科）→地方应用型本科→专业硕士→专业博士的非学术型人才培养链条，在现代职教体系内，不同层次的职业教育应定位于不同的发展方向。邢晖等学者认为，在人才培养目标方面，中职教育的人才培养目标应定位于“为一线生产建设领域培养初级和中级技术技能型人才”；高职教育则定位于主要“为技术生产和管理领域培养能够解决生产建设现场出现的实际技术问题、进行生产建设现场监督和管理等实际工作的中高层技术技能人才”；应用型本科或职教本科是“为技术生产建设领域和管理服务领域培养具有创造性和创新能力的较高层次的技术技能人才”；研究生阶段是“培养技术研发、设计、创新的最高层次的技术技能人才”。在学校功能方面，各层次职业类院校的共同社会功能是培养有用的人才，能够提供技术培训、社区服务和满足社会终身教育需求的功能；其主要区别在于是否能够提供科研服务，中职不强调提供科研服务，高职要能够为中小微企业的产品升级和技术研发提供服务，职教或应用型本科和研究生教育应能够为所有企业的技术研发与产品升级服务。①现实中，虽然各层次职业技术院校对教师都有“双师型”的要求，但标准和内涵不同，如中职学校的“双师型”教师应具有本科以上学历，在实践能力方面，注重一线工作岗位的操作技能，即“知其然”；高职专科院校的“双师型”教师应具有硕士研究生以上学历，在实践能力方面，

① 邢晖，佛朝晖，郭静.当前职业院校的定位困惑与政策建议[J].中国职业技术教育，2016(3)：52-54.

既能操作又能解释运作原理，即“知其然且在一定程度上知其所以然”。本书的研究对象是高职专科院校的“双师型”教师。

从个体和集体的角度划分，“双师型”教师还分为个体“双师型”教师和“双师”结构型教师团队。黄纯国等人提出，个体“双师型”教师是指教师个体既能开展理论教学，讲授专业理论知识，又能指导实践教学，胜任实习实训课程教学任务，具备集理论教学能力和实践教学能力为一体的特点。“双师”结构型教师团队指由专门从事理论教学的教师和专门从事实践教学的教师共同构成一个专业教学团队，专业理论课和专业技能训练课分别由不同的教师教授和指导。[①]本书的研究对象是前者——个体“双师型”教师，研究的内容是“双师型”教师个体集理论教学和实践教学一体化能力的培养。

除了研究者按照不同类型的院校划分，现实中，一些省市或院校还根据教师发展的阶段性特点，将“双师型”教师细分为不同级别，评定不同级别“双师型”教师的依据基本上是教师的职称等级以及所拥有的不同层次和等级的职业资格证书（参见附录 8 和附录 9）。按照教师的专业理论水平和具备的实践教学能力，高等职业院校的“双师型”教师通常分为初级、中级和高级，不同级别的“双师型”教师，其素质、能力和使命也相应有所不同。

（一）初级“双师型”教师

主要以讲授基础理论课程为主，同时能够指导学生实习实训。在实践技能应用方面，一般不要求他们全面掌握和深入应用，但应能够整体认识与本专业相关的社会实践领域的现状。他们可以通过参与学校的实验、实习、实训和广泛参加专业领域内的社会实践，丰富自身的实践知识，积累经验，促进实践技能水平提高。

（二）中级“双师型”教师

应扎实掌握专业理论知识、专业技能知识，掌握与本专业相关行业领域的发展情况和态势，具备相关领域的职业技能和实践教学能力；同时能够依据自己掌握的行业和职业的发展变化现状和趋势，对本专业的建设和人才培养方案提出有实际应用价值的建议。

---

① 黄纯国，贺文瑾，刁海旭.“一体化双师型”职教师资培养模式的研究与实践[J]. 十堰职业技术学院学报，2009(5)：10-13.

孟庆国，吴炳岳，张兴会，等. 动手动脑并举培养“一体化双师型”职教师资[J]. 中国高等教育，2006(22)：59-60.

曹晔. 重视兼职教师的发展构建二元化“双师型”师资队伍[J]. 中国职业技术教育，2007(6)：27.

贺文瑾. 职业教育“双师型”教师队伍专业化建设的新部署[J]. 中国职业技术教育，2014(21)：216.

（三）高级“双师型”教师

专业知识水平和专业实践能力应与专业指导委员会委员的水平相当或接近，通过出席高级专业人员会议、投身社会实践、开展行业企业调研和专业建设研讨等一系列活动，对本校所举办专业的社会需求性和可行性、专业课程体系的建设和动态调整、专业方向的确定和调整以及实践教学体系改革与创新、专业教师队伍建设与培养等与专业建设相关事宜提出有价值的、操作性强的意见和建议，为高等职业教育的专业建设、课程开发和“双师型”教师培养贡献智慧。

对“双师型”教师分级分类的界定丰富了“双师型”研究的理论内容，并对如何评价“双师型”教师也有一定的指导意义，对指导高职院校教师阶段性发展有一定的现实意义，但对于如何分级分类培养“双师型”教师，目前无论是理论层面还是实践层面尚没有针对性成果。

三、“双师型”教师内涵界定的困境

“双师型”教师概念自提出至今已有 20 多年，社会已经普遍认可“双师型”是职业教育教师区别于普通教育教师的独特表征，这一点从政府文件高频率采用“双师型”教师称谓的现实中可以证实。然而，一些学者认为对“双师型”教师内涵界定的理性探究依然匮乏，尽管目前学界对“双师型”教师的内涵达成了一些共识，但仍然存在着很多理解歧义和解释不一致的地方。①

目前，对“双师型”教师内涵界定的困境之一是其指称对象是职业院校的某类教师还是全体教师。有些观点认为“双师型”教师是指职业院校的专业课教师，而非指基础类文化课教师。吴全全认为，根据职业院校基础课和专业课教师的类别确定教师是否应该成为“双师”的观点是片面的。因为，同在职业院校任教，虽然承担的教学任务和课程教学目标有所不同，但教学对象是相同的，总体人才培养目标是一致的，文化课教师和专业课教师的教学目标都是为了帮助学生毕业后能够成功走向职业岗位，得到用人单位的接纳和认可。因此，将职业院校的文化课和专业课完全区别开来，割裂文化课和专业课的联系，对教师提出不同的教育教学能力要求，是“二元论”思维的体现，不利于职业教育人才培养目标的实现。基础类文化课虽然强调“通识教育”，但是，在职业院校，文化课的设置也是围绕专业人才培养方案而确定的，文化课要为专业的建设和发展服务，文化课的教学内容应该与专业课

① 吴全全.职业教育“双师型”教师基本问题研究：基于跨界视域的诠释[M].北京：清华大学出版社，2011：24-26.

贺文瑾.“双师型”教师的概念解读[J].职教通讯，2008(7/8).

教学内容相融合，共同完成培养学生的就业能力和职业素养的育人功能，这就要求文化课教师也需要了解学生未来的工作岗位和相应的专业内容，需要具备“双师”能力和素质。当然，对文化课教师的双师能力和素质的要求在内容和程度上与专业课教师应有一定的差别。①

“双师型”教师内涵界定的困境之二是对“双”字理解的多重标准。如前文所述，现实中，“双师型”教师包括了“双证型”“双能型”“双职称型”“双来源型”“双结构型”等以“双”字界定的内涵标准，陷入了就“双”论“双”的思维定势。“双师型”教师其本质是指同时具备理论教学能力和专业实践教学能力的教师或教学团队，无论是证书、职称，还是来源、结构，都是为了证明教师是否具备理论和实践一体化教学的能力，能否培养出具有“一技之长”的、基本胜任工作岗位要求的学生。无论以哪种指标来评判，最终都是要督促职业院校的教师通过各种途径形成理论教学能力和实践教学能力，即达到具备双重的素质和能力标准。对“双师型”教师内涵的探讨应跳出“双”字的围困，立足于职业院校的人才培养目标，以其教育功能为基础，分析教师的职责和应具备的资质能力及素养。②

针对以上两种困境，王继平认为：因为“双师型”教师丰富的内涵，出现各种各样的概念界定观点是可以理解的。“双师型”教师不仅指职业院校的某类教师，而且指职业教育的整体教师队伍；不仅指教师队伍中某类教师的个体素质和能力，而且是对整个职业教育教师队伍提出的素质和能力要求；既指具备理论和实践“一体化”教学能力的“双师型”教师个体，也指“双师型”结构的教学团队；既包括“双证”“双能”型教师，也包括“双职称”“双来源”教师。③

迄今为止，学界对“双师型”教师内涵的认识仍然没有统一，随着职业院校对“双师型”教师培养的日益重视，需要对“双师型”教师内涵的界定进行更加深入的、科学的理论研究，更加合理、规范地界定“双师型”教师的内涵，为“双师型”教师培养提供更具解释力的理论依据和更具操作性的评价参照标准，以利于提高“双师型”教师培养培训项目的针对性。

第三节　关于“双师型”教师标准的研究

因为“双师型”教师的认定标准是职业教育师资引进、聘用、考核、评价和培养

① 王继平.“双师型”与职业教育教师专业化[J].职业技术教育，2008(27).

② 吴全全.职业教育“双师型”教师基本问题研究：基于跨界视域的诠释[M].北京：清华大学出版社，2011：24-26.

③ 王继平.“双师型”与职业教育教师专业化[J].职业技术教育，2008(27).

培训的重要依据,因此,它成为政策制定者、政策执行者、研究者和职业院校教师共同关注的焦点,围绕这个问题的文献和研究成果也比较多见。

一、国内的文件表述和有关研究状况

目前我国还没有制定统一的"双师型"教师认定标准,只是在一些政府部门颁发的文件中嵌入一些对"双师型"教师评定条件的描述,有些地方和院校根据教育部有关文件要求,制定了适用于本地或本院校的认定标准,还有些研究者对"双师型"教师标准提出了自己的观点和看法。

2000年,在教育部下发的《关于加强高职高专教育人才培养工作的意见》中,提出"双师型"教师应该既是教师,又同时具备非教师系列的工程师、会计师、经济师、医师等从业资格。2009年,在教育部颁布的《高职高专院校人才培养工作水平评估方案(试行)》中对"双师型"教师的认定标准给出了较为详细的描述,文件规定,"双师型"教师首先要已经取得讲师及以上教师职称,然后要符合下列条件之一:① 有本专业实际工作的中级或以上技术职称;② 近五年有主持或作为主要参与人参加过至少两项应用技术研究,成果已较好地应用于企业;③ 近五年有主持或作为主要参与人参加过至少两项校内实验或实训室建设或参加过提升设备技术水平的设计安装工作,居于省内同类院校先进水平,应用效果好;④ 近五年内在本专业企业第一线实际工作两年以上(可累积计算),或取得教育部组织的教师专业技能培训合格证书,具备全面指导学生本专业实践实训活动的能力。教育部的标准强调了教师系列职称和专业技术职称的"双职称"、行业企业工作经历、研究能力及成果转化应用能力,涵盖了"双师型"教师应具备的理论课程教学能力和实践课程教学能力。

由于没有国家权威机关发布的、要求统一执行的"双师型"教师认定标准的政策文件,有些地方教育主管部门参照教育部有关文件精神,组织人员编制了自己的"双师型"教师认定标准在本地区试行,如A省教育厅在2015年年底颁布了高等职业院校"双师型"教师认定办法和认定标准,面向本省内高职院校的校内专任教师和校外兼职教师进行高级、中级和初级"双师型"教师三个级别的认定,认定条件要求校内专任教师的专业技术职务资格基本条件应达到高校教师系列中级及以上专业技术职务,校外兼职人员要有专业领域内非高校教师系列中级及以上专业技术职称或职务;在应具备的专业教学和专业实践能力基本条件方面,校内专任教师要有本专业领域非高校教师系列初级及以上专业技术职称或职务,或具备从事本专业领域技术工作的高级技能(三级及以上)职业资格证书,或具备其他相应水平的专业实践能力条件;校外兼职教师要具有高校教师资格,在高职院校的年度教学考核中获得合格等级(具体条件和标准参见附录7和附录8)。

在没有地方统一标准的省市，一些高职院校制定了本校的“双师型”教师资格标准，如要求教师接受过系统教育理论的培养和培训，参加过相应的实践培训，既能讲授专业理论课，又有一定实践经验或实践教学能力，在学历方面应达到大学本科及以上学历，应具备中级以上专业技术职称或职务，具有不少于两年的相关专业经历或具有高级工及以上职业资格证书等。①院校的自定标准一般都对“双师型”教师的学历、职称、社会实践经历、职业资格证书和教育教学理论素养等提出明确要求，但一般对科研及其成果应用没有严格要求。

有的研究者也对“双师型”标准提出自己的见解，如贺文瑾根据自己对“双师型”教师内涵的认识，提出“双师型”教师应该是水平高、能力全面的教师，既能教书又能育人，既懂理论又会操作，自我要求要高，要能坚持参加继续教育，并取得多种证书，并对“双师型”教师提出了“一全”“二师”“三能”“四证”的职业素质标准：“一全”指全面的职业素质。“二师”指既能从事基础文化课或专业基本理论课教学，又能从事专业实践技能的训练与指导；既是组织和安排日常教育教学活动的“经师”，又是领导和指引学生成为有用人才的“人师”。“三能”指较全面的能力素质，包括基本的教育教学能力、专业实践技能或专业操作训练与指导的能力、教科研和专业建设课程开发的能力。“四证”指高等教育毕业证、技术(技能)等级证、继续教育证和教师资格证等。② 这些标准对教师素质和能力的要求较高、较全面，但操作过程中除对“证书”的要求外，其他方面都难以量化，无法确定判断标准，主观因素影响较大。

关于“双师型”教师标准，亟须我国各级教育主管部门、相关研究机构和学者加强研究力度，为教育部制定统一的、全国通用的“双师型”教师标准的指导性意见提供智力支持，为国家级、省级或校级“双师型”教师培养培训提供科学的、全面的、可操作性强的政策依据。

二、有关国外职教师资标准的研究

在学者的研究文献中，也有很多对美国、德国、澳大利亚、英国、日本等职业教育比较发达的职业教育教师任职资格的介绍，以期对我国的“双师型”教师标准的制定起到“他山之石”的功效。

---

① 卢双盈.职业教育“双师型”教师解析及师资队伍建设[J].职业技术教育，2002(4)：40-43.
王义澄.建设“双师型”专科教师队伍[N].中国教育报，1990-12-05(3).
唐林伟，董桂玲，周明星.“双师型”教师专业标准的解构与重构[J].职业技术教育，2005(26)：11-12.
李娟，肖志雄.“双师型”教师评价指标体系的构建及评价方法研究[J].职业技术教育，2013(5)：75-76.

② 贺文瑾.略论职技高师“双师型'师资队伍建设[J].职业技术教育，2002(4)：50-52.
贺文瑾.“双师型”教师的概念解读[J].职教通讯，2008(7/8).
贺文瑾.职教教师教育的反思与建构：基于专业化取向的研究[D].上海：华东师范大学，2007：50-59.

通过梳理国内有关对比教育研究文献和国外的相关政策文献发现，国外对在职业教育与培训(vocational education and training，VET)机构任职的教师一般都称为“职业技术教育与培训教师或培训师”(VET teachers and trainers)，虽然没有与国内专门指称职业院校教师的“双师型”教师相对应的称呼，但是一些职业教育发达的国家对职业教育教师的入职标准和在职培训与我国的“双师型”教师概念的内涵相通，既要求有一定的理论知识和教育教学能力，更强调具备专业知识和专业实践技能，并要求不断更新，强调知识技能的“相关性”(relevancy)和“当前性”(currency)。①

澳大利亚职业教育主要由“技术与继续教育”(technical and further education，TAFE)学院承接并落实。澳大利亚职业教育在世界范围内处于领先水平，其成功的秘诀之一在于有一只过硬的师资队伍。澳大利亚职业教育教师任职的基本条件是：具有不少于 5 年的专业岗位工作经历；受过高等教育专业和类似相近专业的培训，获得教师资格证书；并具备四级国家资格证书和工作场所的训练。达到这些条件者，只是达到了兼职教师的条件，要转为正式教师，一般还要经过不少于 5 年的实际任教经历后才能实现。正式教师还需要定期去企业进行专业行业实践，称为“回岗”，并成为有关专业行业协会的会员，定期参加协会组织的活动，获得最新的专业领域信息，不断更新专业知识和专业技能。TAFE 学院选聘教师基本不考虑刚出校门的高校毕业生，一般都是从有实际工作经验的专业岗位技术人员中招聘。在澳大利亚，要成为 TAFE 学院的教师，教育学学士以上学位、实际工作经验和岗位技能证书三者缺一不可。②

德国的职业教育也是领先于世界水平的。在德国，从事职业教育的专业教师应具备的资格是：接受过职业教育或有不少于一年的企业实际工作经历，也可以在接受高等教育期间利用业余时间，尤其是假期到企业实习；在大学学习 9 个学期，参加并通过第一阶段国家考试，或有被承认的高校学位证；然后再接受 2 年教师教育学院培养，在 2 年的学习期间，由学院安排到相应的职业学校担任实习教师，报名参加第二阶段国家考试，通过后方能获取职业学校专任教师资格。③

日本的职业教育在亚洲处于领先水平，日本产业工人高超的技艺、严谨的工作态度与其所受的职业教育是分不开的，日本对于职业教育中任教专门课程的教师，要求达到如下标准：① 具有硕士学位；② 至少在高中当过 2 年的教员；③ 高等教育毕业后，要先在研究所或学校工作，对正规全日制高校毕业生来说要接受不少于

---

① 李玉萍，王珊珊. 高职院校教师队伍管理模式的构建[J]. 宿州学院学报，2011(11)：81-82，99.

② 杨金土. 高等技术与职业教育的专业和课程：以澳大利亚为个案的研究[M]. 北京：科学出版社，2004.
吴全全. 职业教育“双师型”教师基本问题研究：基于跨界视域的诠释[M]. 北京：清华大学出版社，2011：85.
付雪凌，石伟平. 美、澳、欧盟职业教育教师专业能力标准比较研究[J]. 比较教育研究，2010(12)：81-85.

③ 吴全全. 职业教育“双师型”教师基本问题研究：基于跨界视域的诠释[M]. 北京：清华大学出版社，2011：117-121.

2年的相关业务教育，对从高等专门学校或短期大学毕业的学生要进行不少于4年的相关业务教育；④ 专修学校毕业后，要有在学校、研究所和商业企业或事业单位等业务场所等与所学专业和专门课程相关的工作岗位实习经历，学习时间与专业实践时间的总和不少于6年。[①]

像德国一样，欧盟其他各国也都非常重视职业教育，并将职业教育与职业培训和终生学习紧密联系在一起，他们认为职业教育与培训是维护社会公平、减少社会差距、保障社会和谐发展的“缓冲器”，2010年年底欧盟《布鲁日公报》提出如何更好地应对更广泛的社会挑战成为职业教育与培训的两个核心目标之一，职业教育与培训也要助力实现社会和谐。[②]早在2002年，欧盟就启动了“哥本哈根进程”(Copenhagen Process)，目的是强化欧盟成员国之间的职业教育与培训合作。[③]他们也十分重视对职业教育教师和培训师的认证与培养，职业教育教师和培训师的入职门槛非常高。2013年欧洲职业培训发展中心[Cedefop(法文缩写)；European Centre for the Development of Vocational Training]出版了《职业教育与培训师能力框架》，作为Cedefop研究“认证职业教育教师或培训师从业资格”的成果，书中呈现了来自欧盟9个国家的19个案例。[④]

以希腊为例，2006年希腊政府就已制定了“成人培训师国家证书制”(national certification system for trainers of adults)制度，要取得职业教育国家级培训师证书，申请人要具有教育文凭和相关的职业经历，文凭越高，职业经历年限要求越低。如果有本科或研究生文凭，要求有7年的工作经历，并且其中要有3年是从事本专业工作；如果只有初级教育文凭，则要有15年的工作经历，其中8年是与本专业相关的经历。达到上述要求，才能注册申请培训师证书，然后再接受长达300个小时的培训，包括225小时的远程教育和75小时的面授，通过考核以后，才能获得证书，转为注册认证培训师(the register of certified trainers)，有效期5年，期满后，若能提供5年内接受过150小时的继续培训证明，可以获得续聘证书。[⑤]

与国外职业院校教师任职标准中严格要求教师的专业实践工作年限和继续培训经历相比，我国高职院校教师准入条件较为宽松，对职后培训要求达到的实践能

---

① 李梦卿，熊健民，罗莉，等. 双师型教师队伍比较研究[M]. 武汉：华中科技大学出版社，2010：168.

② Council of the European Union, European Commission. The Bruges communiqué on enhanced European cooperation in vocational education and training for the period 2011-20[EB/OL]. [2015-12-27]. http://ec.europa.eu/education/lifelong-learning-policy.

③ European Commission, Danish Technological Institute. European business forum on vocational training: challenges and trends in continuing development of skills and career development of the European workforce: survey report. Copenhagen: DTI[EB/OL]. [2015-12-27]. http://eutrainingforum.teamwork.fr/docs/survey_report.pdf.

④ Cedefop. Trainers in continuing VET: emerging competence profile[M]. Luxembourg: Publications Office of the European Union, 2013: 22-23.

⑤ Cedefop. Trainers in continuing VET: emerging competence profile[M]. Luxembourg: Publications Office of the European Union, 2013: 22-25.

力标准执行不严格。目前我国高职院校的教师大多数是从高校毕业后直接进入高职院校任教的，从企业引进的较少。出于公办院校的人事编制限定、教育成本方面的考虑、我国教师任职的学历学位条件限制和高职教育未来发展的不确定性，短期内从企业大量引进专兼职教师到高职院校任教也是不现实的，如何有效提高在职在岗教师的实践工作能力和“毕业即入职”的高校毕业生的专业实践教学能力是目前提高我国高职教育“双师型”师资水平的关键点。

针对“双师型”教师标准的国内研究文献和国内外政策文献，其共同之处是均强调了“双师型”教师理论和专业实践两方面的必备素质及其重要性，并从定性和定量两方面界定了应达到的相应标准。但国内的有关研究和政策文献有的比较宏观，有的比较主观，且标准不统一，对国外职教师资的标准主要是介绍不同国家的不同要求，对其标准制定背后的理论依据以及标准形成的社会文化背景的剖析研究较为缺乏，针对我国具体国情进行合理性借鉴的深度研究尚不多见。因此，关于“双师型”教师标准还需要根据我国的现实社会、文化、经济发展现状和我国高职教育特点，进行深入的研究，合理借鉴国外不同国家的标准体系，制定具备可操作性的、符合我国国情的“双师型”教师任职和认定标准。

第四节 文献总结和本研究的视角

综观前文，我国关于“双师型”教师的研究在其水平现状、队伍建设、培养困境内涵探讨和标准制定等方面进行了比较全面和若干开创性的讨论，研究内容也体现了我国的特定情况与现实关切，尤其在关于“双师型”教师队伍建设方面提出了一些颇有新意的观点，如“双通道流动”模式、“拜师学艺”模式、校企“双元”结构的“双师型”教师队伍建设模式和“对象-内容-形式”的“链式”结构培养模式等。但从总体上看，研究在理论深度、成果的应用性和操作性上还存在不足，“双师型”教师的内在含义还没有权威的界定，学术界还没有对各种关于“双师型”教师内涵的表述作出缜密的解读，“双师型”教师概念的指称对象及其内在属性仍不清楚①，导致了没有规范的、操作性强的、能够被普遍认可的“双师型”教师认定标准及培养培训的指导准则，造成很多方面产生混乱，“双师型”教师培养成效尚不明显。

具体来说，在研究内容方面比较雷同，大量研究集中于内涵探讨、标准制定、现状、培养途径及其问题的宏观、中观层面的泛泛研究，很多文章只是针对一些职业教育师资存在的普遍问题，提出内容相近的解决措施，缺少新意；在研究方法方面，

① 肖凤翔，张弛.“双师型”教师的内涵解读[J].中国职业技术教育，2012(15)：69-74.

基本上以文献梳理、理论思辨、现状描述和对比研究为主,还比较多地停留在概念内涵探讨、培养经验总结、介绍国外职教师资任职条件的阶段,实证性研究缺乏,案例研究、田野调查、行动研究等方法的运用不多,问卷调查、访谈等具体方法的运用也比较少见,深入、系统、理论性强的研究成果较为鲜见;从研究的视角来看,现有研究大多是以研究者自身为“中心”,主要是阐发研究者的观点和看法,而对本应该关照的研究对象——“职教教师”这一主体对象的意见和建议重视不够,从教师的视角探讨他们对“双师型”教师培养困境的看法和认识、对“双师型”教师培养内容和培养方式的意见和建议以及他们接受“双师型”教师培养培训的过程和效果等方面的系统实证研究极其少见,结合已有理论对“双师型”教师培养困境的成因进行深入分析的研究成果基本没有,而这些恰恰正是准确了解“双师型”教师培养困境、优化提升“双师型”教师培养成效急需关注的地方。

当前,我国的职业教育受到政府前所未有的重视,现代职业教育体系正处于加速构建的过程之中,全社会也正在逐渐形成重视职业教育、接受职业教育光荣、热爱劳动、崇尚有一技之长的氛围,但是,职业教育最终能否得到应有的社会地位和尊重还是取决于各职业院校的人才培养质量,优质的人才培养质量必须有过硬的“双师型”师资作保障。因此,职业院校“双师型”教师培养研究仍将是职业教育理论和实践研究领域应该关注的主要问题之一,如何优化“双师型”教师培养效果、建设高素质的“双师型”教师队伍应是我国职业教育研究领域中亟待重视和解决的重点问题之一。

综上所述,关于如何培养“双师型”教师的问题是一个老生常谈但其结果又不尽如人意的话题,因此,它应该是一个需要持续研究、常谈常新的问题。而在研究者关注的众多问题之中,关于“双师型”教师培养效果的研究并不多见,尤其是与提高培养效果密切相关的关于“双师型”教师培养困境的全面、系统的研究更为鲜见。因此,本书作者计划在此领域开展比较深入系统的研究,主要应用质性研究方法,以一所高职院校的“双师型”教师培养为例,选择有代表性的高职一线教师为访谈对象,面向教师和政府、院校以及企业的管理人员开展深度访谈,并面向更大范围的高职教师进行问卷调查,了解他们在接受“双师型”教师在职培训的过程中面临的问题和遭遇的困境,以期能为优化高职“双师型”教师培养培训方案、提高“双师型”教师培养效果提供可资借鉴和参考的范例和依据。

在当今经济发展模式转型,需要大批技术技能型人才的时代背景下,职业教育受到各级管理层的高度重视,针对决定着提升职业教育教学质量的关键要素——“双师型”教师培养这一问题的研究也颇受关注,前人的研究也已积累了一定的成果,然而,基于教师个人职业发展的角度关注高职院校是如何培养在职“双师型”师资的,以及“双师型”教师在职培养中到底面临哪些困境以及困境形成的原因等问题,学界对此尚没有系统性的学术研究成果。刘猛和孙建波在分析了围绕“双师型”教师概念探讨所形成的多维多义语境后,提出了现存的“三重三轻”现象:一是重视结果，轻视过程，即关注教师是否已具备“双师型”教师身份，以有没有“双资格证书”或“双职称证书”为判断标准，而不是重视其成为“双师型”教师的过程和经历；二是重视职前培养，轻视职后培训，认为职业教育教师培养的重任应该依托于职业师范高等教育院校，而对在职教师在任职期间通过各类培训、自我反思、自我提高等方式实现的再社会化重视程度不够；三是重视外部要求，轻视内部发展，体现在“强调行政要求、关注学校目标实现和关心研究人员的建议”等方面，而对“职业学校教师本身的需求”却掉以轻心。①

为弥补“双师型”教师培养研究领域中“重结果，轻过程；重职前，轻职后；重外部，轻内部”的偏差，本研究拟从研究方法和研究视角方面尝试进行一些探索。在研究方法方面，不同于以往较多使用的文献梳理、思辨描述、国外经验介绍等方法，本研究将以有代表性的在职教师为研究的切入点，以质性研究的访谈法和观察法等为主要研究方法，收集第一手研究资料，并辅以问卷调查法了解普遍的现象和一般的趋势，获取高职院校“双师型”教师培养的鲜活素材和资料，结合现有理论，分析现象和趋势背后的深层次影响原因；在研究视角方面，悬置研究者的“自我中心观”，尝试“站到教师的鞋子里”去客观地看待、分析、评价“双师型”教师培养的成败与得失，聆听他们发自内心的声音，探析他们在参与“双师型”教师培养过程中遭遇的困境，脱离盲从于外部政策层面的不断“喂养”，实地了解教师内部真正亟须“充饥”的养料是什么。

本研究将从培养方式、培养环境和教师个人三个方面对“双师型”教师培养困境进行全面系统的调研，并尝试建立三方面影响因素之间的关系，运用相关的组织理论对困境形成的原因进行深入的分析和讨论，一方面弥补关于“双师型”教师培养研究内容简单、缺乏深度理论分析的不足，另一方面为完善、制定针对性强和可操作性强的“双师型”教师培养培训方案、评价制度和标准确立提供可参考的基础性研究数据。

① 刘猛，孙建波.成为“双师型”教师：一项基于苏南某职业学校的实地研究[J].职教论坛，2012(4):68-71.

第三章 “双师型”教师培养困境研究的理论视角

高职院校“双师型”教师的在职培养需要同时兼顾理论提升和实践强化两个方面，并应偏重专业实践教学能力的培养。在不同场所和环境开展“双师型”教师培养时，组织或个人可能会遭遇到形形色色的出于自我防卫而形成的阻碍心理或行为，面临着大大小小的现实困境；高校课堂学习是掌握理论知识的传统且重要的途径，高职“双师型”教师普遍缺失的专业实践能力则需要在实际岗位工作中获得，理论上跨越高校和企业、传统课堂和企业工作场所的“跨界”学习和实践应成为“双师型”教师培养不可或缺的环节；高职教师与其他普通教育类型的教师一样，在职业生涯中将经历不同的发展阶段。因此，本研究以组织防卫与组织困境理论、工作场学习理论、职业教育“跨界”理论和教师发展阶段理论作为研究的理论视角。

第一节 组织防卫与组织困境理论

美国心理学家、哈佛大学教育与组织行为学教授克里斯·阿吉里斯(Chris Argyris)是研究组织心理学与行动科学的先行者之一，他以独特的视角研究组织与个体的关系，系统地阐述了组织防卫与组织困境理论，对组织学习和组织发展过程中出现的问题具有较强的解释力。

一、组织防卫理论

社会组织运转会遇到各种各样的问题，组织防卫是导致组织陷入困境的主要原因之一。阿吉里斯认为组织防卫现象无处不在，人们对此司空见惯且不以为然，组织防卫已成为人们有意识、下意识甚至无意识的自然而然的行为，它严重地阻碍着组织学习和组织的不断创新发展。①

(一) 组织防卫的内涵及成因

组织防卫是指当组织面对困难或威胁时所产生的一种自我保护反应,常见的表现形式有诿过于人、言语含糊和话题转移等。组织防卫会阻断人们对困难或威胁的深层探究,压制双路径学习的发生。②双路径学习是从根本上解决问题的行为方式,但现实中,组织和个人常常使用单路径学习,而单路径学习不能从根本上解决问题,因为它没有改变影响价值观的主导变量,而引发问题的真实原因往往是行为所遵从的价值观存在问题,这是由人们的防御性推理引发的,所以,阿吉里斯认为组织防卫萌生于人们的防御性推理。当组织和个体行事时,出现采取的实际行动与自身利益不相符的现象时,就是防御性推理所导致的自我防卫结果。③

(二) 组织防卫的表现形式

组织防卫的表现形式有熟练的无意识和熟练的无能、习惯性组织防卫行为、玩弄花样行为和衰弱无力现象。

熟练的无意识和熟练的无能是指当人们运用第一型使用理论处理令人不快的困窘或具有威胁感的问题时,就进入了熟练的无意识状态,其结果是使人变得具有防卫性,而防卫的结果又导致对别人行为的误解、曲解以及采取自我实现和自我封闭的无能行为。④如果人们在无意识的防卫心理的支配下,不加思考、出于本能地去做事,并将之视为理所当然,导致违背初衷的效果,那么这种无能行为就是一种熟练的无能。

习惯性组织防卫行为是在组织为避免组织成员、组织各部门陷入尴尬或者面临威胁之境地时采取的行为或策略。它是一种过度保护和自我封闭,具有自保护、自加强和自扩散的属性。⑤习惯性组织防卫行为导致人们陷入进退两难、揣摩彼此意图的矛盾和两难困境,因此,严重阻碍了组织的学习和进步。

习惯性组织防卫行为在有些人看来并不是一个很严重的问题,相反他们会觉得自在和安全,以玩弄花样来应对,并呈现出衰弱无力的现象。玩弄花样的行为包

---

① 克里斯·阿吉里斯.克服组织防卫[M].郭旭力,等译.北京:中国人民大学出版社,2007:前言,5-12.

② “双路径学习”指改变主导行为策略的价值观,采取新的行动达成不一样的后果;与之对应的是“单路径学习”,指不改变主导行为的价值观,仅改变行动策略的行为。

克里斯·阿吉里斯,罗伯特·帕特南,戴安娜·麦克莱恩·史密斯.行动科学:探究与介入的概念、方法与技能[M].夏林清,译.北京:教育科学出版社,2012:63.

③ 克里斯·阿吉里斯.克服组织防卫[M].郭旭力,等译.北京:中国人民大学出版社,2007:15-16.

④ 克里斯·阿吉里斯.克服组织防卫[M].郭旭力,等译.北京:中国人民大学出版社,2007:31-34.

⑤ 克里斯·阿吉里斯.克服组织防卫[M].郭旭力,等译.北京:中国人民大学出版社,2007:41-45.

括：① 使人们察觉不到其所作所为存在矛盾的做法；② 否认这些矛盾存在的做法；③ 如果既无法掩盖也无法否认矛盾就将责任推脱到别人身上的做法。玩弄花样导致的衰弱无力现象，包括：① 寻找和发现组织存在的问题，但却不承担改正问题的责任；② 夸大负面因素，贬低正面因素；③ 信奉人人皆知却无法践行的价值观，而在行动中表现得好像这些标准能够得到实施一样。①

在由人组成的一切大小不等的组织中普遍地不同程度地存在着上述各种现象，形成了一种组织防卫模式（图 3.1）。阿吉里斯认为组织本身并不是产生防卫模式的根源，其根源是组织内的成员自孩提时期就学会遵从的那些使用理论及与之相应的社会道德，这些因素共同作用，并彼此相互强化②，使组织陷入低效和缓慢的发展困境。

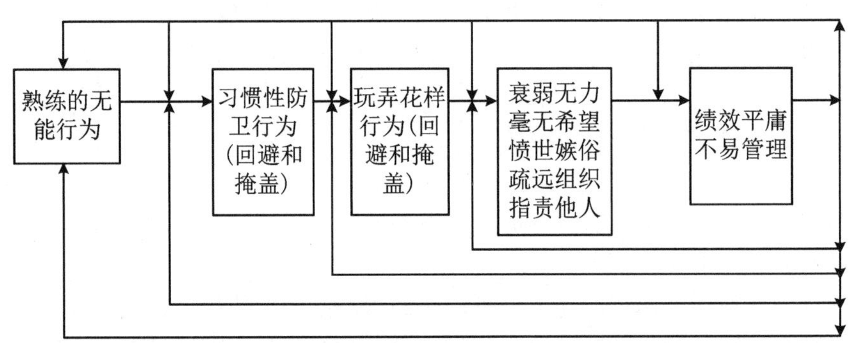

图 3.1　组织防卫模式

二、组织困境理论

组织困境理论是阿吉里斯继提出组织防卫理论以后，对组织中常见的一些消极行为和困境现象的更深入的理论分析。

（一）组织困境的内涵

组织困境是指当人们遭遇带有威胁性或令人难堪的局面时，为保护自己所在的组织、小团体和个人不出现重大的、破坏性的变化而采用一种防卫性行为模式使组织陷入困境。组织机构的成员对组织内部的熟练的无能、习惯性组织防卫行为、玩弄花样行为和衰弱无力现象等消极行为司空见惯，对组织的防卫模式习以为常，

---

① 克里斯·阿吉里斯. 克服组织防卫[M]. 郭旭力，等译. 北京：中国人民大学出版社，2007：76-94.

② 克里斯·阿吉里斯. 克服组织防卫[M]. 郭旭力，等译. 北京：中国人民大学出版社，2007：96.

这种现象使组织发展陷入困境。[①]研究人员和实践工作者发现一个悖论：一方面，人们承认这些困境不利于工作的有效进行；另一方面，人们对如何阻止或消除组织困境又不加以关注。

（二）组织困境的危害

组织困境的危害是导致困境的行为不断自我强化，从而加深自我封闭。行为的自我强化体现在采取的行动强化了最初导致困境问题的组织或个人的防卫心理。例如，掩饰问题的行为导致了更进一步的掩饰，这“更进一步的掩饰”通常是更为复杂的掩饰行为，以防止之前掩饰行为的暴露，这使得掩饰的过程不断自我强化。自我封闭的行为是指行为人只认可与事先的设想一致的行为，行为人认为自己的行为发生在自己无法掌控的行为体系之中，他们以“自身是受害者”为托辞拒绝反思造成组织困境的个人责任。[②]自我封闭的行为阻碍了对组织困境产生根源的理性探究。

（三）组织困境起因的理论解释

阿吉里斯以行动理论解释引发组织困境的原因，应用的行动理论包括：行动理论模式1（第一型使用理论＋防御性推理）和行动理论模式2（第二型使用理论＋创造性推理）。[③]

阿吉里斯认为人们会事先设计自己的行动，明确为达到目的所要采取的行动和策略。这种精心的设计会存储在人们的头脑中，在需要时自动激活。人脑将这种设计区分为两种有效行为的主程序：一种是信奉的行动理论，即人们认为自己的行动所应该奉行的、可以明说的原则；另一种是人们在行动中实际使用的理论。[④]个人的信奉理论和使用理论有可能是一致的，但这种现象不常出现，比如人们宣称自己信奉说真话、为人公正、行为理智，而在实际行动时却往往隐瞒实情、充满偏

---

① 克里斯·阿吉里斯.组织困境：领导力、文化、组织设计[M].姚燕瑾，译.北京：中国财富出版社，2013：1-2，14.

② 克里斯·阿吉里斯.组织困境：领导力、文化、组织设计[M].姚燕瑾，译.北京：中国财富出版社，2013：19.

③ 第一型使用理论的四个主导价值观是界定目标并努力实现、尽力追求只赢不输、压制负面感觉的表达和强调保持理性；第二型使用理论的三个主导价值观是有效确凿的信息、充分自由的信息选择和对信息选择的内在承诺。ARGIRIS C，SCHON D. Theory in practice：increasing professional effectiveness[M]. San Francisco：Jossy-Bass，1974：68-69，87.

④ 阿吉里斯等将行动理论分为信奉理论（espoused theory）和使用理论（theory-in-use）两大类，信奉理论是指个体宣称他所遵行的理论，使用理论则指那些从人们的实际行动中推论出来的、与他们口头宣称的理论完全不同的理论。克里斯·阿吉里斯，罗伯特·帕特南，戴安娜·麦克莱恩·史密斯.行动科学：探究与介入的概念、方法与技能[M].夏林清，译.北京：教育科学出版社，2012：59-60.

见、寻求私利。①

上述的第二种行为主程序即行动理论模式 1。模式 1 在第一型使用理论的四种价值观主导下，用一种防御性推理思维来解释自己的行动设计，并实施未来的行动。储存在人们头脑中的行为模式 1 在人们遇到棘手、危害性严重的问题时就会被激活，导致适得其反的、毫无成效的行动结果，使组织陷入困境。②更为糟糕的是，人们能够娴熟地应用模式 1，他们并没有意识到自己在制造隔阂与矛盾，这种自然而然、不假思索和心照不宣的模式 1 行为，使人们对此形成的危害不加关注，不被觉察。

与行动理论模式 1 相对应的行动理论模式 2 的应用可以防止模式 1 所导致的事与愿违的结果。模式 2 中的第二型使用理论是人们的信奉理论，在第二型使用理论的三种价值观主导下，人们会运用创造性推理思维模式，即在透明、公开、公正的推理过程中，充分验证各种主张，探寻有效的信息，提出明智的选择，并乐于仔细核查，随时纠正发现的错误。③模式 2 的主导观念能够帮助创造一个坦诚、透明和相互信任的组织。人们对模式 1 的熟练运用和对模式 2 的期望之间存在的差异是导致组织困境的根本原因。

三、本研究运用组织防卫和组织困境理论的缘由

选取组织防卫和组织困境理论作为研究高职“双师型”教师培养困境的理论视角之一，是因为高职“双师型”教师的培养也是高职院校组织教师开展在职学习的一个过程，在此期间，也会出现院校、相关组织（培训主管部门、行业企业等）和教师个体有意识或无意识的防卫行为，难免使高职“双师型”教师培养陷入困境，因此，组织防卫和组织困境理论能够帮助研究者阐释“双师型”教师培养过程中来自组织和个人障碍的深层次原因。本研究的内容是高职“双师型”教师的培养困境，从培养方式、培养环境和教师个人三个方面分析困境现象和导致困境的原因，有助于分析和理解“双师型”教师培养过程中各种困境的形成原因。在“双师型”教师培养中会涉及院校、企业、教师个体等相关的组织机构和个人，在解决和参与“双师型”教师培养的问题上，各个组织均会推出相应的政策、意见和建议表达他们意欲奉行的理论和行为，教师个人也会做出相应的回应；而在落实“双师型”教师培养时，可能会呈现出与各方原本所表达的不一致的使用理论和防御行为，在此过程中，信奉理论和使用理论之间的偏差就会导致“双师型”教师培养陷入困境和培养成效不高的后果。

---

① 克里斯·阿吉里斯. 组织困境：领导力、文化、组织设计[M]. 姚燕瑾，译. 北京：中国财富出版社，2013：52.

② 克里斯·阿吉里斯. 组织困境：领导力、文化、组织设计[M]. 姚燕瑾，译. 北京：中国财富出版社，2013：62.

③ 克里斯·阿吉里斯. 组织困境：领导力、文化、组织设计[M]. 姚燕瑾，译. 北京：中国财富出版社，2013：54.

因此，除了政策法规不健全和组织激励机制不到位的原因之外，组织防卫和组织困境理论可以提供一个不同的视角，解释“双师型”教师培养过程中所涉及的管理人员、教师个人、教师群体和院校、企业等组织机构在内的各个群体或者个体的行为模式，进而解释“双师型”教师培养成效不高的深层次原因。

第二节 工作场学习理论

工作场学习这一概念来源于西方人力资源管理领域。在人力资本理论出现以后，这种理论就为工作场学习确定了产生和发展的基础，正如 Garrick 所言，“对人类自身的投资也是一种资本”。①高职院校“双师型”教师的培养需要同时兼顾理论提升和实践强化两个方面，并应偏重专业实践教学能力的培养。虽然高校课堂学习是掌握理论知识的传统且重要的途径，但是高职“双师型”教师普遍缺失的专业实践能力则需要在实际岗位工作中获得。因此，最近几年职业教育研究领域引入了工作场学习理论，作为指导“双师型”教师在职培养的重要理论基础之一。在学习型社会逐渐形成和终身学习意识逐渐养成的过程中，人们逐渐会接受并认同这样的观点——工作是学习的必要而重要的组成部分，而学习也相应地无法脱离工作。②

一、工作场学习的涵义

工作场学习，也称为职场学习、工作场所的学习和在工作中的学习等。澳大利亚学者 Stephen Billett 认为工作场学习是指“在参与真实工作过程中，由富有经验的团队成员直接指导实际工作活动，新手学习者从中获得工作知识和技能的一种途径”③。在 Anderson 提出知识可以划分为概念性知识(conceptual knowledge)和程序性知识(procedural knowledge)之后，Billett 对工作场学习展开了更为深入的探讨，基于知识划分的视角，他将工作场学习进一步分为三种形式，即获取命题性

---

① 海伦·瑞恩博德，艾莉森·富勒，安妮·蒙罗. 情境中的工作场所学习[M]. 匡瑛，译. 北京：外语教学与研究出版社，2011：1.

② BARNETT R. Learning to work and working to learn[M]//BOUND D. GARRICK J. Understanding learning at work. London：Routledge. 1999：29-44.

③ BILLET S. Authenticity and a culture of practice[J]. Australian and New Zealand of Vocational Education Research，1993(1)：1-29.

知识的学习、获取程序性知识的学习和获取意向性知识的学习。①在知识观上，Billett 采用了社会文化建构主义的观点，从知识观的角度，突出个体经验与其所处知识环境之间的互动②，根据社会文化建构理论的主张，Billet 提出了“学习就是参与”，学习是人们参与社会实践获得的一个结果。③

与 Billett 关注获得概念性知识不同，英国学者 Mansfield 关注工作场学习中学习者能力的获得。从掌握技能的角度出发，Mansfield 把工作场学习定义为“学习者在工作场所中形成并提高工作能力的一种学习方式”。Mansfield 开发了工作能力分析模型，提出学习者在工作场所中需要学习掌握的四种技能，包括角色与环境技能、任务管理技能、技术性技能和事故管理技能。④

Billett 和 Mansfield 两人主要从学习结果的不同视角对工作场学习进行定义。Cunningham 则从社会性互动的视角为工作场学习下定义。在 Cunningham 看来，“工作场学习是人们之间尝试互相帮助时所引发的非正式的系列互动”⑤。工作场学习的实质内容就是新手与专家之间的互动。美国学者 Mezirow 则描述了三种形式的工作场学习，即工具性学习、对话式学习和反思性学习。其中，工具性学习指为促进学习者的工作效率和技能提高的学习内容和类型；对话式学习关注学习者个体空间与学习者所属组织的空间；自我反思性质的学习在于提高学习者在实际工作场所中的自我认识，并促进他们对自己身份转化的认同。⑥

上述四位西方学者从不同的视角阐述工作场学习的内涵，其共同之处在于都是从学习的目标着手，把工作场学习定义为“了解并掌握与工作相关的知识或技能的过程”，或为了提高工作成效而开展的学习。高职院校对“双师型”教师进行在职培训，使他们不断提高职业教育教学能力，更新专业技术知识和实践操作技能，符合工作场学习理论所倡导的理念。

---

① BILLET S，ROSE J. Developing conceptual knowledge in the workplace[M]//STEVENSON J，Learning in the workplace：tourism and hospitality. Brisbane：Griffith University，Center for Learning and Work Research，1996：204-231.

② BILLET S，ROSE J. Developing conceptual knowledge in the workplace[M]// STEVENSON J. Learning in the workplace：tourism and hospitality. Brisbane Griffith University，Center for Learning and Work Research，1996：204-231.

③ BILLET S. Critiquing workplace learning discourses：participation and continuiy at work[J]. Studies in the education of Adults，2002，34(1)：56-57.

④ MANSFIELD R. Deriving standards of competence[M]//FENNEL E. Development of assessable standards for national certification. London：Department for Education and Employment，1991：80-86.

⑤ CUNNINGHAM J. The workplace：a learning environment[C] Sydney：The First Annual Conference of the Australia Vocational Education and Training Research Association，1998(2)：1-18.

⑥ MEZIROW J. Transformative dimensions of adult learning[M]. San Francisco：Jossey-Bass，1991：224.

二、工作场学习的认知基础

了解工作场学习的认知基础，对理解工作场学习发生的过程、解释工作场学习出现的各种现象很有帮助。Newell 的整体认知理论被认为是工作场学习理论的认知基础理论之一，因为情境性是工作场学习不同于正规学校教育的本质特征。他指出，学习都是在情境中产生和持续的，情境决定了学习目标的确定与任务的落实，学习是目标指导下的具体行动，是各种信息的产生与积聚过程。① Billett 则基于社会文化建构主义集中研究了成人在工作场学习中的认知特点与社会文化因素之间的关系。②他认为情境固然是知识迁移和解决问题的决定性因素，但是学习和认知都产生于特定的文化活动之中，社会文化因素对促进人类认知发展极其重要。在成人的工作场学习中，Ericsson 等人的研究发现，元认知理论是其重要的认知基础。他们提出“认知学徒制”的学习模式，即在情境中依赖于外部指导者的支持开展学习。③他们认为，认知学徒制与正规学校中的课堂学习模式是不相同的，学习者需要熟练工作者的专门指导，熟练工作者要为学习者搭“脚手架”，在学习者积累了一定的知识基础后，可以逐渐减少帮助。上述三种认知基础分别强调了构成工作场学习的核心要素：工作任务情境，学习者、具体工作任务和熟练工作者组成的“微型”社会，熟练工作者为帮助学习者获得完成任务的能力所给予的指导。学者们关于工作场学习认知基础的观点表明，不同要素的成功组合是保障工作场学习顺利实施的前提条件。

三、工作场学习的模型构建

Jogense 和 Warring 从员工的学习潜力、组织的技术化学习环境和社会化学习环境三个维度对工作场学习进行了研究，并形成了“在工作场所的学习”模型，这一模型着重阐述了影响工作场学习的三个方面的因素：员工的学习潜力、组织的技术化学习环境和社会化的学习环境，包括三个共同体：工作、文化和政策共同体。④

Illeris 在 Jogense 和 Warring 的模型基础上从个体层面和社会层面两个维度

---

① NEWELL A. Unified theories of cognition[M]. Cambridge，MA：Harvard University Press，1990：146.

② BILLET S. Authenticity and a culture of practice[J]. Australian and New Zealand of Vocational Education Research，1993 (1)：1-29.

③ ERICSSON K A，CHARNESS N. Expert performance：its structure and acquisition[J]. American Psychologist，1994(49)：725-747.

④ JOGENSE C H，WARNING N. Learning in the workplace[M]. London：RUC Press，2001：26-37.

构建了他的“工作生活中的学习”模型。[①]将“员工的学习潜力”归为了工作场所学习的个体层面，而将“组织的技术化学习环境”与“社会化的学习环境”进行了抽象概括，形成了与之相对应的社会层面。他以工作实践为工作场所学习的核心进行分析，建构了一个三角理论模型，又从认知角度出发分析了认知、心理动力和环境三个因素的交互作用，建构了一个“学习的三个维度”学习模型，该模型反映出认知和心理动力直接决定着知识经验的获取过程，而环境则在交互过程中对获取过程本身产生了影响。学习模型中认知和心理动力同属于个体层面，而环境则包含了“组织的技术化学习环境”和“社会文化学习环境”两个因素，属于社会层面。Illeris将两个三角模型进行了合并，最终形成了完整的“工作生活中的学习”模型（图 3.2）。

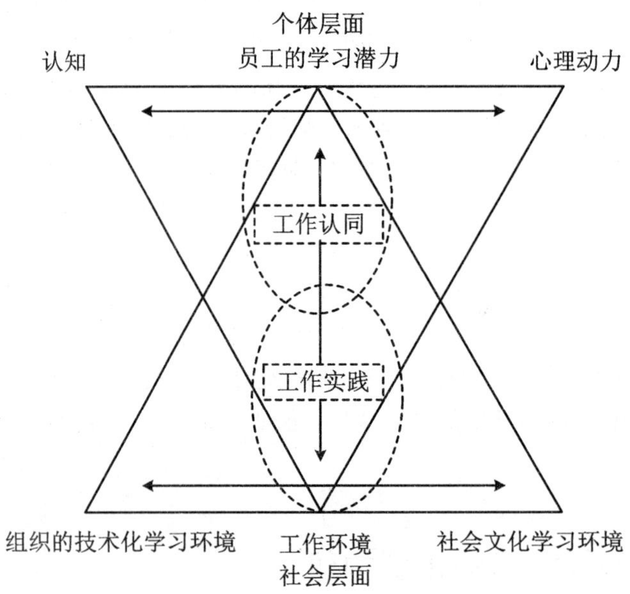

图 3.2　Illeris 的“工作生活中的学习”模型

Illeris 所建立的模型解决了个体层面和社会层面的矛盾，从个体和社会两个层面探索了学习在工作场所中产生的过程。在该模型中，认知和心理动力同属于员工的学习潜力，属于个体层面；而组织的技术化学习环境和社会文化学习环境则同属于工作环境，属于社会层面。模型简明、直观地呈现了在工作场学习发生的过程中，学习者个体与学习者所处的组织和社会文化环境之间相辅相成的关系，有助于阐述“双师型”教师培养中教师个人与培养环境之间的相互影响。

① ILLERIS K. A model for learning in working life[J]. The Journal of Workplace Learning, 2004(8): 431-436.

四、工作场学习理论应用于“双师型”教师培养的思考

“双师型”教师培养的主体内容是教师在组织或社会创设的环境中开展个人或团队的学习行动。“双师型”教师的工作场学习与其他类型教师的在职学习相比较，既有共性的一面，又有个性的一面。其共性体现在均属于成人学习类型，均是为了事业更好地发展或者说是为了更好地教学而学，其个性的一面体现在“双师型”教师的工作场学习更注重掌握实践性知识，而非理论性或学术性知识，具有明显的技术性、应用性和实践性特征。

根据人类活动的方式，知识可分为科学的知识（也可称为理论知识）和实践的知识（也可称为经验知识）。理论的知识属于认识范畴的公共知识，通常可以通过自主阅读、课堂学习、参加讲座等形式学习获得；实践知识属于实践范畴的个体知识，教师的实践性知识通常可以通过三种渠道获得：一是由理论知识通过行动转化而来；二是通过教师在实际的教育教学过程中总结经验积累而来；三是从以技能为主的实践性教学环节中不断反思而来。①相对于普通院校教师而言，职业院校“双师型”教师的区别性特征是掌握与任教专业相关的行业企业工作岗位上的实践性知识。职业教育的人才培养目标是为行业企业培养技术技能型人才，这决定了职业教育教学（包括文化课教学和专业课教学）要注重与持续变化、不断创新的工作实践保持紧密联系，关注汲取企业工作场所相关的实践性知识来丰富、更新职业教育教学内容，这些要求决定了职业院校“双师型”教师的在职培养将不以学科知识为主，而以与企业工作岗位相关联的实践性知识为主。

高职院校“双师型”教师的在职培养过程事实上就是一个漫长的工作场学习过程，教师对学校的教育教学工作不断进行反思总结，持续改进教育教学方法，逐步提高教育教学效果，这是在教学工作场中的学习；教师参加各种在职培训和能力提升学习，如企业实践和企业岗位挂职，则是在企业工作场中的学习。所以，工作场学习理论和“双师型”教师的在职培养在内容和形式方面是相互兼容的，工作场学习理论作为提高“双师型”教师个人实践性知识和能力的指导理论有其本质上的适切性，尤其是“双师型”教师培养中应用的一些模式和途径，如校本培训（在教学工作中学习）、企业挂职（在企业学习中工作）、顶岗实践（工作场参与式实践）等，都可以看做是工作场学习理论在“双师型”教师培养中的具体应用。

综上所述，组织防卫与组织困境理论和工作场学习理论是本研究依据的主要理论基础。就本研究而言，组织防卫与组织困境理论和工作场学习理论的运用具有内在的关联。首先，组织防卫与组织困境理论帮助解释培养方式运行不畅、培养

① 王玉苗，刘冬.职业教育教师专业化发展要关注实践性知识[J].中国职业技术教育，2006（30）：29-31.

环境支持不力和教师个人内在动因不足的深层次原因；其次，工作场学习理论能够解释“双师型”教师培养方式和培养环境的设计与选择的合理性和必要性。两个理论的综合运用支撑了本研究的理论分析框架。

第三节 职业教育跨界理论

1988 年，美国自然科学学会会员西格玛在其出版的《摒除边界：跨学科研究视角》一书中指出，随着学科互涉的加深，不同学科之间的交叉融合呈现出越来越频繁的现象，由此产生了一个概念——跨界(Crossover)，[①]并进而形成了跨界思维模式，跨界思维就是打破原有的界限，让不同领域的知识和见解互相交织，产生冲突，激发出新的思想和观点。[②] 在跨界思维影响下，在德国“双元制”职业教育模式的启发下，2009 年，姜大源提出了职业教育“跨界”理论。

一、职业教育“跨界”理论的基本观点

职业教育“跨界”理论认为职业教育跨越了职业与教育、企业与学校、工作与学习的界域，也就跨越了经济与教育界的疆域。[③] “跨界”是职业教育不同于普通教育的本质特征。在中国职业教育不长的发展历程中，逐渐形成了独具特色的“校企合作、工学结合”的跨界人才培养模式。在 2014 年的第三次职业教育工作会议上，习近平总书记还专门指出职业教育要做到“产教融合、校企合作、工学结合、知行合一”。这都体现出职业教育跨越了传统的普通教育范畴，成为一种跨界的、开放的教育。

二、职业教育“跨界”理论的产生背景

作为研究德国职业教育问题的专家，姜大源在做中德两国职业教育法的比较研究时，提出职业教育立法的基本前提是要进行“跨界”思维，自此，“跨界”理论被应用于我国职业教育研究领域的各个方面。德国“双元制”职业教育被公认为是全

① 李佳敏. 跨界与融合：基于学科交叉的大学人才培养研究[D]. 上海：华东师范大学，2014：5-6.
② 克莱恩. 跨界边界：知识·学科·学科互涉[M]. 姜智芹，译. 南京：南京大学出版社，2000：2-3.
③ 姜大源. 职业教育立法的跨界思考：基于德国经验的反思[J]. 教育发展研究，2009(19)：32-35.

球最为成功的职教模式之一，其中的“一元”是由州政府举办和负责管理的职业学校，遵循《州教育法》，隶属于州教育部；另“一元”指的是具有办学资格的企业，遵循德国《联邦职业教育法》，德国行业协会是其主管机构，其主管部门为联邦经济与劳动部。后者不是传统意义上的教育主体，不具有国有学校的形式，不受制于教育部门体制内的法律，但它有自己的两个特点：企业作为教育机构挑战了仅以学校作为教育机构的传统概念；企业作为生产机构超出了其经营范围而存在。[①] 企业的这两个“跨界”特点赋予了企业承担举办公益性职业教育的社会责任，而这种“校企合作”共同承担职业教育社会责任的办学模式是有法律保障的，且这种法律保障也是“跨界”的。这是德国“双元制”职教模式得以成功的关键所在。

对比德国《联邦职业教育法》和我国 1996 年颁布的《职业教育法》，姜大源提出要根据我国的具体国情，从纵向与横向两个向度上思考“跨界”的角度，修订、完善我国现行的《职业教育法》。[②] 我国现行的《职业教育法》是《教育法》的子法，立法权在中央，全国各级各类各层次的职业院校以及各级各类办学主管部门同时受制于《教育法》和《职业教育法》，他们是教育体制内的国家法律，管辖对象基本是具有学校形式的所有教育机构，是主要由各级各类教育主管部门执行的一个“定界”法律，虽然《职业教育法》第六条和第二十条分别规定了政府和行业、企事业组织发展与实施职业教育的基本责任与义务以及企业实施职业教育的法律义务，[③]但企业并不具备法律意义上的教育机构和办学主体的身份和地位，所以企业在职业教育中的权利与义务并不真正受法律的约束，导致企业即使完全不承担职业院校学生实习和“双师型”教师培养的任务，也不会受到任何法律干预，这也是在我国职业教育“校企合作”办学模式中“校方热情、企业冷漠”困境长期得不到改善的根本原因之一。因此，姜大源指出，国家有关部门应以“跨界”的视野指导修订《职业教育法》，在法律上强调有资格从事职业教育的行业、企事业组织的权利、责任、义务及其主体地位，从法律层面创设我国职业教育“跨界”运行的校企合作环境，为跨越学校和企业培养学生和“双师型”教师提供法制保障。

三、职业教育“跨界”理论的逻辑思考

职业教育“以立德树人为根本，以服务发展为宗旨，以促进就业为导向”的办学目标决定了其不同于传统学校的、独特的“跨界”性质。职业教育“产教融合、校企合作、工学结合、知行合一”的办学模式的表述也充分体现了职业教育的“跨界”本质，这种模式意味着职业教育必须从办学体制机制、人才培养方案和学科建设发展

---

① 姜大源.职业教育立法的跨界思考：基于德国经验的反思[J].教育发展研究，2009(19)：33.

② 姜大源.职业教育立法的跨界思考：基于德国经验的反思[J].教育发展研究，2009(19)：32-35.

③ 中华人民共和国职业教育法（中华人民共和国主席令第 69 号），1996。

三个维度进行“跨界”的逻辑思考。

(1) 从办学体制机制方面考虑，要实现“产教融合、校企合作”，职业教育首先就要关注产业、行业、企业的需求，要因应他们的需求培养技术技能型人才，这是举办职业教育的逻辑起点。这就需要行业企业积极主动地参与、支持职业教育教学，开展校企合作办学，共同组建教育教学指导机构，使行业企业能够参与到职业教育的各个环节，密切职业教育与企业生产的关系，促进校企深度合作。

(2) 从人才培养方案制定的角度考虑，“以促进就业为导向”的职业教育既要使学生有能力满足初始工作岗位的需求，又要使学生具备可持续发展的学习能力，在培养方案的核心内容——课程体系的制定上就要兼顾职业的工作过程和育人的教学过程，要求必须从“跨界”角度，思考职业教育人才培养方案的课程开发及其实施。①

(3) 从学科建设发展角度思考，职业教育已远远超出了传统的教育学范畴。传统的观点通常认为，知识首先主要产生于学校和实验室，然后才会应用于行业企业；而职业教育的发展表明，企业及工作过程也是知识产生的发源地，工作实践中的知识也可以被应用于学校教学。所以，用传统的评定和确认普通教育的规范、标准来衡量职业教育的受教育层次及其价值是不合适的，是会导致较大偏差的。②

因此，需要建立职业教育学学科来支撑职业教育的大规模化及快速发展，在基于校企合作和工学结合办学的教育管理系统领域、在职业院校师资培养和师资队伍建设领域、在企业作为一种延伸和扩展的教育机构的作用及相应的企业教育学领域等方面，去进行基于“跨界”思考的深入研究。③

四、“双师型”教师培养的跨界理论应用

职业教育正在经历由学校供给驱动向企业需求驱动转变的“供给侧”改革过程，这种转变要求职业院校的教育教学也要随着行业企业的产业结构升级，随着职业资格变化而变化。在这种背景下，职业院校的教师必须具备学校教学与企业工作紧密结合的意识，没有教师的这种“跨界”意识，职业教育校企合作的办学模式不可能成功。

职业教育工学结合的人才培养，着重于课程内容与教学场所的“供给侧”改革，要由课堂知识传授向真实或模拟工作场所的行动学习转变，因此，教师要有能力将企业工作和课堂学习紧密结合，教师自己首先要熟悉行业企业的实际工作过程和

---

① 姜大源. 论高等职业教育课程的系统化设计：关于工作过程系统化课程开发的解读[J]. 中国高教研究，2009(4)：66-70.

② 姜大源. 高等职业教育：来自瑞士的创新与启示[J]. 中国职业技术教育，2011(4)：27-41.

③ 吴全全. 职业教育“双师型”教师基本问题研究：基于跨界视域的诠释[M]. 北京：清华大学出版社，2011：4.

具体岗位任务,然后才能开发课程、确定基于工作过程的教学内容、选取体现工学结合性质的教学方法。然而,我国高职教师整体上缺乏企业“跨界”培养培训的经历①,因此,要确立行业企业的指导作用和学校与行业企业的对话交流机制,使教师具备教学教研与行业企业实践结合的意识,推动职业院校教师深入教学岗位和企业实践岗位,为提高职业教育教学质量打下根基。②

综上所述,职业院校“双师型”教师的培养必须遵循“跨界”的理念,在培养的地点上应该跨越学校和企业,在培养的内容上应该跨越课堂教学内容和企业业务流程,在培养的模式上应该跨越学校教学岗位和企业工作岗位。只有通过这种“跨界”的培养,才能使教师成为既能教学又能指导专业实践的名副其实的“双师型”教师。

第四节 教师发展阶段理论

本研究的内容本质上是关于教师培养的内容。“培养”是指一个从弱到强的过程,其间必然会经历不同的成长阶段,教师发展阶段理论能够解释研究中的一些现象和结果。

一、教师发展阶段理论

高职院校“双师型”教师是整个教师群体中的一个组成部分,它的发展必然也遵循着教师发展的普遍规律,教师发展的基本理论也适用于指导“双师型”教师发展的研究。教师发展阶段理论表明,不同发展阶段的教师专业发展需求各不相同,只有把握不同阶段教师专业发展的特点,才能为每一阶段教师培养的合理定位提供有力的支撑。

教师发展是一个伴随教师整个职业生涯的动态过程,展示着教师个人在知识、能力和素质方面的不断积累、养成与提高的经历和体验。自 1969 年 Fuller 开展“教师关注问卷”开启了教师专业发展阶段理论研究的先河以来,国内外学者提出了一些在教师发展研究方面较有影响力的理论。下面是几种较有影响的理论:

① 姜大源.漫话工作过程系统化课程开发的哲学思考[J].新疆职业教育研究,2010(4):1-3.

② 吴全全.职业教育“双师型”教师基本问题研究:基于跨界视域的诠释[M].北京:清华大学出版社,2011:4.

（一）Fuller 的教师关注阶段论

Fuller 的研究集中在教师入职前后关注对象和问题域的变化和转移方面，按照教师认识到与发展阶段有关的感情和行为的变化情况等划分阶段。Fuller 将教师发展分为四个阶段：教学前关注、早期生存关注、关注教学情境和关注学生（表 3.1）。教学前关注发生在职前培养时期，此时作为师范生还没有教学经历和经验，关注的主要对象是自身，对教师角色处于想象时期，对自己的老师经常持否定批判甚至是敌视的态度；早期生存关注出现在实习阶段，第一次接触实际教学时，他们所关注的是自我对教学过程的控制、对教学内容的掌握以及教学督导人员对自己教学的评价，在此阶段他们普遍感觉压力大；关注教学情境出现在入职初期，刚刚经历身份的转变，教师较多关注的是自己的教学表现，还包括生存关注、教学需要或限制关注以及挫折关注，他们需要努力设法从关注学习转向关注教学情境；关注学生阶段发生在取得了一定的教学经验以后，教师开始关注学生的学习、表现和情感需要，如何影响学生的表现及提高他们的成绩，在经历过自身的生存关注阶段后，教师对学生的需要逐渐能作出合理的反应[①]。Fuller 的研究指出了个人成为教师必须经过逐渐递进的发展阶段，揭示了教师专业发展必须以个体的发展阶段为基础的事实。他的理论只是从经验的角度大致划分了教师发展阶段，并未对不同的发展阶段作出更为详细的论述。

表 3.1 Fuller 教师关注四阶段理论

发展阶段	关注内容	身　份
教学前关注	自己的学习	师范生
早期生存关注	自己的教学过程与控制；对教学内容的掌握；督导人员的评价	实习生
关注教学情境	自己的教学表现、需要和限制；生存、挫折	教师
关注学生	学生的学习、表现和情感需要，如何更好地影响学生的表现和成绩	教师

（二）Burden 的教师发展阶段论

Burden 在通过对处于不同任职年限的教师采取有结构的访谈的基础上，综合其他研究成果，形成了教师生涯循环发展理论，他将教师发展分为存活期、调整期

① 叶小明.高等职业院校教师专业发展研究[D].武汉：华中科技大学，2008：48-51.

和成熟期三个阶段(表 3.2)。存活期指入职后的第 1 年,这一时期教师所关心的是学科教学、班级控制、提高教学技能和了解教学内容。存活期的教师也开始注意了解学生并与之相处,因为任职时间短,他们比较缺乏信心,对新方法的尝试很少,处于观察、学习和经验积累阶段。调整期指从教后的第 2～4 年,新手教师对教学已经比较适应,与学生的相处更加开放和真诚,比以前更能满足学生的需求,他们开始寻找新的教学方法和手段以满足学生的需要。成熟期指从教 5 年之后的时期,教师能够理解教学环境,比较自在地从事教学活动,产生了安全感,并能不断尝试新方法处理教学中随机发生的事情,更加注重满足学生的需要,重视与学生的关系①。Burden 的研究从新手教师最初对能否生存立足的关注为起点逐渐过渡到成熟教师对与学生建立良好关系从而获得精神满足的关注,如同 Fuller 对入职后教师的笼统研究一样,Burden 的教师发展阶段理论也没有对漫长的成熟期教师作进一步的区分研究。

表 3.2 Burden 的教师发展三段论

入职年限	发展时期	主要特点
第 1 年	存活期	关注教学内容和技能,注意了解学生,缺乏信心,很少尝试新方法
第 2～4 年	调整期	比较适应教学和与学生相处,开始采用新方法满足学生需求
第 5 年及以上	成熟期	熟悉教学环境,感觉安全,教学与师生相处舒适,能用新方法处理教学中发生的事情

(三) Huberman 的教师生命周期论

Huberman 等人通过对教师职业生涯周期的研究,提出把教师职业生涯分成五个时期②。

1. 入职期

这个时期指从教的第 1～3 年,也称为"求生和发现期",即"求生"和"现实的冲击"联系在一起。此时,刚刚有了属于自己管理的班级和学生,工作中表现得积极、热情,同时面对课堂环境的复杂性和不稳定性,由于缺少经验而连续造成的工作失误等现实情况使得教师对自己胜任教学的能力产生怀疑。

---

① 叶小明. 高等职业院校教师专业发展研究[D]. 武汉:华中科技大学,2008:60-65.

② IMOTHY G K. CHARLES W C. JOHN W B. 成为反思型教师[M]. 沈文钦,译. 北京:中国轻工业出版社,2005:23-36.

2. 稳定期

在工作后的第 4～6 年，教师由关注自己转向关注教学活动，初步掌握了教学法，不断提高教学技能，教学风格逐渐形成，进入自信、愉悦和幽默的表现时期。

3. 实验和重估期

工作后的第 7～18 年，随着教育教学知识和经验的积累与巩固，教师表现出对现状的不满，开始重新审视教师职业，试图开展教学改革，挑战自我，也有可能因为改革的无效或者千篇一律的课堂生活而引发职业危机，开始怀疑和重新评估自己。

4. 平静和保守期

任教第 19～30 年的教师已成为资深教师，许多教师在经过第三阶段后逐渐平静下来，由于丰富的教育经验和技巧使他们对从教充满自信，同时开拓创新的志向开始弱化，专业发展的热情逐渐丧失，精力投入减少，教学开始趋于保守。

5. 退休期

工作后第 31～40 年，教师的职业生涯逐渐走向终结。

Huberman 的教师生命周期理论以年龄或入职后的各工作年限作为主要参数和分析常模，运用生命历程的方法，分析教师专业发展的阶段和整个教师生涯的发展特点，反映了教师从入职到退休的完整职业生涯期间的心理变化，比较全面、客观地描述了教师专业发展实践中的一般情况。

表 3.3 Huberman 的五阶段生命周期论

入职年限	发展时期	主要特点
第 1～3 年	入职期	工作态度积极热情，缺少经验，失误多，自我怀疑
第 4～6 年	稳定期	初步掌握教学方法，教学技能提高，教学风格逐渐形成，自信、愉悦、幽默
第 7～18 年	实验和重估期	不满现状，尝试改革，存在职业危机，重新评估自我，怀疑自我
第 19～30 年	平静和保守期	自信，倾向安于现状，教学趋于保守
第 31～40 年	退休期	教师生涯逐渐结束

（四）国内学者的教师发展阶段论

对于教师专业发展阶段的研究，国内学者也提出了自己的观点。叶澜和白益民从教师自我专业发展意识所关注的重点以及能够达到的水平入手，提出“自我更新”①取向的教师专业发展阶段，包括五个阶段：

(1) 非关注阶段，指进入正式教师教育之前的阶段。

(2) 虚拟关注阶段，指教师就职前的师范学习阶段。

(3) 生存关注阶段，在此阶段初任教师主要面临的问题是由师范生到正式教师的角色转换。

(4) 任务关注阶段，在此阶段教师由关注自我转到更多地关注教学，是作为专业人员的持续、稳定的发展时期。

(5) 自我更新关注阶段，在此阶段教师的专业发展动力转移到了专业发展自身，直接以专业发展为指向，而不再受外部评价的限制，教师也逐渐有了更为明确的自我专业发展意识。

陈鸣鸣专门研究了高职教师的发展过程，以关注内容的变化为切入点，他提出高职教师专业发展的关注生存、关注发展和关注幸福三个阶段。②

(1) “关注生存阶段”一般指入职后的第 1 年到第 2 年，教师关注内容的特点是“立足为先”。教师中有的刚从高校毕业不久，有的是从工业企业或其他类型学校调入的，虽然他们有一定的工作经历，但他们缺少高职教育教学经验，对自己胜任高职教育教学工作没有充分把握，“能否在学校立足、生存”是他们这一时期最关心的问题。

(2) “关注发展阶段”一般指任教第 3 年到第 10 年，教师关注内容的特点是“实用为上”，此时，他们对自己所从事的高职教育教学活动已经比较熟悉，既有一定的专业理论知识，又有较强的动手实践能力，他们此时最关心的是自己的劳动能否得到回报，个人获得“职业升迁”的机会有多大。

(3) “关注幸福阶段”指从教第 11 年及以后阶段，教师关注内容的特点是“认同为本”。这一阶段的高职教师教学经验已经比较丰富，教学成绩比较突出，有的已成为所在学院的“专家”或“带头人”，他们对教育教学规律把握准确，具有很强的应用技术研究与开发能力，善于将课堂教学与企业一线生产实际有机结合。对于他们来说，这时候最大的问题则是“社会的认同与评价能否为自己所接受”，他们认为职业的社会认同不仅是自己保持愉快心情的基础，也是学校专业教育与学习管理有效开展的保证。

---

① 叶澜. 教师角色与教师发展新探[M]. 北京：教育科学出版社，2001：278-302.

② 陈鸣鸣. 高职教师的专业发展阶段特点研究[J]. 教育学术月刊，2009(5)：32-37.

相较于叶澜和白益民的教师发展论，陈鸣鸣的研究对象是在职高职院校教师，并扩展到各种来源的教师，而非仅指师范院校毕业的教师。他的“关注发展阶段”的内容类似于叶澜和白益民的“自我更新关注阶段”，因为“更新”也是一种发展形式，而他更将关注的内容向精神领域延伸，即教师发展的最高阶段是寻求获得认同的幸福感。此外，陈鸣鸣的高职教师发展阶段是按照教师入职后的不同年限划分的，有利于教师对照分析自身的发展情况，而叶澜和白益民的教师发展后三个阶段没有界定入职年限，如果应用他们的理论，判断教师发展所处阶段的依据只能是关注的内容为何，而没有确定的时间参照，也就是说，只能做出一维的判断，这一点与 Fuller 的教师发展关注四阶段论相似。

作为广东省教育厅教研教改课题的阶段性研究成果，梁悦和李莹以英语教师为研究对象，提出了高职高专院校英语教师发展的“三阶段三维度”理论。① 她们将英语教师的发展分为教学探索阶段（入职后 1～3 年）、教学熟练阶段（入职后 4～10 年）和专业发展阶段（入职后 11 年以上）。

(1) 在教学探索阶段，教师关注的是自己的语言技能、语言教学实践能力、课堂教学管理能力，比较重视对教材的研究。

(2) 在教学熟练阶段，教师已经能够比较熟练地驾驭常规课堂教学，他们会将注意力向研究和掌握语言学理论、语言学教学理论、二语习得理论与实践、跨文化交际能力、教育学和心理学理论等领域转移，重视提高和加强自己的科研能力。

(3) 在专业发展阶段，在具备了一定的教科研能力，积累了一定的教科研成果后，他们继续拓展理论研究的视域，对理论关注的范围延展到外语学科和其他学科理论、外语学科教学理论和外语教师发展理论，并开始关注更高层次的教学实践能力，如课程建设和专业建设能力等。

梁悦和李莹在研究中引用了林崇德教授对教师知识结构的研究成果，他们提出与教师发展三个阶段相关联的三个知识维度：本体性知识（即学科知识）、条件性知识（即教育学和心理学方面的知识）和实践性知识（即教学经验），并认为这三个方面知识是教师认知活动的基础。

(1) 本体性知识指教师所任教的学科知识。对于这方面的知识，高职院校教学遵循“够用为主、适用为度”的原则，知识涉及的面较宽，但深度相对较浅，重点是掌握从事本专业领域实际工作的基本能力和基本技能。虽然教学中传授的本体性知识不要求全面而深入，但是教师仍然要做到拥有丰富深厚的本体性知识，因为“要给别人一碗水，自己要先有一桶水”，并且能够及时更新自身的知识体系，掌握与行业相关的最新信息，以适应外界环境变化和自身发展的需求。

(2) 对于教育学、心理学、教学法等条件性知识，由于高职院校的英语教师大

① 梁悦，李莹. 论高职高专院校英语教师发展的模式与路径[J]. 韶关学院学报（社会科学版），2011(11)：177-181.

多数是高校毕业后直接进入职业教育教师岗位,还有不少是非师范类院校专业毕业生,他们没有接受过师范院校的教育学和心理学等的系统培训,相关的条件性知识较欠缺,急需在教学实践中补充和丰富,形成自身的实践性知识。

实践性知识是指有了丰富的教学经验和积累后,教师形成的具有个人特点的教育艺术、教学风格,这类知识属于缄默性知识,难以通过他人的直接教学来获得,而只能由教师本人在完成特定领域内的任务而形成经验并构建或创造。拥有丰富的实践性知识是“双师型”教师专业发展成熟的表现,是“专家型”教师自我风格和特色的体现,也是每一个高职教师都希望努力达成的目标。

值得注意的是这三种维度的知识同时以不同程度存在于教师发展的三个阶段,对于不同阶段的教师而言,都要根据自己的实际情况,在把握这三个维度时的侧重点上应有所不同:在教学探索阶段,一般侧重于学科知识与教学实践的结合,强调教学经验的习得;在教学发展阶段,需要研究教育理论,将之与实践相结合,对于青年教师而言,要突破职业发展的瓶颈,必须使教学和科研并重,进而相互促进;在专业发展阶段,强调教育科学研究对教学经验的提升和引领作用。梁悦和李莹的教师发展“三阶段三维度”理论以具体学科为切入点,研究的内容更加具体,更加有针对性,对高职院校的英语教师发展很有参照作用和指导意义,同时对其他专业的教师培养也有启发意义。

第四章　高职“双师型”教师培养困境案例院校

本章对本研究选取的案例院校——A省S学院的基本情况进行介绍，包括学校的发展历史沿革、发展现状、办学基本条件、办学规模、办学定位、主要教学单位和职能部门、对外交流与合作情况、校企合作情况、师资结构、“双师型”教师情况和教师发展现状等内容。

第一节　案例院校概况

S学院是一所全日制公办高等职业院校[①]，主管部门是A省教育厅，距今已有近70年的办学历史。学院位于A省省会城市，校园占地面积450亩[②]，用于办公、教学、实训和生活的建筑面积约18万平方米。S学院的前身为商业干部培训学校和商业中专学校，2003年经A省政府批准，独立升格为专科层次的高等职业院校。学院设有办公室、党委宣传统战部、学生处、教务处、高职研究中心、图书馆等18个党政、行政和教辅机构，成立了会计系、工商管理系、旅游管理系、国际贸易系、艺术设计系、电子信息系、公共服务于管理系、思政课教学部等8个教学单位。

学院办学定位为“商科为主，工科为辅”，形成了以会计与金融管理、市场营销与电子商务、广告装饰与电脑美术、旅游管理与酒店管理、现代物流与国际贸易、信息技术与物联网等专业为核心的6大专业群，目前招生专业40余个，覆盖了现代服务业的多数专业，在校生11 000余人。截至2017年，学院拥有专职教师418人，其中拥有高级职称的教师（具有副教授以上职称）有近100人，有17位省级专业带头人、5位省级教学名师和12位省级教坛新秀，有10个省级教学团队。2010年S

---

① 本研究选择S学院作为案例，一是因为研究者本人在该学院任职，在获取研究材料和数据方面具有优势，能够保证研究的顺利开展；同时也因为S学院本身的规模、办学基础条件及其历史及发展前景、师资来源和结构都比较具有代表性，可以折射出高职院校的一般情况。

② 1亩≈666.7平方米。

学院被 A 省教育厅立项为省级示范性高职院校，2015 年通过示范院校建设验收；2015 年立项为省级地方技能型高水平大学建设单位；2016 年被批准为全国优质专科高等职业院校立项建设单位；2017 年获准立项教育部第二批现代学徒制试点院校。S 学院与科大讯飞、合肥百大集团、洲际集团、中海物流等企业签订了校企合作关系，并与韩国、澳大利亚、德国、爱尔兰、美国等国家的高校建立合作培养关系。①

在几十年的发展过程中，S 学院获得过许多社会荣誉，如曾经被评为第九届、第十届、第十一届 A 省文明单位，2013 年被评为 A 省教育系统文明单位；被相关行业协会评为“2010 年度中国商科教育学科竞赛综合竞争力 50 强职业院校”“全国商业服务业校企合作与人才培养优秀院校”等。在省级、国家级职业技能大赛中，S 学院的一些传统专业如市场营销、会计、旅游管理、烹饪等多次获得一、二、三等奖，说明学院有一批具有较高双师素质和能力的专业教师。

2008 年，教育部开始启动全国职业院校技能大赛，参与举办的单位有国务院有关部委、全国性行业团体和地方教育主管部门等 30 多家，是一项一年一次的国家级职业院校学生技能竞赛活动，因为该竞赛是国内参赛选手最多和社会影响最大的赛事，从而使其成为职业教育的品牌项目，被称为我国职业教育界的“奥林匹克运动会”。职业院校的领导和师生都普遍重视参加各级各类技能大赛，在职教界流行着“普通教育有高考，职业教育有大赛”的口号，教师指导学生职业技能大赛获得的成绩也是“双师型”教师评价标准之一(参见附录 8)。

职业技能大赛是检验职业院校办学质量和“双师型”教师水平的“风向标”和“试金石”，受到国家管理层、各省市和各职业院校的高度重视。如 2017 年 11 月国务院总理李克强亲自在中南海会见在世界技能大赛上取得优异成绩的中国选手②，国务院副总理刘延东几乎出席了每一届全国职业院校技能大赛的开幕式；A 省教育厅每年举办职业技能大赛表彰会，教育厅厅长为在国家级职业技能大赛中获得金牌的院校发送表彰贺信；各院校对获奖教师和学生给予物质和精神奖励，院校的评优评先和职称晋升向获奖院校和获奖教师倾斜。对应于国家级大赛，各省市每年也举办相应的技能大赛。

职业技能大赛的竞技点是各专业相关工作岗位的实际操作知识和能力，一般来说，要成为技能大赛的指导教师，必须具备较扎实的专业理论基础知识和较强的专业实践能力，既要懂理论又要懂操作技巧，既要能教又要会做，总之，要有较高的“双师”素质和能力才能成为优秀的职业技能大赛指导教师。担任技能大赛指导教师既是对“双师型”教师能力的检验，又是促进其双师素质和能力提高的机会，担任

① 资料源自 S 学院官方网站(http://www.ahbvc.cn/xxjj/list.htm)。

② 王政淇.李克强在会见参加第 44 届世界技能大赛的中国选手时强调：做大国工匠，建制造强国[N].人民日报，2017-11-24(01).注：中国代表队在第 44 届世界技能大赛中获得了 15 金 7 银 8 铜和 12 个优胜奖，金牌、奖牌和团体总分均居首位。

竞赛指导教师或参与指导工作，也是培养双师型教师的一种有效途径。

一直以来，S学院也以参加技能大赛作为培养、锻炼“双师型”教师的一个途径，鼓励教师指导学生参加职业技能大赛，检验“双师型”教师队伍的水平，力求通过不断提升竞赛成绩、扩大获奖专业面提升学校声誉和办学的社会竞争力。

第二节 案例院校师资结构及“双师型”教师现状①

S学院的师资结构包括三个部分：校内专任教师、校内兼课教师和外聘教师。校内专任教师指的是校内只承担课程教学任务的教师。校内兼课教师，也称为“双肩挑”教师，是指校内承担行政管理工作，同时承担课程教学任务的教师。在S学院，这部分教师的教学工作量原则上每周不能超过8个课时。外聘教师指从其他高校、企事业单位或社会机构中聘请来校兼课的教师。在2003年之前的中专时期，S学院规模较小，专任教师不足100人，2003年之后，随着学校规模的逐渐增大，教师（包括校内专任教师和校内兼课教师）的数量逐年递增，达到400余人，近几年趋于稳定，保持在420人左右（见表4.1）。

每年11 000余名的在校生数量，使得S学院400多位校内教师的教学工作负担较重，尽管每年都要聘请200多名外聘教师，教师的平均教学工作量依然过重，专任教师平均周课时为16～24节，有的多达28～30节；生师比每年均在20以上（见表4.2），比教育部规定的达标生师比高2.4个百分点。②

表4.1 2013～2017年S学院任课教师结构和数量表

年 份	2013年	2014年	2015年	2016年	2017年
校内教师	416	421	418	418	418
外聘教师	226	232	226	226	226

表4.2 2013～2017年S学院生师比一览表

年 份	2013年	2014年	2015年	2016年	2017年
学生数	11 682	11 819	11 518	11 620	11 299
生师比	22.08	22	21.69	21.88	21.28

① 本节数据部分来自S学院人才培养状态数据平台，部分来自学院师资管理科。

② 教育部规定的高职院校达标生师比为18。在计算生师比时，2名外聘教师折算为1名教师，如实际外聘226名教师，计算生师比时只能取值113。

在升格为高职院校的十几年间，S学院为了办学的需要，陆续引进了大量的教师，其中以高校应届毕业生居多，所以教师群体呈年轻化，以2017年的师资情况为例，在418名校内教师中，女教师有239人（占57.18%），男教师有179人（占42.82%）；年龄在35岁以下的有212人，年龄在36～45岁之间的有135人，46～60岁之间的有60人，超过60岁并受返聘在校任教的有11人（见表4.3）。中青年教师占据教师总数的绝大多数，达到80%以上。在教师中，拥有高级职称（副教授以上职称）的有99人，讲师有184人，助讲有74人，尚未评定职称的有61人，拥有中级以下职称者占教师的绝大多数，还有3成以上的教师为助讲或尚未达到职称评定资格（见表4.4）。

表4.3　2017年S学院师资年龄结构表

年龄段	35岁以下	36～45岁	46～60岁	61岁以上
数量（人）	212	135	60	11
占比（%）	50.72	32.30	14.35	2.63

表4.4　2017年S学院教师职称结构表

职　称	教　授	副教授	讲　师	助　讲	其　他
数量（人）	12	87	184	74	61
占比（%）	2.87	20.81	44.02	17.70	14.60

2006年以前，S学院招聘新教师时对学历的要求为大学本科以上，自2007年起，新招聘的教师必须具有硕士研究生及以上学历，个别紧缺专业实在招不到研究生，也可以招聘重点大学的本科毕业生。S学院对在职教师的学历达标比较重视，对于2006年以前在职的中青年教师，要求他们尽量达到硕士研究生水平，对获得硕士学位的教师，一次性给予2万元的学费、住宿费和交通费的费用报销额度，但是，对于教师攻读博士学位，S学院管理层的态度是既不鼓励也不禁止，教师在不影响学校正常工作的前提下，可以自主决定是否攻读博士学位，学校不承担教师博士学习期间产生的任何费用。到目前为止，S学院有硕士学位的教师有266人，占教师总数的63.64%；有在读博士6人，其中2015年1位取得博士学位的教师当年调离学校，2016年有1位教师取得博士学位，并凭借在完成博士学业期间取得的优异教科研成果，于2017年晋升为教授。

在2006～2009年期间，S学院为迎接高职高专院校人才培养工作水平评估，对照70%的高职院校“双师型”教师指标要求，鼓励教师通过各种途径取得职业资格证书，并制定制度激励教师积极参加社会考试，对通过考试获取与专业相关的职业资格证书的教师，出台制度规定按相应级别（初级、中级和高级）给予1 000元、1 500元和2 000元的奖励。评估文件对双师素质和教师的认定条件除了比较刚性的“具有职业资格证书”的条件外，还有一些比较柔性的条件，如参与学校实训室建设、在企业实践一定时间或为企业提供技术服务等可供选择的条件，在评估时按照这些条件计算出来的数值，S学院的“双师型”教师比例与指标要求差距并不大。近几年，S学院在学院的人才培养状态数据上，2013～2017年5年的“双师型”教师比例数据分别为60.3%、73.73%、75.97%、63.16%和59.71%。

A省教育厅为了促进“双师型”教师队伍建设，组织专家经过数年的调研，制定了A省高职院校“双师型”教师认定办法和认定标准，于2015年底试行。按照这个标准，高职院校在职专任教师申请认定“双师型”教师，首先要具有讲师以上职称，然后再根据所具备的专业实践能力评定为初级、中级或高级“双师型”教师，如符合初级“双师型”教师专业实践能力的条件有8条，包括“具有本专业或相近专业非教师系列初级及以上专业技术职称”“具有从事本专业或相近专业的高级技能（三级）职业资格证书”“具有从事本专业或相近专业国家职业技能鉴定中级及以上考评员资格证书”和“教师本人在省级及以上赛事中获得优秀奖，能全面指导学生专业实践活动；或近三年指导学生参加省级赛事取得一等奖以上；或近三年指导学生参加国家级赛事取得三等奖以上”，等等（详见附录8）。具有讲师职称的高职院校教师同时具备这8个条件之一的就可以申请认定为初级“双师型”教师。按照这个试行标准，2016年S学院有145人通过了省教育厅“双师型”教师资格认定，占教师总数的34.7%（以教师总数418人计算），其中初级、中级和高级“双师型”教师人数分别为41人、69人和35人；2017年“双师型”教师人数增加到159人，比例提高至38%，其中，部分教师由初级晋升为中级，或由中级晋升为高级，2017年S学院初级、中级和高级“双师型”教师人数分别为35人、86人和38人。

对于S学院对外公布的“双师型”教师比例与实际比例不同的问题，有关负责人的解释是：

> 2016年以前数值比较高，是因为主管部门没有下达评定标准，学校里有高校教师资格证的老师，如果又有职业资格证书或符合其他的专业实践能力条件，学校就自行认为其是“双师型”教师。每年都是教师自己上报，是否是“双师型”教师与职称评定或增加工资都没有关联，大家也就不会较真、核实，我们就是统计一下总数，也不会去审查。2014年、2015年学校正在准备接受省级示范校结项验收材料，所以“双师型”教师比例就很高。2016年、2017年的“双师型”教师确定时教师总数取的是校内在编的专任教师数，而不是全部的实际授课教师数。

由于教育部并没有制定统一的高职院校“双师型”教师评定标准，有的省市自行实施地方性的“双师型”教师评审条件，各校的判断依据也可能各不相同，所以，就全国来看，各高职院校的“双师型”教师数据可能存在不真实、不准确甚至随意乱报的现象，在计算时“想点办法”制造一个“好看点的”数字的学校可能并不在少数。

2016 年，全国高职院校的“双师型”教师比例为 39.1%[①]，虽然从数据方面来衡量，全国高职院校“双师型”教师数量已接近教师总量的四成，似乎情况还不算太糟糕，但其中以获得相应的资格证书从而通过“双师型”教师认定为主，教师中实际的“双师素能达标者”要少于“证书达标者”，且双师教师发展还存在着较为严重的地区差异。在提交了《2017 年高等职业教育质量年度报告》的 1 298 所高职院校中，只有 100 多所高职院校上报的“双师型”教师比例达 80%以上，有十多所高职院校“双师型”教师比例小于 10%，甚至有的学校数据为零。[②] A 省高职院校在使用了全省统一的“双师型”教师评审条件后，2016 年全省高职院校的“双师型”教师占教师总数的 24.3%，低于全国平均数约 15 个百分点。[③]自 2006 年以来，教育部评选立项了 200 多所国家级示范和国家级骨干高职院校，A 省也有 8 所院校入选了国家级示范和国家级骨干高职院校，但就以上的数据看，很多国家级示范和骨干高职院校也并没有达到“具有双师素质专业教师比例达到 90%”的建设要求[④]，所以，无论是对于示范骨干高职院校，还是对于一般高职院校，培养“双师型”教师的任务依然艰巨。

从上述所列举的 S 学院的师资结构和“双师型”教师现状来看，S 学院的专任教师数量不足，生师比较高，每年要外聘大量的教师(占校内教师的 50%以上)弥补空缺，繁重的教学工作量对“双师型”教师的培养必然带来不利的影响，学校虽然也采取了相应的措施鼓励教师提高学历和专业实践能力，但更强调的是学历的基本达标(如鼓励教师攻读硕士学位，但不鼓励教师攻读博士学位)和“双师型”教师数量的提高，制度的激励效果不明显，高层次教师少，“双师型”教师数量少。虽然，与全国和全省的情况相比，S 学院的“双师型”师资水平不是很低，但就其致力于建设“国家级优质高等专科学校”的目标而言，S 学院在提高“双师型”教师数量，尤其是提升“双师型”教师质量方面，仍然任重道远。

在教育部推出的《关于全面深化新时代教师队伍建设改革的意见》中，再一次明确新时代要继续“全面提高职业院校教师质量，建设一支高素质‘双师型’的教师队伍”[⑤]，成为真正的“双师型”教师不仅是提高职业院校教育教学质量、提升高职教育的社会竞争力和吸引力的重要依托，也是提高广大高职院校教师的岗位幸福感、事业成就感和社会荣誉感的必由之路。显而易见，对每所高职院校来说，“双师型”教师的培养都不是一件容易的事情，在“双师型”教师队伍建设的过程中面临着很多困境，因此，发现困境、克服困境、提高“双师型”教师的在职培养成效，是高职院校过去、现在和将来都不得不应对的主要问题之一。

---

① 中新网(http://www.chinanews.com/gn/2017/09-28/8342585.shtml)。

② 搜狐网(http://www.sohu.com/a/164750298_769853)。

③ A 省 4 507 名“双师型”教师中，高级 974 人、中级 1 993 人、初级 1 540 人(http://www.ahedu.gov.cn/164/view/19209.shtml)。

④ 教育部，财政部《关于进一步推进“国家示范性高等职业院校建设计划”实施工作的通知》(教高〔2010〕8 号)。

⑤ 中共中央，国务院《关于全面深化新时代教师队伍建设改革的意见》。

第五章　高职院校“双师型”教师培养方式的困境

为满足人才培养目标的要求，高职院校的“双师型”教师需要具备理论教学和实践教学双重素质和能力。要成为“双师型”教师，理论上来说，无论是职前还是职后，他们都需要接受某些特定方式的培养，高职教师的在职培养主要采取组织教师参加国家级培训项目、省级培训项目和校本培训项目三种方式。本章从阐述A省高职教师入职条件、岗前培训及参加各级各类在职培训的条件、内容和形式等，结合访谈信息，具体分析高职“双师型”教师在职培养方式及其面临的困境和成因。

第一节　高职教师先天不足的入职条件

在高职“双师型”教师培养培训调查问卷”的第一部分中，收集了调研对象的“双师”培养基础及填写问卷时参研者的“双师”情况等基本信息。在220位参研教师中，24人（约占11%）毕业于师范院校，196人（约占89%）毕业于综合性大学；11人（约占5%）有3年以上企业专职工作经历，并且企业工作基本都与现在从事教学的专业相关，54人（约占25%）有3个月以上（累计计算）的企业挂职或兼职经历；高职教龄平均约为16年；134人（约占61%）有职业资格证书，其中119人（约占54%）是自费参加社会考试获得，其余由参加会议培训获得；128人（约占58%）为省级“双师型”教师，其中初级38人、中级67人、高级23人。[①]调查数据表明，高职教师中有企业经历的教师所占比例较小，企业工作时间短，大部分教师是高校毕业后直接入职，在职教师参与企业实践达3个月以上的约占1/4，“双师型”教师的认定也基本上是基于相关教师是否拥有职业资格证书。总体来看，目前在职的高职

---

① 有一些填写调查问卷的教师所在的地区或学校，在评定“双师型”教师时没有分层次评选初级、中级或高级。他们按照自己的职称和拥有的职业资格证书的级别选择了相应的“双师型”教师级别。如有副教授职称的教师，若同时具备中级职业资格证书则选高级“双师型”教师选项，若只有初级职业资格证书则选中级“双师型”教师选项。

教师“双师”素质和能力的培养基础较薄弱，原因之一是对应聘高职教师职务者没有严格的“双师”条件要求。

目前，国家层面没有设定统一的高职院校教师任职标准和准入条件，因此，省级教育主管部门也没有做出相应规定，新进教师的选拔由各高职院校参照普通高校的任职标准，结合学校教育教学的实际需求，自行设定招聘条件和选拔程序。S学院在2006年以前对应聘专任教师职位所列出的条件包括基本的政治素质、教师素养、法律意识、身体健康，年龄一般不超过35岁；专业条件要求要达到大学本科以上学历和学士以上学位；一般需要全日制本科教育，本科和硕士阶段所学专业应相同或相近；所学学科与应聘专业教学岗位对口或相近，学业成绩优良，综合素质较好；外语水平和计算机应用能力较强。

符合以上条件的应聘者即可进入面试试讲环节，择优按所需新教师人数录用。2006年以后，S学院提高了学历及学位要求，对大部分专业，要求应聘者必须具有硕士学位，少数专业在无法招聘到硕士的情况下，可以招聘有学士学位的本科生，但毕业院校必须是省内外重点本科院校。其他招聘条件和招聘程序没有变化。2010年以后，其他招聘条件和招聘程序仍然没有变化，只是附加了“有专业技能等级证书、相关岗位证书或具备一定的行业企业从业经验者优先”的非必要条件。

2012年以后，除了个别专业增加了“有国外留学经验者优先，有职业技能大赛指导经验者优先”等具有专业特色的附加条件外，S学院改革了选拔录取的程序，在其他应聘条件基本不变的情况下，对符合条件的人员，在进入面试试讲环节以前，必须先经过笔试，笔试内容分为公共基础知识和专业基础知识，确定面试试讲人员是根据笔试成绩由高到低按比例选定，有的专业是用专业技能测试代替试讲，如烹饪专业和电子技术应用专业等。这种招聘条件和选拔录用程序一直沿用至今。

S学院的教师选聘情况基本上代表了A省高职院校新教师选聘的基本情形和状况，也可以说是我国高职院校新进教师聘用条件和流程的缩影。从以上的介绍可以看出，虽然高职院校教师的特色是“双师型”，院校的师资培养目标和教师个人的发展目标都以成为“双师型”教师为目的，但高职院校在招聘专业教师的入口处就没有对“双师”条件严格把关，对教师的企业工作经历和专业实践技能一直没有上升到“必要条件”的地位，教师的“双师”素质和能力存在着先天不足的劣势。这与调查数据反映出的目前高职教师的基本情况是一致的。这种现象的出现主要是由于高职院校的快速扩张，亟须补充大量的教师满足课堂教学的需要，再加上高职院校的物质待遇和地位在全社会中处于中等偏下水平，高职教职对条件好的精英人士也没有吸引力，如果将招聘条件设置得太高，会导致无人应聘。2010年入职的JS03说：

> 大学毕业后，我在企业做了10年营销，那时候做营销比较容易，主要是陪人吃饭，现在不是这样了。后来企业改制、合并，我原来工作的企业

是省冶金厅下面的,进去的时候是公务员身份,也做到了科长、处长的级别,后来归到省经信厅的一个企业后,就没有级别了,原来是处长,合并后是一般职员,走了一批年轻人(我那时 32 岁),另寻出路,有的自己干,有的继续读书,我是后一种,成为全日制研究生,毕业后再重新应聘、找工作。说实话,到高职学校当老师,当时这是最后的也是最差的选择。第一,我是想进证券公司,没成功;第二,我想进银行,也没成功。这两次都通过了笔试,进入了面试环节,但都没被录用。看到学校在招聘老师,就投了一份简历,然后很快就接到电话,跟当时的人事处长面谈了一下,他就问我“愿不愿意到学校来”,当时也没别的选择,我就来了,也没有经过考试、试讲的环节,很容易就进来了,不像现在要先通过考试,然后再面试。

JS03 的经历可以代表一部分有企业经历的高职院校教师的情况,到职业院校当教师是他们退而求其次的、无奈的选择。从以上了解和分析的情况可以看出,高职院校教师的入职条件设置得较低,使得绝大部分教师缺乏基本的“双师”素质与能力,导致高职院校“双师型”教师在职培养的工作任重而道远。关于应聘时为何没有提出企业经历或双师素质作为任职资格必要条件,S 学院人事处 LD02 说:

提这种要求不现实,每年的应聘人员大部分是应届硕士生,或者是有过教学经验的其他学校的老师,后一部分主要是有民办高校教学经历的老师,他们想转到公办院校,来自企业的应聘人员很少。你想想,企业里高学历的人有几个愿意到高职院校当专职教师的?每次组织教师招聘,学校投入很大,工作量也很大,从笔试到面试,有的专业没人应聘,有的专业应聘人数不足,也不能组织考核,有的录用了,他又不来了,因为有其他更好的去处了。所以,要是条件设置太高,可能真就招不到人。

如果说高职院校的招聘条件不对应聘教师的专业实践经历和能力做必要的要求,是由于政府的教育主管部门没有制定高职教师双师素质的任职标准,因而导致了高职教师双师素质先天不足的困境,长期以来延续下来的这种逻辑其实是高职院校防御性推理思维和组织习惯性防卫行为的表现。[①]阿吉里斯认为,当人们面临以下几种情况时,就会自然进入防御性思维,采取习惯性防卫行为:① 对所怀疑的事情持肯定假设,但事实上他们并不认为如此;② 并没有完全按照这一假设推理,但他们却认为如此;③ 认为得出的结论已经经过验证,但事实并非如此,因为由防卫性推理得出的结论是无法验证的。[②]高职院校假设,如果有政府文件规定“没有若干年企业工作经历就不能应聘高职教师职务”,那么求职应聘者的双师素质就会

① 克里斯·阿吉里斯. 克服组织防卫[M]. 郭旭力,等译. 北京:中国人民大学出版社,2007:40-41.

② 克里斯·阿吉里斯. 克服组织防卫[M]. 郭旭力,等译. 北京:中国人民大学出版社,2007:15.

提升。其实,他们并不完全这么认为,这种假设在我国也还没有验证的机会,因为他们实际的想法是,“就目前高职教育的社会地位和高职院校的薪资待遇,如果提出应聘教师除了学历必须达标外,还必须有相应专业一定年限的实践工作经历,一定会招聘不到足够的教师”。一旦出现这种情况,会使得学校陷入教学工作无法正常开展的混乱局面。为了“保护自己所在的团体、组织机构不出现重大的、破坏性的变化”①,为了及时招到一定数量的教师实施课堂教学,以上级主管部门没有相应的文件规定为“借口”或“依据”,弱化新教师招聘条件或不提双师要求就成为高职院校“符合逻辑”的理由,并且“其他的同类院校也都是这么做的”。尽管清楚这些防卫性行为会造成后期的“双师型”教师培养困境,但主管部门和高职院校已经默认了这些推论的正确性,也基本不会针对这些问题制订变革计划,即使有,也只是停留在表面以敷衍了事②,提出一些“意见”“办法”之类的没有法律约束力的条文。而相关的组织机构依然习惯性遵从先前的推理和行为方式,且对这种行为的不合理性以及对后续师资队伍的建设甚至教师的职业发展可能带来的困境不加讨论,使得“双师型”教师队伍建设基础薄弱的问题一直存在。

第二节 新教师专业实践教学能力培训缺失

新教师入职后,首先要通过全省统一的高校教师岗前培训——为期 15 天的全日制脱产培训,培训结束后,参加考核,合格者获得“岗前培训结业证书”。一年以后,教师持“岗前培训结业证书”申请认定教师资格,获得高校教师资格证书。

高校教师岗前培训是各省教育主管部门贯彻教育部关于高校教师“先培训,后上岗”的有关规定,每年针对本省普通高等学校和成人高等学校新聘用从事教育教学工作、具有本科以上学历的专任教师举办的培训活动,被视为高校教师队伍建设工作的基础环节和重要内容。根据 2013 年 A 省教育厅高校师资培训中心的有关文件,2013 年的培训方式为校本培训和全省统一集中培训,校本培训主要开设校情、校史、校规讲座和名师示范教学观摩等内容,由各高校自行安排。S 学院的校本培训一般为 2 天的集中培训,包括由校领导作 2～3 场专题讲座,主要相关职能部门负责人作关于人事管理制度、教学管理制度和学生管理制度的介绍和解说,优秀青年教师代表作经验交流报告,教学经验丰富的教师作说课讲解及示范说课和上示范课等内容。全省统一集中培训的内容包括通识培训和讲座两大部分,其中

① 克里斯·阿吉里斯.组织困境:领导力、文化、组织设计[M].姚燕瑾,译.北京:中国财富出版社,2013:14.
② 克里斯·阿吉里斯.克服组织防卫[M].郭旭力,等译.北京:中国人民大学出版社,2007:16.

通识培训部分包括高等教育学、高等教育心理学、高等学校教师职业道德修养和高等教育法规概论；讲座部分主要是关于高等学校教师教学科研方法的专题讲座。

随着对高校教师教学科研能力要求的提高和教育信息化的发展，高校教师岗前培训的内容和形式也逐年调整。2016 年，A 省教育厅高等学校师资培训中心发布的文件指出培训形式包括校本培训、脱产集中培训和在线选修等方式。校本培训主要包含介绍学校情况的讲座、教学大纲编制、教学设计与教案编写、教学评价方法运用、教研科研项目申报、文献检索微格教学训练、名师示范教学观摩等内容。脱产集中培训主要开设通识部分的课程和高等学校教师教学科研方法论以及教师教学 PPT 制作课程等。在线选修安排教育部全国高校教师网络培训中心设置的高校新入职教师教学适应性培训、青年教师职业生涯规划与发展、高校教学理念、教学方法与实践等网络在线课程。2016 年，A 省高校教师在线学习中心首次设置了 A 省各高等学校教师学习分平台，提供 40～50 门高校教师公共课程的相关视频和部分专家讲座视频，供新教师研修、学习。

高校教师岗前培训使用统一教材，由省高校师资培训中心统一征订。高校教师岗前培训费，统一由参训教师所在学校承担，2016 年费用为 643.5 元/人。高校新教师岗前培训的成绩考核颇为严格，2016 年继续实行结业考试与平时考核相结合的办法综合评定。合格学员的结业考试成绩与平时考核成绩必须同时达到 60 分以上；结业考试全省统考，各培训单位根据“高校新教师岗前培训平时考核指标一览表” 评定平时成绩，具体方法如下：集中培训出勤率低于课时数 2/3 者取消参加全省统考资格，下一年必须重修；参训教师提交“5 个 1”作业（包括课程实施大纲 1 份、授课教案 1 份、教学 PPT1 个、有试讲专家组组长签名和试讲评价及成绩的试讲评价表 1 份、教研或科研申报书 1 份），各培训点成立专家组，通过考评以百分制逐一得出 5 个作业成绩，并按各自权重比例汇总成平时成绩。其中，试讲专家评价考核成绩由学校成立的不少于 5 人的专家评价考核小组作出。

获得了高校教师岗前培训证书且在高职院校工作满一年后，可以申请认定高校教师资格证书。A 省教师资格认定指导中心规定，承担由高等学校教务处下达教学任务一年以上的正式在岗工作人员（包括实验、实训实践教学人员等），均可申请高校教师资格。申请认定条件要求教师满足一定的思想政治素质要求，身体健康，普通话水平不低于二级乙等，符合高职院校任职要求的学历学位水平，已经取得“高等学校教师岗前培训合格证书”等。符合条件的教师可顺利获得高校教师资格证书，至此，高职院校教师迈出了成为“双师型”教师的第一步。

通过对上述文件资料的梳理，可以得出以下几点结论：

（1）高职院校教师被归于普通高等教育教师类别。

（2）高职院校教师的岗前培训内容和形式以及教师资格认定条件与普通高校教师相同。

（3）比较 2013 年和 2016 年的培训内容和方式，可以看出，除了基本教学理论和教育教学法律法规保持不变外，对高校教师的教学能力、科研能力和信息手段应用能力的培养在加强，即不断强化教师学术性和师范性培养的培训特点。

(4) 从培养基础教学能力和科研能力的角度出发，培训内容充实，考核过程细致、全面、严格。

(5) 培训和考核模式与传统的普通高等教育教学模式相近，以班级制教学和讲座为主要的培训模式，便于统一组织和管理，但对应用能力和教学实践能力培训不足。

(6) 高职师资的“双师型”特点没有体现，高职教师不同于其他高校教师的“专业岗位操作技能和专业实践教学能力的培养”内容缺失，没有关于高职师资所应具备的专业实践性特点的培训内容。

(7) 对高职教师的任职资格没有提出关于双师素质和能力的要求，高职教师获得与普通高校教师相同的高校教师资格证书。

关于高职教师与普通高校教师一起接受新教师培训，省师资培训中心GL02说：

> 高职院校和普通高校同属于教育厅高等教育处管理，所以每年高职学校的新进老师都和本科院校的新进老师一起进行培训。

可见，把高职教师和普通高校教师合在一起进行岗前培训，“方便管理”是主管部门的工作原则之一，谈到对高职教师的任职要求和岗前培训应与普通高校教师不同的问题，GL02的解释是：

> 高职教师跟普通高校教师相比，他们面临的教学对象不同，教学目标也不同，高职教师以教学为主，科研压力可能没有本科院校老师那么大，他们要能教更实用的知识与技能，要是能安排企业岗位内容培训，肯定会更适合他们。不过我们人手少，集中培训时间一般都是安排在暑假，我们的社会资源有限，尤其是跟各个行业领域的企业也没有什么联系，这一块的工作做起来难度很大，再说，高职教师专业多而散，也不好集中管理，不好考核，这只能由各个高职院校自己想想办法了。我们目前还是采取集中上课培训为主，加些网络课程，教师自学，以后也可能会针对高职教师的特殊要求，做些改进，但目前受各方面条件限制还做不到。

综上所述，高职院校新聘教师和入职培训环节缺失对“双师素质和能力”的要求是受主客观现实条件限制的结果，客观条件的不足主要体现在高职教育的社会认可度不高，高职教师职业的吸引力不大，难以招聘到来自行业企业有实际工作经验的高学历人才；主观条件的限制体现在教育主管部门和高职院校都从出于方便组织管理的角度，仅对新聘教师进行课堂式集中培训。尽管都清楚高职教师上岗前应该接受与专业相关的企业岗位工作能力的培训，但为避免个人或部门陷入尴尬、麻烦的境地，出于自我保护①的目的，而采取传统的、易于施行的集中学习和培训的方式方法，导致“双师型”教师专业实践能力的岗前培训缺失。对于这种培训结果，主管部门也只是打算采取“加些网课”“教师自学”等单路径学习策略加以补救，而不是设法改变“指导行为的主导变量”，采取“对高职教师进行针对性培训”的双路径学习策略②，着重强化高职新教师重视掌握专业实践技能、提高专业实践教学能力的意识，却将加强双师素能培养培训的责任完全推给了社会和高职院校，其用于指导实际行为的使用理论偏离了最初“培养高职‘双师型’教师”所应遵行的信奉理论③，为单方面保护自己的利益和“面子”，熟练地习惯性地将不良结果归因于外界或他人，并且表现得若无其事，阻碍了人们对问题进行透明、公开、诚实地探讨④，使得不当的行为策略反复被应用，延误彻底解决问题、寻求适合提高教师岗前专业实践能力途径的可能性。

第三节 “双师型”教师在职培养方式

“方式”一般是指为达到某种目的，某个主体或群体在言语和行为方面所采用的方法和形式。本研究将按照正常的教师发展规律，以新入职的高职院校教师的条件为起点，探讨高职院校“双师型”教师在职培养过程中所采取的国家级培训、省级培训和校本培训等方式。

一、国家级培训方式

“十二五”期间，为加强职业院校“双师型”教师队伍建设，教育部、财政部共同推出了高职院校教师素质提高计划，即俗称的“国培计划”。为执行“国培计划”，在全国范围内建设了300个职教师资培养培训专业点，支持职业院校“双师型”教师队伍建设。“十二五”期间，国家组织了40多万名职业院校专业骨干教师参加培训，其中高等职业院校专业骨干教师国家级培训项目包括：国内培训2.25万人、国

---

① 克里斯·阿吉里斯. 克服组织防卫[M]. 郭旭力，等译. 北京：中国人民大学出版社，2007：38.

② 克里斯·阿吉里斯，罗伯特·帕特南，戴安娜·麦克莱恩·史密斯. 行动科学：探究与介入的概念、方法与技能[M]. 夏林清，译. 北京：教育科学出版社，2012：62-64.

③ 李莉春. “信奉理论”与“使用理论”之辩及其对教育实践的意义[J]. 外国教育研究，2010(1)：12-18.

④ 克里斯·阿吉里斯，罗伯特·帕特南，戴安娜·麦克莱恩·史密斯. 行动科学：探究与介入的概念、方法与技能[M]. 夏林清，译. 北京：教育科学出版社，2012：66.

克里斯·阿吉里斯. 克服组织防卫[M]. 郭旭力，等译. 北京：中国人民大学出版社，2007：40.

外培训 2.5 万人、企业顶岗培训 2.5 万人，按配额分配到各省、市、自治区，这些计划额度逐年按比例分配到各省教育主管部门，在 5 年内完成全部计划人数的培训任务。参加培训的教师登录"高等职业学校教师专业能力发展平台"①，在规定时间内完成报名程序。国内培训为期 4 周，采取集中学习、企业实践、小组研讨等培训形式，主要学习专业领域新理论、前沿技术和关键技能；国外培训为期 4 周，主要学习职业教育教学理论与方法、先进教育技术和课程开发手段；企业顶岗培训为期 8 周，重点熟悉相关行业企业先进技术、管理制度与文化、生产工艺与流程、用人要求、岗位规范等。"国培计划"所需经费按照国内培训 5 000 元/人、企业顶岗 1 万元/人、海(境)外培训 3 万元/人的标准配发到参培人员所在的高职院校。教育部要求国培计划培训对象一般为全国非示范(骨干)高职学校专业骨干教师，国内培训任务一般由国家级示范(骨干)高职院校承担，国外培训机构应具备该合法运营资质，应享有较好的国际声誉，承担顶岗培训的企业应是行业内知名领先企业，在技术、规模和产值等方面均处于同行业领先地位。国培计划在"十三五"期间仍在继续实施。

"国培计划"2011 年首次在全国执行，2011 年度 A 省高职高专院校需要完成 500 多人规模的"国培计划"，其中国内培训 200 多人，企业顶岗培训 200 多人，海(境)外培训 26 人。A 省高师培训中心再将这些计划分配给省内各高职院校，各高职院校根据教育部文件中公布的 116 项国培计划项目(名单见附录 10)和教育部公示的 A 省列入"国培计划"的 24 个项目(名单见附录 11)，选定本校参加培训的教师，组织参训教师在线报名。为促进省与省之间的相互学习和交流，国培计划要求国内培训和企业顶岗培训不能仅在本省内进行，各省至少要安排 10%的培训计划到其他省份接受培训，为完成 10%的跨省培训计划，A 省与江苏省达成互派生源的协议，两省的国内培训、企业顶岗项目可以优先选择对方的培训机构开展。"十二五"期间，S 学院国培计划项目名额统计见表 5.1。

表 5.1　S 学院"十二五"期间国培计划项目统计

年份	合计(人)	国家级培训项目		
		国内培训	国外培训	企业顶岗培训
2011～2012	30	12	6	12
2013	11	5	3	3
2014	33	12	3	18
2015	34	10	4	20
小计	108	39	16	53

① 高等职业学校教师专业能力发展平台(http://guopei.hvett.com.cn/)。

S 学院将国内培训和企业顶岗培训的年度计划分配到各系部，以 2011～2012 年度分配为例（见表 5.2），国外培训项目由于每年数额不足以保证每个系部都能分到，所以采取了逐年轮流分配的形式，上一年分配到国外培训名额的系部，下一年暂停分配，而分到名额的系部，再在内部确定具体人选，基本上按行政职务的级别轮流，负责培训计划分配的 GL01 说：

> 培训机会很多，每个老师差不多都参加过一种培训。就连国培项目的国外培训，几年下来，学校的中层正职几乎都参加过了，接下来就要轮到职称高的老师了。

从理论上来说，培训本应是针对需要提高某方面知识或技能的教师而开展的，按需培训才能达到培训的预期目的。S 学院的培训机会被简单处理成“轮流坐庄式”，对名额较少、机会稀缺的培训项目则按职务高低“由上往下”依次安排，培训管理的科学性和规划性比较欠缺。

表 5.2 2011～2012 年度 S 学院国培计划名额分配

序号	系部	国家级培训				
		合计	国内培训		企业顶岗培训	
			人数	专业方向	人数	专业方向
1	会计系	4	1	金融或工程造价	3	会计电算化
2	工商管理系	4	2	连锁经营或电子商务	2	物流管理或呼叫中心服务与管理
3	国际贸易系	4	2	语言类或国际贸易	2	语言类或国际贸易
4	旅游管理系	3	2	航空或旅游	1	航空
5	电子信息系	3	1	待定	2	待定
6	艺术设计系	2			2	旅游工艺品
7	公共课教学部	2	2	文秘		
8	思政课教学部	2	2	思想政治教育		
合计		24	12		12	

二、省级培训方式

2012 年以前，A 省教育厅已经开始面向全省高职高专院校每年举办骨干教师课程培训、双师素质培训等活动。在 2012 年，为深入贯彻落实国家和 A 省有关文件精神以及教育部、财政部有关指导意见,提高A省高职院校教学管理人员的专业素质和教育教学能力与水平,尽快培养一支适应A省高职教育发展需求的"双师型"教师队伍,促进高职院校开展教学改革,最终达到提高高职高专院校人才培养质量的目的,A省教育厅将每年的高职院校教师"双师素质"培训计划、企业顶岗培训计划和骨干教师主干课程培训计划打包整合,统称为"省培计划",三类培训费用预算分别为骨干教师培训2 000元/人,双师素质培训1 000元/人,企业顶岗3 000元/人,由省财政拨付,不足部分由参训教师所在学校承担,"省培计划"与"国培计划"平行展开。省级培训指标也由省教育厅高师培训中心分配到省内各高职高专院校,各校按配给的总名额数,根据本校的专业建设和教师培养的具体情况在三类计划中按比例自行分配。如2015年度,S学院省培计划名额共40个,分配如下:骨干教师培训20人、双师素质培训15人、企业顶岗5人,然后再按培训涉及的专业内容将指标分配到各系部(见表5.3)。2016年度,S学院各专业省培计划培训名额为30个,具体分配到各系部的指标见表5.4。

表5.3　S学院2015年度"省培计划"培训名额分配表

序号	系部	省培计划			
		合计	骨干教师培训	双师素质培训	企业顶岗
1	会计系	6	3	3	
2	工商管理系	9	3	4	2
3	国际贸易系	3	3		
4	旅游管理系	2	2		
5	电子信息系	9	2	4	3
6	艺术设计系	4	2	2	
7	公共课管理系	3	3		
8	思政课教学部	4	2	2	
合计		40	20	15	5

(一)骨干教师课程培训

A省高职院校骨干教师主干课程培训通常根据A省各高职院校现有专业设置与课程的教学情况举办相应培训专业。培训形式有面授、集中与网络培训一体化两种形式。培训完成后,符合条件者,A省教育厅将颁发培训合格证书。如2012年度A省集中培训学科(专业)是社会工作、音乐与舞蹈、体育训练学、电子信息、学前教育、三维动画，每个学科（专业）拟设置 3～4 门培训课程，如社会工作专业的培训课程为社会工作伦理、高级社会工作实务、社会工作评估和社会调查理论与方法，学前教育专业的课程为理论讲授、专家讲座和教学观摩。课程由省内外从事相关专业的优秀教师或专家担纲主讲，培训时间一般安排在暑期，集中培训 15～25 天，培训地点为省内相应专业办学历史较长、教学质量较好的高职院校、本科院校或培训机构。

表 5.4　S 学院 2016 年度“省培计划”培训名额分配表

序号	系部	省培计划			
		合计	骨干教师培训	双师素质培训	企业顶岗
1	会计系	3	2	1	
2	工商管理系	6	2	2	2
3	国际贸易系	3	2	1	
4	旅游管理系	4	2	2	
5	电子信息系	5	2	1	2
6	艺术设计系	5	1	2	2
7	公共课管理系	2	2		
8	思政课教学部	2	2		
合计		30	15	9	6

2012 年集中与网络培训一体化班开设教学管理、公共英语、财会、制造类、建筑工程 5 个班，培训地点分别在北京、天津，集中时间为 4 天，并安排在线学习 2 门网络课程。培训班每班限制在 30～40 人，各校组织教师按相同或相近专业在规定时间内在线报名参加相应的培训班，额满为止。

2016 年 A 省高职高专骨干教师主干课程培训仍采取面授班、集中与网络培训一体化培训班两种形式。面授班为期 10 天，开设英语教师教学与科研能力提升、计算机应用、创新创业、电动汽车深度剖解及实操等 9 个培训班。其中校园足球、市场营销、计算机应用培训班在位于 A 省某市的一所师范大学开办；英语教师教学与科研能力提升培训班在位于 A 省某市的一所高职院校开办；创新创业、电动汽车深度剖解及实操、多媒体商业动画制作项目实践培训班在深圳国泰安金融学院开办。集中与网络培训一体化班设有国学教育、应用秘书学、财务会计类、旅游管理类、书法理论与实践等共 12 个班，要求集中培训 3 天以上，在线研修两门以上课程，集中培训地点分别在天津、合肥、六安等省内外 6 个城市。

之所以详细地罗列、比较 2012 年和 2016 年两年的培训计划，是为了呈现教育主管部门也在根据学校和参训教师的意见，对开设的学科（专业）班级、培训时间和地点等不断进行调整，总体趋势是涉及的学科专业越来越多，跨地区培训越来越多，集中面授的时间有所缩短，更多地应用信息化技术开展远程培训，增加网络培训课程等。

（二）双师素质培训

A 省教育厅组织开展的“双师素质”培训项目，要求各高职院校原则上应选派不少于一名相同或相关专业的教师参加培训。承担双师素质培训的单位主要是省内的本科和高职院校，每个培训项目培训人数原则上控制在 40 人以内，学员经考核合格，A 省教育厅将颁发“双师素质”培训合格证书。除颁发培训合格证书以外，各培训基地所在单位本着学员自愿的原则，也会积极主动地为学员创造条件，争取取得其他资格证书认证，如高级工证书、高级服务员证书、物流师证书等。通过对比 2012 年和 2016 年两年的 A 省高职高专教师“双师素质”培训计划表（见附录 3 和附录 4），发现省级的双师素质培训也呈现出项目内容增加、覆盖专业面扩大的趋势，而培训时间由 2012 年的每期 20～30 天缩短到 2016 年每期半个月左右。

（三）企业顶岗培训

A 省为了进一步加强高职高专院校“双师型”教师培养力度，逐步建立高职院校教师到企事业单位定期实践制度，在省培计划中加入“企业顶岗培训”计划，以专业或专业大类设置培训项目，各校参加培训的教师在规定时间内在线报名，每个项目一般由省内一所国家级示范或骨干高职院校联合一家省内企业共同承担培训任务，培训时间一般为一个月。

以阜阳职业技术学院联合 A 省江淮汽车股份有限公司阜阳分公司共同承担的制造大类专业教师企业顶岗培训方案为例，该项目培训对象主要为 A 省高职院校汽车类专业骨干教师；培训师资为行业内具有影响力的专家、A 省新兴产业领军人才、A 省江淮汽车股份有限公司阜阳分公司技术骨干、阜阳职业技术学院教学名师、知名行业企业的技术能手、高校著名专家共同组成的 12 人教师团队。培训以组为单位，每 5～10 人组成一个培训组，每组配一名指导教师，指导教师是来自企业的技术骨干，采取学徒制的形式，通过参与企业项目实践，贯彻学、做、练一体化培训模式，学习应用企业产品，达到理论结合实际的效果。课堂教学、现场实践、小组讨论相结合，师生、生生互动，综合培养学员的实际应用技能，同时安排学员到相关企业考察参观。

培训内容分阶段安排：

第一阶段:企业管理与产品项目。内容主要包括企业文化、企业管理及企业产品项目管理的培训教育,培训时间为 4 天。

第二阶段:顶岗实践。在企业技术员、资料员、操作员和工艺员等一线岗位上开展顶岗实践,培训时间为 20 天。

第三阶段:调研与总结,培训时间为 4 天。推行过程考核,进行阶段总结与阶段效果检查。企业调研活动穿插在各个培训阶段中,原则上每 5 天做一次阶段小结、演讲和阶段检查。

第四阶段:考核与评价。顶岗实习结束时,培训学员撰写总结报告,并制作 PPT,现场汇报,接受企业专家的现场提问与答辩。考核与评价时间为 2 天。

从 2016 年 A 省高职院校教师企业顶岗培训项目内容(见附录 5)中可以看出,目前 A 省省培计划中企业顶岗培训项目的内容以工科类制造类专业为主,与文科大类中商务类和服务类专业相关的项目极少。对此,GL02 解释道:

> 工科制造类企业的培训好操作,效果明显。去制造现场观看,你能看到实实在在的制作过程和半成品或成品,对教师来说很直观。商务类企业以办公室案头工作为主要内容,员工用电脑处理各个业务环节的事情,你去看也看不到什么东西,因为涉及商业秘密,你也了解不到核心内容,只能了解一下商务流程,有的商务公司有产品陈列室,可以看看他们经营的各种商品。有的经营性业务需要很长的时间去做,也不适合教师参与。服务类企业的工作有些类似,牵涉到合同、配方什么的,人家也不会随便说,也不能让老师去天天做服务员、接待员吧,稍微体验一下可以,时间长了,老师也不愿意啊。所以,商务和服务这两类的企业顶岗培训不好安排,项目就少些。不过,如果企业挂职锻炼项目时间长,半年到一年,可以联系这些类型的企业或者公司。

职业教育是突破了传统教育的围城——学校而跨越到“企业”的一种教育类型①,“双师型”教师的在职培训必须经历企业实践的环节,这种要求不会因为专业类别不同而改变。商务类或服务类专业高职教师要成为合格的“双师型”教师,同样需要在相应的企业实际工作岗位上与专家能手互动交流,深入一线工作岗位观摩、应用,通过不断地对工作任务、内容和完成效果进行自我反思②,领会掌握工作环境中的“技术性技能、任务管理技能、事故管理技能以及角色与环境技能”③,这种有效的培养专业实践能力的培训方式与其他工科制造类专业教师的双师培训方

① 吴全全. 职业教育“双师型”教师基本问题研究:基于跨界视域的诠释[M]. 北京:清华大学出版社,2011:前言.

② MEZIROW J. Transformative dimensions of adult learning[M]. San Francisco:Jossey-Bass,1991:224.

③ MANSFIELD R. Deriving standards of competence[M]//FENNEL E. Development of assessable standards for national certification. London:Department for Education and Employment,1991:80-86.

式本质上并无区别。因为商务类和服务类企业不好安排而弱化或减少相关专业“双师型”教师培训项目，遵循的是防御性的使用理论。阿吉里斯的行动理论模式1(第一型使用理论+防御性推理)假设“人们的一切行为都是为了达到某种期望的结果而设计并实施的。在许多情况下，当行为无法达到期望的结果时，人们就会改变自己的行为”[①]，并且还会为这种改变寻找到一些冠冕堂皇的解释，“怪罪他人或组织体系，而不检视自身的责任”[②]，表明自己对此也无能为力，从而任由事态发展。管理部门对防御性第一型使用理论的“熟练应用”，无疑是形成“双师型”教师培养中商科服务类专业教师企业顶岗培训项目稀缺的原因之一。

(四) 省培计划执行情况小结

A省省培计划的三类项目在培训结束后，经考核合格，每个参训教师会获得A省教育厅颁发的相应的主干课程、双师素质或企业顶岗培训合格证书，所在院校按照规定，承认培训是教师接受继续教育的经历，归入个人人事档案，作为申请“双师型”教师资格和职称职务评审聘用的条件之一。

A省省培计划培训教师数额是按照定期(如“十二五”五年规划)计划平均分配到每个年度(参见附录6)，年终教育厅汇总各校计划完成情况，根据各校完成的实际情况对下一年度分配到各校的指标进行动态调整，并在教育厅组织的全省总结会上通报，这种方式对一些完成情况不好的学校形成了一定的工作压力。S学院具体负责这项工作的GL01说：

> 感觉工作有些压力，对上的压力，就是怕培训指标完不成，每年主管部门开会，总结通报完成情况，有的学校大部分计划完不成，我们学校还可以，平均每年能完成85%左右，后来，他们(主管部门)工作有改进，提前让各学校报培训需求，调整名额、形式等，好多了。对下的压力，就是老师反映培训效果不满意，我觉得，这还是得看个人怎么结合，怎么实践。

学院人事处LD02对本校完不成培训计划的情况是这样解释的：

> 主要是老师选不到适合自己专业的培训项目，每个老师的专业分得很细，有的培训内容是按大类分的，我们是商科类的学校，有的没有很对口的专业培训内容。有的想选，选晚了，就选不上，班级有名额限制，比如有的30人，有的40人，网上报名，班额满了，就选不上了，学校也来不及调剂，就等于一个指标没完成。工科类的专业就好多了，培训项目多，我们学校工科专业少，任务差不多都能完成。还有就是时间问题，有的培训

---

① 克里斯·阿吉里斯.组织困境：领导力、文化、组织设计[M].姚燕瑾，译.北京：中国财富出版社，2013：50.

② 克里斯·阿吉里斯.组织困境：领导力、文化、组织设计[M].姚燕瑾，译.北京：中国财富出版社，2013：51.

> 影响到教学，比如学期中间的培训和长期的顶岗实践，系主任也就不愿意安排，像我们学校会计系，老师本来就不足，每个人教学工作量都很大，若派人去学习，课就没人上，时间短的还好，时间长的，比如1～2个月，就难安排。我们也会考虑学校的具体情况，在校内各系之间分配培训指标时，每年也都不一样，尽量提高计划完成率。

实施省培计划的初衷是要为高职院校教师提供更多的参加“双师型”培养培训的机会，但是由于在培训内容、培训组织、培训模式和培训时间等方面的设计没有能够充分考虑院校和教师的具体情况，给院校管理部门的工作带来压力，管理人员也能够“自动激活原已存在于头脑中的自我防卫指令”，处理这个“令人困窘和有威胁感的问题”①，以“娴熟老道的无能行为”来“解决难题”，制订了一些“致使人们不采取正确行动、无能为力的规范准则”②，出现了为“安排培训而安排培训”“为完成计划而完成计划”的情况，管理人员主要关心的是“尽量把计划完成”“尽量提高计划完成率”，为避免自己陷入麻烦，而较少关心人员安排是否适当，对于怎么解决“想参加培训的人没有机会”的问题无暇顾及或不愿多想，使培训的有效运转陷于困境而不自知。这种困境不仅使教师个人受困，也会使“团体、团体之间的关系以及整个组织受困”③，表现在高职院校的教研室、系部和职能部门乃至整个院校都被陷入其中。

对于S学院的“省培计划”和“国培计划”教师培养项目完成情况以及两者的异同，GL01的观点是：

> 省培由省教育厅下达指标到各学校，有双师培训、骨干教师培训、顶岗实践，地点是省内的多、省外的少，形式有面授、网络、面授+网络和赴企业参观。国培是教育部把指标下到各省，各省再下到学校，形式内容跟省培差不多，不过国培时间长，一般是1～2个月，国培有国外培训项目，省培没有。国培的地点分布在全国范围，省外的多。各类项目加起来，每年分到我们学校的培训指标很充裕，培训任务总体能完成80%。对于顶岗半年或一年的青年教师企业挂职锻炼项目，我们学校平均每年约有3个老师去企业挂职。不是老师不愿去，也不是系部不让去，而是有的时候培训时间跟教学冲突，比如说顶岗半年或一年，有的系部教学任务重，派不出老师，还有的是培训内容不是老师需要的。

无论是“省培计划”，还是“国培计划”，都体现出“自上而下”的指令性安排模

---

① 克里斯·阿吉里斯. 组织困境：领导力、文化、组织设计[M]. 姚燕瑾，译. 北京：中国财富出版社，2013：64-66.

② 克里斯·阿吉里斯. 组织困境：领导力、文化、组织设计[M]. 姚燕瑾，译. 北京：中国财富出版社，2013：64-66.

③ 克里斯·阿吉里斯. 组织困境：领导力、文化、组织设计[M]. 姚燕瑾，译. 北京：中国财富出版社，2013：66.

式,对高职院校和高职教师的现实困境和实际需求缺乏调研,一方面导致培训成效达不到预期目标;另一方面造成了培训计划不能完全落实,形成了一定程度上的人、财、物浪费。对于这些现象,为避免"尴尬"和"没面子",各级组织缺少面对面的公开、坦诚、透明、深入的讨论[①],因为不能确定由谁来对此后果负责,尽管人们清楚"应该有人为此承担责任",但是事实是,"防卫行为反复不断地上演",人们"不断地采取掩盖措施",而且,"那些对这种现象采取回避态度的人常常得到升迁",进一步强化了习惯性组织防卫行为,使之成为"长久以来就存在的问题"。[②]

(五) 其他省级培养方式:挂职和国内外访学

属于省级培养方式的还有企事业单位挂职和国内国外访问学者项目,这些培养机会主要是面向本科院校,只有部分高职院校被列入其中,因为培养名额少,对申请者自身条件要求较高,属于面向少数教师的培养项目,所以在此只做简单介绍。

为了落实有关部门《关于实施高校青年教师社会实践计划的意见》,A 省设置了高校中青年教师到企事业单位挂职的人才培养项目,面向普通高校和部分高职院校分配名额,S 学院每年平均有 3～5 个名额。对入选者有一定的年龄、学历、职称、本校工作年限和思想业务水平的要求,如年龄一般要求在 45 周岁以下,高职院校的挂职单位由学校联系确定,学校通常要求教师自己联系,如 S 学院就要求申请者所在系部或申请者个人联系挂职单位。挂职时间原则上为一年,确有需要,可以申请缩短或延长,但最短不少于 6 个月。企事业单位挂职要求所挂职的人在业务岗位上踏踏实实地长时间开展工作,理论上,这对高职"双师型"教师的培养应该是预期效果不错的一种培养途径。

高等学校青年骨干教师国内访问学者计划,主要是依托国内高水平大学师资、设备及教学科研经验丰富的优势,为其他高校培养学术(专业)带头人和学术(专业)骨干,是提升高校教师队伍整体素质的一种培养形式和途径。申请国内访学的教师必须是在校从事教学、科研工作 5 年以上,年龄 45 周岁以下的在职中青年教师,并具有副高以上专业技术职务,或年龄不到 40 周岁有硕士以上学位的优秀讲师。近几年 S 学院每年有 3 个国内访问学者计划。2015 年 A 省首次面向高职院校投放国外访学计划名额,除了达到申请国内访学的条件外,国外访学还要求申请者必须主持有在国外学习研究时可以依托的省级以上教研或科研在研项目一项以上,对外语水平也有较高要求,S 学院在 2015 年和 2016 年分别有 2 人获得了国外访学机会。

---

① 克里斯·阿吉里斯. 组织困境:领导力、文化、组织设计[M]. 姚燕瑾,译. 北京:中国财富出版社,2013:10-13.

② 克里斯·阿吉里斯. 克服组织防卫[M]. 郭旭力,等译. 北京:中国人民大学出版社,2007:46-47.

三、校本培训方式

校本培训一般是指以学校、(院)系、教研室等为单位，紧密结合学校工作实际需求，面向教师而组织举办的在职在岗培训形式，内容通常围绕着满足学校的需求和办学目标的实现进行安排。高职院校“双师型”教师校本培训的目的是提高教师的专业理论教育教学能力和专业实践教学能力，培训内容主要包括：专业学科理论和职业教育教学理论；专业实践技能和专业实践教育教学技能；敬业、创新、责任感、合作、进取等教师职业素质；与时俱进的教育教学能力，如多媒体技术应用能力和信息化教学能力等。校本培训是高职教师在教学工作场所学习的重要方式，是中青年教师接受教学经验丰富的老教师或业务熟练的专业工作者的直接或间接的帮助和指导，从了解真实教学工作情境中感悟、应用和验证之前学习的理论知识，从问题解决过程中习得和提高实际教学能力的过程。①校本培训为教师提供的教学工作场知识不同于学科知识，它是一种与教师正在或即将从事的教学工作存在着紧密联系的实践性知识，有利于发挥教师个体的主观能动性，促使他们将学习情境与职场情境形成合力，逐渐形成教师个人的知识和能力，并导致思想观念的改变。②

高职院校校本培训通常可以采取的模式主要有：

(1) 校企合作培训。与企业合作开展，通过邀请行业企业专业人士或技术人员来校与高职院校教师进行沟通交流，或组织教师进入企业工作现场进行为期半天或一天的实践，使高职教师了解行业企业岗位的实际需求，帮助教师解决课程实践教学中出现的一些问题，并结合行业发展趋势和企业发展实际现状指导高职教师开发相应的实训课程，合作进行课程教学设计，以提高高职教师的实践教学能力和水平。校企合作培训“双师型”教师是为实现职业教育的人才培养目标而必然要采取的一种方式。③

(2) 教学或课程团队合作。院、系或教研室组织教师按年龄、职称、专业背景、企业工作经历、教学能力、教科研水平等，以优势互补为目的，组建教学团队或课程团队，团队成员围绕课程开发、专业建设、教学设计、教材编写、教科研项目研究、企业实践经历分享等多种主题组成学习小组或教师合作共同体，促进团队成员共同

---

① 胡航，詹青龙. 教与学的创新：职业教育中的工作场学习[J]. 职业技术教育，2009(16)：5-9.

② 林克松. 工作场学习与专业化革新：职业教育教师专业发展路径探新[D]. 重庆：西南大学，2014：14.

③ 吴全全. 职业教育“双师型”教师基本问题研究：基于跨界视域的诠释[M]. 北京：清华大学出版社，2011：115.

姜大源. 论高等职业教育课程的系统化设计：关于工作过程系统化课程开发的解读[J]. 中国高教研究，2009(4)：66-70.

提高。

(3) 课堂教学观摩。课堂教学观摩可以由系部或教研室组织安排,也可以面向全校范围组织,定期安排教学经验丰富、教学效果好的"双师型"教师开展理论课程教学公开课或者实习实训指导教学公开课,其他教师通过现场观摩学习,达到提高教学能力的目的。除了优秀教师的示范公开课,也可以轮流安排教师上公开课,通过教师集中听课、评课的形式,交流课程教学的成功之处和需要改进的地方,达到提升全体教师教学能力的目的。

(4) 开展与教学有关的竞赛。院、系或教研室通过定期开展各类教学相关竞赛,如说课、课堂教学、教学设计、信息化教学能力、微课设计与制作等竞赛活动,要求教师研究课程教学、提高教学设计和执行能力,并对获奖者给予相应的物质及精神奖励,以激发教师参赛热情,并起到以赛促教、以赛促学、以赛促改的目的,推动教学改革,提高教学实效。

(5) 专家专题讲座。专家专题讲座可以在三个层面上组织落实:一是学校教学科研等职能部门定期邀请国内外高校或研究机构的知名职业教育专家或学者来校举办讲座,以更新教师的职业教育教学理念,了解理论研究前沿,提高教学科研的前瞻性;二是院系或专业教研室定期聘请行业专家或专业指导委员会成员来校讲解行业企业最新动态,以提高教师对专业实践领域最新发展情况的了解程度,开拓思路,增长见识;三是安排校内优秀教师根据自身教学或科研成果,定期面向全校开展几次专题讲座,启迪思维,带动全体教师教学科研能力的提高。①

(6) 网络平台自主学习。充分利用学校的信息化教学和管理平台,购买在线教育教学培训资源,或开放校内教师的网络课程资源,构建专家教学资源系统、优秀教学案例资源系统、互动论坛等在线共享资源,作为线下校本培训的辅助手段,为教师自我学习提供更为广阔的平台。

相对于其他教师在职培训形式而言,校本培训的特点主要体现在:

(1) 针对性较强,组织形式灵活。校本培训的对象是本校的教师,培训的内容契合院校和教师的实际教学和管理工作需要,目的是提高教师的"双师"素质和能力。因此,院校可以根据自身的实际情况和教师的实际需求选择培训内容和形式,灵活安排培训时间和地点,培训可以面向全校,也可以以系部、教研室为单位组织安排。

(2) 实践性强,工作场学习特征鲜明。校本培训的实践性是指校本培训内容一般都是与教师的日常教学工作实践紧密相连的,通过培训使教师提高解决教学过程中出现的理论和实践问题的能力;此外,参加校本培训不要求教师脱离工作或离家外出,采用的是边工作边学习的教学工作场学习方式,不影响正常的工作安排和家庭生活,并且便于教师把学习到的知识和技能即时运用到实际教学中,在教学

① 阮彩霞.高职院校开展青年教师校本培训的研究[J].教育与职业,2014(12):76-78.

实践中检验所学内容。

(3) 组织活动成本低，覆盖面广。由于是在校内培训，不需要支出差旅费、场地费、培训费、会议费等，相对于校外培训来说，院校组织校本培训活动成本低，同时，教师也无需请假离岗，对教师的工资福利也没有影响，而且可以面向全体教师，达到培训活动全员覆盖的效果。

(4) 实效性强，持续性好。从培训内容上看，校本培训是针对教师教学实际工作中的问题，以帮助教师脱离日常教学困境为目的而开展的培训，具有较强的针对性，因而实效性好；校本培训是每个院校都要采取的在职培养培训方式，贯穿教师的整个职业生涯，有较好的持续性。①

当然，高职院校校本培训也存在着不少的问题，如校本培训开展得少，教研室的集体备课、听评课等校本培训活动流于形式、缺乏实质性内容；培训内容不合理，普通教育类知识太多，实践引领性知识少，缺乏校企合作实践性培训；培训教师选择不理想，选择外聘专家时往往忽视有企业经验和专业实践能力较强的人士，而过分关注学术界知名人士；课程安排不合理，培训内容忽视开发教师的创新创造能力，而以重复学习和掌握原有知识和技能为主；培训方式组织不恰当，课堂教学或举办讲座为主的培训形式不利于教师开展对教学具体问题的反思和讨论；培训缺乏计划性，时间和内容安排有时比较随意；培训不能满足个性化和多样性的需求，院校发展目标有时与教师个人成长计划不契合；缺乏有效的管理和评价机制，评估体系不完善，缺乏科学的评价标准，问题反馈不及时或不反馈等。②

在谈及校本培训的情况时，JS02 说：

> 参加了学校搞的几次关于信息化教学的培训，感觉有点儿收获，多少了解了一些关于信息化教学的新知识、新内容，比如，PPT 的设计和制作，微课程录制的方法、技巧及最新设备，智慧教室使用方法，云课堂，信息化教学大赛参赛注意事项。讲课的人有的是校内的信息化教学做得好的老师，有的是从校外请的专家。听的时候有点儿激动，觉得真要认认真真搞点成果出来，听完了，又回到了“教学机器”状态，就没心劲干了。还有，就是因为常规教学虽然占用了很多时间精力，但对我来说都是驾轻就熟的事情，搞信息化教学就不一样了，真得费脑子、下功夫，不仅需要投入大量时间精力，甚至还得投入不少金钱，听说有个老师对这一块很感兴趣，光买设备自己就花了四五万块钱。我兴趣还没那么大，也就没有考虑太多了，不过，做 PPT 的水平是提高了一些。其他的校本培训好像没有什么印象，都是老一套吧，总共也没搞过几次，大家都挺忙的。

---

① 阮彩霞. 高职院校开展青年教师校本培训的研究[J]. 教育与职业，2014(12)：76-78.

② 陈启新，陈红，高小芹，等. 国内高职院校校本培训研究综述[J]. 十堰职业技术学院学报，2013(4)：10-14.

JS02 的话呼应了上述列举的高职院校校本培训中存在的一些问题，如教师对老生常谈的内容不感兴趣，对自己不了解或了解不多的内容很感兴趣，如信息化教学手段和方法等，但是由于没有后续的管理和评价机制去评估教师参加校本培训的效果，也没有激励制度激励教师去实践应用培训内容，出现了“听的时候激动，拍培训课件冲动，培训后一动不动”的结果。

教研室是高职院校最基层的教学组织单位，在同一个教研室里的教师，专业背景、专业方向相同或相近，构成了一个专业共同体，从理论上来说由教研室组织本室教师开展的校本培训，应该能够取得最直接、最有成效的效果，但由于受经费、时间的限制以及激励制度的缺失，教研室组织的为数不多的校本培训也流于形式，教研室主任 JS01 说：

> 教研室的校本培训做得不多，主要是教研室没经费外请专家，就是偶尔大家一起讨论一下课程分配，同课头的老师商量商量教学内容、教学进度、考核形式等，公开课一学期能搞一次就不错了，主要是准备评职称的老师弄一下，就算教研室的一次活动，也能借此准备职称材料，有时候也就是做个样子，教务处检查的时候也能拿出点教研室活动的材料。平时老师课都多，这些活动要在大家没有课的时候组织，活动要花半天时间，又不算工作量，大家都没有积极性，有时候就放在中午，不影响正常上课，但占用了老师们的休息时间，影响下午上课效果，所以，总体来说，活动不多。

对于校本培训的必要性、培训的组织以及培训的实际困境，学校的教学管理部门也有比较清楚的认识，教务处 LD03 认为：

> 校本培训要是做得好的话，的确能起到培养教师的作用。虽然大家碰到的问题可能各式各样，但总体上也有趋同性的一面，多在一起交流交流、讨论讨论，听听别人或专家们的看法和解决办法，对提高自己的教学水平还是会有帮助的。外请专家来做校本培训，还是以学校出面去请为主，不过来自企业的很少，大部分还是来自高校或研究机构，因为，企业的人不好请，学校那么多专业，哪个企业都覆盖不了。请企业的人做校本培训，还是以系或教研室为单位比较好，有针对性。能组织老师走出去，实地去企业参观，可能效果会更好，不过组织起来比较困难，老师们的积极性也不高，主要是平时的工作太忙了，再占用他们的休息时间，又没有补助，乐意参加的人不多。据我了解，教研室的一些活动，每次都有老师请假，其实教研室活动现在已经很少了。

尽管学校教学管理部门也认识到校本培训的重要性以及教研室组织校本培训的实效性，但是由于我国高职院校普遍生师比较高，导致教师日常教学工作量大，激励机制也不到位，致使校本培训很难开展。在 S 学院，教师平均每周有 20 节左右的教学课时是普遍现象，个别老师多达 30 节左右，除了课堂教学，还有实习实训、课外活动、毕业设计等指导性工作，在每学期 4 个多月的时间里，要应对期初、期中、期末的教学检查，为应付上级的各项检查、评估、评比活动，填写表格、准备材料等案头工作任务缠身，大多数教师对于一些内容重复、陈旧及模式缺乏吸引力的校本培训采取应付的态度也是在所难免的。为解决上述问题，需要院校各级管理部门，应用阿吉里斯的第二型使用理论和创造性推理思维模式，进行透明、公开、公正的推理，探寻有效的信息，提出明智的选择，并经常仔细核查，主动及时地纠正发现的错误[①]，设法减少一线教师的教学工作量，保证教师有时间、有精力投入校本培训；克服组织防卫心理，不诿过，不推责，创造勇于担当的组织氛围[②]，明确校本培训的校级、系部和教研室的主体责任，合理规划学期或学年的培训计划和内容，选择合适的培训内容、培训模式和培训师资，以切实提高和更新教师的专业实践教学能力为目的，使教师感觉确实能从培训中有所收获，激发参加培训的意愿和热情；此外，也要制定并落实物质或精神的激励制度，如将教师参加校本培训的时间折合成工作量，纳入教学津贴的考量范围，并制定合理的定量定性的培训评价制度，与评优评先和阶段考核挂钩，体现出“参加培训”与“不参加培训”的差异，改变“参加与不参加一个样或差不多”的状况，促使教师积极主动地参加校本培训。

尽管校本培训理论上具有针对性强、便于组织、成本低、覆盖面广、教学工作场学习特征鲜明等特点，但由于学校面临上述的一些现实困境，S 学院组织的有效的校本培训不多，相对来说，教师更多的是依赖参加国家级和省级培训等校外定期集中式培训项目来提高双师能力，因为“自上而下”的命令式推行方式，使得这些培训项目的大部分任务得以分配下去，上级教育主管部门却不会对更加“接地气”的学校校本培训进行定性定量的要求和检查，因而，学校的校本培训往往趋于简单且稀少。

本节在前文分析高职院校教师招聘条件、新教师岗前培训和取得高校教师资格证书过程的基础上，论述了高职教师入职后接受的三种在职培训方式。由于历史和现实的原因，体现职业教育特色的“双师素质”要求尚未列入高职教师必需的入职条件和从教资格之中，客观上，将培养胜任高职教育的“双师型”教师的压力后移至教师任教以后的职业生涯中，使“双师型”教师的培养必然要采取“边做边学”的工作场学习模式：在职业教育教师的工作岗位上学习，在在职培养提供的企业实践岗位上提高。

无论是教学岗位上的学习，还是企业实践岗位上的学习，根据“工作”与“学习”结合的不同程度，可以将“双师型”教师在职培养的工作场学习划分为三个层次：第一个层次是把职场理解为学习的场所，学习活动脱离直接的工作情境而在工作之

---

① 克里斯·阿吉里斯. 组织困境：领导力、文化、组织设计[M]. 姚燕瑾，译. 北京：中国财富出版社，2013：54.

② 克里斯·阿吉里斯. 克服组织防卫[M]. 郭旭力，等译. 北京：中国人民大学出版社，2007：15-16.

外进行；第二个层次是把职场理解为学习情境，在工作情境中开展学习活动，主要以参与实际工作的形式展开；第三个层次是把职场与学习视为互相融合的一个整体，把工作场学习视为“探索未知的形式”或“经历新工作的过程”。①目前，高职院校培养“双师型”教师主要采取了选送教师参加国家级培训和省级培训以及组织教师开展校本培训三种方式，基本形成了国、省、校三级培训体系。三级培训中的各种项目有的属于第一个层次，如利用寒暑假组织教师集中培训学习；有的属于第二个层次，如教师进入与专业相关的行业企业顶岗挂职、进行短期企业实践等；要达到第三个层次则要求教师能够通过自我反思，将第一、第二个层次的学习相互贯通，并与自己常规的教育教学工作有机结合，形成自己的理论教学和专业实践教学特色。“双师型”教师的各种在职培训项目体现了工作场学习的理念，培训活动跨越了企业与学校、工作与学习的场所，也跨越了职业与教育的边界②，国家级培训、省级培训和校本培训的各种项目涵盖了跨校（高职院校之间的跨越）、跨类别（高职院校、本科高校和社会培训机构的跨越）、跨行业（教育与行业企业的跨越）、跨地区（省内与省外的跨越）和跨国界（国内与国外的跨越）的培训场所和培训内容。如此形式多样的在职培训，取得的效果如何？收获了教师怎样的评价？遇到了什么困境？这些内容将在下节进行分析。

最后，必须说明一下本研究遇到的高职称教师参评低级别“双师型”教师的现象。在高职教师漫长的从教职业生涯中，为形成和提高自身的双师素质和能力，成为合格的“双师型”教师，处于不同发展阶段的教师需要接受不同方式的培养培训。按照 A 省的实际情况，对于一个新入职的高职院校教师来说，正常应该经历非“双师型”教师→初级“双师型”教师→中级“双师型”教师→高级“双师型”教师的较长期的培养过程，这个过程应与教师专业技术职务，即教师系列职称的提高保持比较一致的节奏，经历新教师→助理讲师→讲师→副教授→教授的成长过程。然而，由于由政府主管部门主持的、具有约束力的、被官方认可的“双师型”教师资格认定近两年才在 A 省实施，对于已经工作多年的具有讲师或副教授以上职称的教师来说，可以根据自己实践教学能力所符合的条件直接申报初级、中级或者高级“双师型”教师来说，所以出现了有副教授职称的教师被评定为初级或中级“双师型”教师，而拥有讲师职称的教师却有不少被认定为中级或高级“双师型”教师的现象。随着“双师型”教师定期常态化评审的持续开展，这种现象将逐渐减少直至消失。

① 李飞龙. 西方工作场学习：概念、动因与模式探析[J]. 外国教育研究，2011 (3)：79-83.

② 姜大源. 职业教育立法的跨界思考：基于德国经验的反思[J]. 教育发展研究，2009(19)：32-35.

第四节 在职培养方式的困境及成因

上一节探讨了高职院校“双师型”教师在职培养的国、省、校三级培养培训方式，那么，参训教师对培训效果的认知和评价如何？执行这种培养方式时遭遇了什么困境？其形成原因是什么？本节将从教师的视角对这些问题进行研究和探讨。

一、“双师型”教师培养效果的教师评价

在国、省、校三级“双师型”教师在职培训体系中，国家级和省级培训方案的设计和实施基本体现了“做中学”的工作场学习理念，培训的承办方有高校、有企业，培训的内容有理论、有实操，培训师有专家、学者、政府或机构的官员、企业技术人员和管理人员等，培训的场所有教室、会议室、实训室、车间等教学或生产管理现场，每年参与在职培训的教师人数也已颇具规模。有研究者总结其本人参与职业院校教师师资培训的实际经验得出，自教育部推出国培项目以来，结合地方推出的省级培训项目以及依托示范校建设所进行的校本培训项目，职业院校教师接受国内外培训的人数比例应该已占到教师总人数的一半以上。①从S学院的实际情况看，在职教师的职后培训可以说达到了全员覆盖，一些教师甚至不止一次参加了省级以上培训项目。培训内容设计得比较全面，包括教育教学理论、职业教育理念、专业理论发展、教学科研方法、课堂教学设计、专业建设和课程设计等，形式也比较多样，有课堂教学、专题讲座、网络学习、企业实践、企业顶岗挂职等，总体来说，对参训教师的教学改革和研究有一定的启发、触动作用，帮助他们拓宽了视野，了解了一些企业一线的情况，增长了见识，对教师双师素质的提高产生了积极的作用，但是对不同培训方式的效果，教师的评价和满意度各有不同。

参加过暑期企业实践的JS04说：

> 我觉得企业实践提升了我的“双师素质”，因为我开阔了眼界，接触了行业一线，近距离地了解了一些企业的实践知识和技能。

在对一些参加过依托高校举办的骨干教师培训班和“双师素质”培训班的教师进行随机访谈时，意见就比较倾向于否定的一面了，有的老师说：

① 徐国庆.从项目化到制度化：我国职业教育教师培养体系的设计[J].教育发展研究，2014(5)：19-25.

我觉得我参加的“双师素质”培训班并没有培养或提升我的“双师素质”，培训就是上课，老师讲，我们坐在下面听，虽然也有上机操作，也就是熟悉软件系统应用，跟大学读书时的模式一样，培训的内容也不能学以致用。我高职教龄12年，也参加过几次有关的培训，培训证书也有好几个了，但我自认为不具备‘双师素质’。

很多参加过高校举办的骨干教师培训班和“双师素质”培训班的高职教师都有相同或类似的看法。在各种培养培训活动中，参训教师普遍反映企业实践和企业挂职的培养效果要好于依托高校举办的集中学习式的培训。

具体到培训活动中的所学对于教学实践有没有实际作用，作用有多大，教学管理人员认为要通过各个教师自己的工作态度、责任感和事业心来最终衡量。如GL01在访谈时说：

我觉得培训还是有作用的，关键看老师是否用在教学实践当中，比如说对于企业参观、企业顶岗，在教学时可以结合教学内容讲一讲业务流程、问题、解决办法等。就是听教学设计、教学方法方面的讲座，老师也可以参考去做自己的教学设计，能够多学一些方法，比如学校正在进行的信息化教学校本培训，周三下午网络信息中心组织的云课堂培训，有的老师就在积极地用，也有老师还是按照以前的办法上课，没有变化。所以说，有没有效果，还是看老师自己怎么结合，是否去实践。

人事处LD02说：

培训效果怎么样，关键看老师自己是否爱学，回校后，教学方面有没有提高，或者教师自身素质有没有提高，观念有没有变化，这是一个长期的潜移默化的作用。说实话，培训更大的作用是去了解其他学校的情况，认识其他学校的同行，可以就一些问题进行交流，看看别的学校是怎么做的。

LD02的观点反映了培训给教师带来的另一个更加实际的效果，就是扩大了教师的社会交际圈，有利于任课教师和从事教学管理工作的教师了解外部信息，形成有利于教学和工作探讨的跨校跨省的专业共同体，2010年参加了省级骨干教师课程培训班的JS03对此也表达了肯定的意见：

参加培训有机会跟其他学校的老师亲密接触，其实课堂之外的交流对我们可能更有作用，我们有一个QQ群，直到现在大家还一直在上面交流，大家讨论一些关于比赛、报项目、聘请老师上课等话题。

现代化、信息化通信技术的发展为人们的沟通交流提供了很大的便利，几乎每一个培训都会建立一个班级QQ群或微信群，来自不同学校的教师通过班级群共享信息，有时候信息传递得比官方正式信息更及时。本书作者在工作中就常常遇到“官方信息”的传达落后于“民间信息”传播速度的现象，如在把经过校级管理层层层批示的文件或会议通知下发给具体的院系或教师时，往往他们早已从自己的“培训班级群”中获知了同样的内容和信息，打好了参与或不参与的“腹稿”，这种现象体现了通过培训形成的非正式的“专业共同体”对教师发展的或积极或消极的影响。

对于国内培训和国外培训的效果比较，两种培训都参加过的JS03说：

> 国内培训和国外培训有很大不同，国外培训形式是班级授课、观摩课堂教学和参观学校、企业。班级授课主要是老外讲职教理念(有翻译)、教学技能和方法。参观了好几所职业学校和大学，也参观了企业，属于走马观花型的，听听大体情况介绍，到处看看；课堂观摩是到几门课程的教学课堂看看，属于流水型的，几十个人围在外面看看。国外班级授课讲教育教学理念，讲的是理论在实际中的应用，很实用。国内培训，基本就是在讲理论，不实用。

总结国外国内的培训内容和模式，高职教师总体上比较认可国外的培训理念，国外培训展示出来的教学活动设计和教学活动组织充分体现了“以学生(学员)为中心”和“做中学”“做中领悟”的理念，符合学习者的需求、兴趣和特点，很有吸引力，使人乐于参加活动，对参训教师丰富自己的教学方式、提高教学实效很有帮助。国内的培训比较注重系统化，理论性强，对参训教师提高科研、学术能力比较有帮助，但形式单一，与教师熟悉的传统高校教学“老师讲、学生听”的模式一样，对参训教师缺乏吸引力。

很多教师已经获得了“双师型”教师证书或拥有双师素质证书，但对于自己是不是真正的“双师型”教师的问题，老师们的反映有一些差异，JS04说：

> 我认为我不算真正的“双师型”教师，因为我没有实际的企业工作经历，虽然在企业挂职锻炼过，但投入还是不够，没真正从事过基础的一线岗位，缺乏较为扎实的动手技能。我虽然也被评定为中级‘双师型’教师了，但那主要是因为有了证书。

与JS04所持观点一致的教师不在少数，他们认为，通过考证或参加会议培训取得的双师资质不能算是真正的“双师”资质，因为“双师型”教师的重点是具备实践技能和实践教学能力，如果仅仅是拥有证书，而没有真正在企业岗位上实践过，不会动手操作，没有接受过市场的考验，那不是真的“双师型”教师。而且他们强调：“双师型”教师的培养是一个长期循环的过程，不是一次的短期培训就能造就出真正的“双师型”教师的，参加一次培训可以使教师得到一个证书，但要成为“货真价实”的双师需要经历理论——实践——理论——实践反复循环的工作场学习、培训和实际操作，通过不断重复的真实工作活动和与集体中其他成员对活动原则的反复讨论汲取显性或隐性的岗位操作知识和技能[①]，使专业实践教学能力成为教师的默会知识和技能。

导游专业的JS02是有多次实际工作场学习和应用经历的老师，他对自己的"双师型"教师身份比较自信：

> 我有高级导游证和国际领队证，是首批认定的高级"双师型"教师。个人认为自己还算符合这个称号，因为我不是从学校到学校，没有接触过企业或岗位工作具体业务的教师，我只要有空余时间就会出去带团，解决了教学过程中需要大量素材和案例的问题，这些是自己亲身经历的，作为教学案例很生动，也具有启发性，从与学生的互动中发现学生很喜欢这样的授课方式和内容，企业反馈称我的毕业生对于工作上手也快。

JS02是符合高职教育要求的"双师型"教师，既懂理论，又能实干，理论与自己经历的实际案例相结合的教学模式符合高职学生的需求，培养出来的学生很受企业的欢迎。烹饪专业的JS01对这种"双师型"教师的认识也颇为深刻：

> 我理解，"双师型"教师不仅要有扎实的理论知识，同时还要有专业技术和实践能力，不仅能上理论课，同时也能上实训课程，而且在教学过程中能用理论指导实践，同时不断地总结经验教训，并且把这些知识传授给学生。

几位教师的陈述基本代表了高职"双师型"教师培养效果的真实状况，有些教师有证有双师身份，但缺少真正的企业工作经历或者经历不足；有些教师有证有双师身份，也有丰富的岗位工作经历和经验。遗憾的是，目前后者在高职教师群体中只占很小的比例，而前者则代表了目前高职"双师型"教师培养效果的普遍状况。在课堂观察中，JS02也展现了丰富而实用的导游知识和技能，在本书作者两次观摩他的授课过程中，他都是以一些具体的旅游景点为依托，并用实际案例来说明工作流程和解决问题的办法，教学内容很实用，学生听课的兴趣很浓，教学效果很好。烹饪专业的JS01则是理论和实践一体化教学，既在理论上讲营养搭配、菜品设计，又在实训室直接展示刀工和烹饪过程，边操作边讲解技法技巧等应注意的事项，展示了"双师型"教师的教学特点。他们在连续几个学期的学生评教中，综合得分确实高于其他教师。

上述教师和管理人员的观点和看法也得到了问卷数据的支持。在高职"双师型"教师培养培训调查问卷"中针对培养效果设置了6个问题，其中5个问题以多选一的形式了解教师对培养培训效果的评价，从教师对政策的了解程度、对"双师"素质的认知、理论水平的提高、实践技能的提升和教育教学能力提高五个方面反馈评价意见，第6个问题为开放式问题，收集教师对改进培养培训活动的意见和建

---

① 李茂荣，黄健. 工作场所学习概念的反思与再构：基于实践的取向[J]. 开放教育研究，2013 (2)：19-31.

议。问卷调查的结果统计见表 5.5。

表 5.5 “双师型”教师培养效果的调查结果统计

问题内容	选项和占比				
您对高职教育的有关政策	很了解 0.9%	比较了解 27%	一般 50.1%	不太了解 21%	不了解 1%
您对高职教师应达到的双师素质要求	很了解 0.9%	比较了解 23%	一般 61.1%	不太了解 13%	不了解 2%
培训提高了您的专业理论水平	很属实 1%	比较属实 17.4%	一般 53.1%	不太属实 21.5%	不属实 7%
培训提高了您的专业实践技能	很属实 1%	比较属实 13%	一般 22.5%	不太属实 45.9%	不属实 17.6%
培训提高了您的教育教学能力	很属实 1.7%	比较属实 23%	一般 37.4%	不太属实 33.3%	不属实 4.6%

问卷统计的结果显示，通过参加培训，78%的教师“对高职教育有关政策的了解程度”都在“一般”及以上，“对高职教师应达到的双师素质要求了解程度”在“一般”及以上的教师也达到了 85%，71.5%的教师认可或基本认可“培训提高了他们的专业理论水平”，虽然对这三个问题一半以上的教师都选择了“一般”，但总体来看，他们的满意度在中等偏上。对于“培训提高了您的专业实践技能”这一问题，86%的教师认可度在“一般”及以下，其中 45.9%和 17.6%的教师分别选择了“不太属实”和“不属实”；对于“培训提高了您的教育教学能力”的问题认可度略高一些，有 75.3%教师选择了“一般”及以下。统计数据表明培训对教师在政策理论和概念认知层面的提升效果优于教师教学和专业技能掌握等实践层面的效果，其中，希望通过培训提高教师专业实践技能的目标达成度最不理想，表明高职“双师型”教师培养培训效果总体不佳，处于中低水平，导致了教师对个人“双师型”教师身份认同度低的现象。高职教育的特点决定着高职“双师型”教师的教育教学能力既需要体现在理论水平的高低上，更需要体现在教师对专业实践技能的掌握和应用水平上，从调研结果看，目前实践技能掌握和应用的不足是提升高职“双师型”教师素质与能力所面临的主要困境。

二、“双师型”教师培养的方式困境分析

调研结果表明，高职院校“双师型”教师的在职培养方式存在着不少的问题，体现在培训形式和内容、企业实践、培训管理和培训项目设计等方面面临着一些

困境。

(一) 培训形式和内容的困境

在培训形式方面,省级培训项目中国内的骨干教师课程培训或“双师素质”教师培训以课堂教学为主,按专业或专业大类开设几门课程,主要的承担单位仍然是普通高校或高职院校;在培训内容方面,以高校教师主讲书本上的理论知识为主,理论与实践脱节,一些培训课程的教学内容过于宽泛,针对性不强,与高职教师的实际工作关系不大,不符合教师的需求。这种培训形式和内容对绝大多数已经是硕士研究生的高职教师来说缺乏新意,他们感觉是在“重复过去的故事”,JS05 说:

> 一些培训效果不好,听老师上理论课,没多大意思,在家里通过看视频、看书也能学习。

参加过合肥工业大学电子商务“双师素质”教师培训的 JS06 说:

> 本来期望的是能够比较全面地了解电子商务行业、有关电子商务的理论和未来发展趋势等,结果是讲了一些电子商务概论,实操部分主要是在计算机上制作网页,这个对专业老师来说也不是新内容,也没什么难度;对非专业老师来说,在这么短的时间内学习一门新学科知识,很难学透,只能是大概了解,也没有讲电子商务行业的发展趋势,培训的内容不能学以致用,对提升我的“双师素质”非常有限。

高职教师都接受过高等教育,有一定自主学习和研究能力,他们对参加培训有相当高的期望,也比较看重自己投入的时间和机会等成本,如果培训内容和培训所得跟自己的期望有较大的差距,他们就会倾向于对培训持否定的评价,强化负面效应,产生消极认知。

(二) 企业实践机会少的困境

教育主管部门清楚地知道,专业实践能力是大多数“从学校到学校”的没有接触过企业工作的高职院校教师的薄弱环节,因而,在国家级培训和省级培训中都有企业培训的项目,相较于其他培训形式,教师普遍反映参加企业实践项目培训的收获要大于其他的培训项目,但是,依然没有达到教师的期望值。参加过国培计划国内培训企业实践项目的 JS03 说:

> 参加过一次国培的企业实践,主要是参观,以物流专业老师为主,记得参观了柳州的一个物流公司,还参观了其他 2~3 个公司,不是在一个地方,2 个月内要跑好几个地方,实际上都是走马观花,不具体操作,就是看看,听听课,讲的也就是企业情况介绍。企业从效益方面考虑,并不支

持教师实践。长期的(半年或一年)全脱产的企业挂职好一些,企业可能会给安排一个职位,但也都是虚职,如经理助理什么的,效果要看老师是否真的去做了,是否投入。

对省培、国培的企业实践项目,电工电子专业的教师 JS04 的体会是:

参加实操多的培训还真能接触、掌握些新东西。总的来说,参加培训或企业实践(双师素质和能力)后自身素质有一定提高,因为时间短,期望有很大提高也不可能。企业实践主要是观摩,“以看为主”,因为一开始不了解企业的工作内容和流程,企业实际做的跟我们在学校教学的东西是不一样的,先要多看,了解一些后,也可以参与一些企业施工或设计程序,能帮企业做点事,但是企业里一些保密的东西还是看不到的。

两位教师参加企业实践培训项目的情况反映了国家级和省级“双师型”教师培训项目中教师深度进行企业实践或顶岗挂职的机会少、时间短、不能深入、流于形式的现实困境。

(三) 教学管理不灵活的困境

尽管企业实践项目存在着走马观花、难以深入的问题,它仍然是教师认为收获最大的培训方式,因为它让来自高校的高职教师走进了企业生产或业务现场,带来了与他们熟悉的高校课堂教学完全不一样的体验,一定程度上弥补了他们最缺乏的专业实践经历和经验,降低了他们对企业的神秘感和陌生感。然而,由于企业实践项目的数量有限,即使是“扫盲式”的企业参观,很多教师仍然无缘参与。上级主管部门安排的企业实践机会少,有些教师试图通过私人关系自己联系企业,但有时又难以与学校的管理制度相融,反映出“双师型”教师培养方式中的学校管理困境。访谈时,旅游管理专业的 JS02 说:

学校的政策支持非常关键,授课任务过重或者调代课制度管理过死,都可能使教师的企业锻炼机会减少。有人说假期去锻炼不就行了?但是旅行社的安排是不受我们控制或者按我们时间来的,一次找你不去,二次没时间,以后就不找你了,尤其是境外团。

JS02 代表了高职院校一部分有自主提高双师素质愿望的教师对学校改革管理制度的诉求,而学校教学管理部门也有自己“加强教学常规管理”的理由,对于教师自行联系企业开展实践,在学期中间要求较长时间的离岗挂职和承担其他校外企业工作等情况,教务处的 LD03 说:

要是允许老师经常请假去帮企业干活,那他承担的教学工作要么请人代上,要么提前集中上,要么推后集中上,这对正常的教学安排是有影响的，学生也有意见。要是这种情况多了的话，学校的正常教学秩序就很难保证，整体教学质量也会下滑，学校声誉也不会好。据说有的老师在外面自己开办公司或长期兼职，这虽不违反什么政策，但他们自然就不愿意在学校多代课了，只要达到最基本的工作量，多一节都不愿意上。有些教研室的课安排不下去，校内专职教师不愿意多上课，只好请外聘老师上，外聘老师一来难管理，二来教学质量不能保证。有的外聘老师就是糊弄学生，每学期的教学测评排在后面的多数是外聘教师。当然，也不是说所有的外聘教师都不负责任，但好的比较少。

学校的教学常规管理制度需要执行，教学秩序需要得到保证，而教师主动想方设法提高“双师”素质的行动和努力也需要得到保护和鼓励，如何制定出尽可能两全的教学管理制度，既能保证教师具备充足的条件参与企业工作，又能将对学校教学工作的不良影响降到最低，这需要管理部门认真思考，要“积极探寻有效的正面信息”，而不能出于自我辩解的防御心理，仅强调负面消极的信息，要应用创造性推理，“提出明智的选择”，而不是坚守自己“只赢不输”的心理，激化矛盾，强化困境，要以坦诚、透明和信任的态度，检查、验证他人的主张①，尽可能为教师创造好的教学和自我提高的条件和环境。毕竟，教师自身主动寻求企业实践机会，客观上减少了学校“双师型”教师培养的压力，对提高教师“双师”素质与能力的作用也是非常明显的，在教学测评中，学生对熟悉企业工作的教师的教学效果评价普遍比较高。

应该说明的是，虽然有少数教师依靠自身努力，获得了企业实践或兼职的机会，但目前高职院校教师中有这种能力和强烈意愿的人数并不多，大多数教师还是处于比较被动的状态，寄希望于学校能够提供更多的校外学习和锻炼的机会，这可能与专业所对应的不同行业特点有关，不可否认，也与学校缺乏有效激发教师潜能的激励政策和教学管理不够灵活有关。

（四）培训项目设计不科学的困境

很多教师反映，针对高职“双师型”教师的培训项目缺乏整体设计和规划，项目与项目之间在内容上缺乏针对性、持续性和系统性，教师感觉学习到的是一些“碎片化”的知识，有时候就是为了完成上级下达的培训教师数量的任务而参加培训，培训内容跟教师已有的知识体系衔接不上，有的是重复以前的内容，有的是“片段化”的知识植入进来，成为“信息孤岛”，什么时候会有后续的、层级递进的培训也无从知晓。在本书作者组织的“国培”项目焦点团体访谈中，这个问题特别突出，项目目标是培养或提高国际商务类教师电子商务操作能力，参加培训的教师来自全国

① 克里斯·阿吉里斯. 组织困境：领导力、文化、组织设计[M]. 姚燕瑾，译. 北京：中国财富出版社，2013：53-54.

各地，有的是英语老师，有的是国际贸易、国际商务、国际金融等涉外专业的老师，参训教师年龄、职称和专业背景各不相同，大家对培训内容的难易度、适用性等方面的感知也各不相同，有的教师觉得容易，希望有进一步的高阶培训，有的觉得难以掌握，希望能够从更加基础性的知识和操作技能开始学起。“国培”项目尚且如此，“省培”和校本培训等培训项目的效果可能更加不尽如人意。培训项目的设计不科学，缺乏针对性、持续性和系统性是“全国上下培训项目开展得轰轰烈烈，培训效果却也平平”①的主要原因之一。S 学院人事处负责培训项目安排的 GL01 也说：

> 每年接收到那么多的培训通知，有省级的、国家级的，还有其他社会培训机构和行业组织的，培训机会是多，但是感觉很杂乱，内容上没有系统性、连贯性，东一榔头西一棒槌的，也缺少系统化的培训项目管理体系。

近些年来，我国高职院校“双师型”教师培训已经具有了较大的规模，参训教师的覆盖面较广，然而培训的效果却一直不能令广大教师满意，上述数种培训方式的困境表明，“双师型”教师在职培训应该逐渐从关注数量向关注质量转型，高职院校也要从注重完成上级分配的培训名额向注重研究如何科学合理地利用培训项目和加强校本培训转变，强调各级培训的内涵提升，切实提高“双师型”教师在职培养的成效。

三、“双师型”教师培养方式困境的成因分析

在培训方式运行过程中呈现出来的上述四种困境都在不同程度上体现出习惯性组织防卫行为倾向。组织防卫理论认为，当组织或个人遇到难以解决的问题或难以解释的现象时，就会下意识地自然而然地运用第一型使用理论，启动防御性推理，在一定要保证既定目标实现的价值观主导下，采取竭力保护自己，并想方设法地单方面控制他人、环境和工作的策略②，将问题的产生归因于他人并竭力掩饰自己对他人的归因③，以达到保留住自己的“面子”、避免可能令自己困窘的事实被揭露出来的目的。

如负责培训项目设计和组织的教育主管部门会将“企业培训项目少”“教师企业实践不能深入”等现象归因于政府和企业，声称完全是因为“企业不积极”“国家没有鼓励政策”等“与己无关”的原因造成的，而较少反思自身的主动作为不足，自

---

① 贺文瑾. 完善培养培训机制，促进职教师资专业成长[J]. 当代职业教育，2013(11)：1.

② 克里斯·阿吉里斯，罗伯特·帕特南，戴安娜·麦克莱恩·史密斯. 行动科学：探究与介入的概念、方法与技能[M]. 夏林清，译. 北京：教育科学出版社，2012：66.

③ 克里斯·阿吉里斯. 克服组织防卫[M]. 郭旭力，等译. 北京：中国人民大学出版社，2007：前言，5-12.

己没有设法在现有条件下，尽量拓宽安排企业培训项目的渠道，或在自身的职责权限范围内，采取措施改善条件，调动企业的积极性，等等。在落实教师培训工作时，仅仅以便利和减少麻烦为原则，调用自己能够掌握和方便应用的高校资源，安排更多的依托高校组织落实的培训项目，既轻松地实现了上级要求要达到的培训规模和参训人数，又回避了因企业资源不足可能造成的培训任务完不成的尴尬困境，但对于教师的专业实践能力难以提高的结果却避而不谈。虽然实施高职教师培训项目的初衷是为了提高在职教师的双师素质和能力，而提高教师专业实践能力是真正达到这一目标的前提，但是在落实培训项目时，却采取了不利于提高教师专业实践能力的以高校课堂教学形式为主的培训方式，造成了高职“双师型”教师培训方式应用中的“信奉理论”与“使用理论”的偏差，形成了培养方式的困境。

对培训项目设计的不科学和不精细、缺乏连贯性和系统性的现象，也反映出同样的组织防卫行为逻辑，一定程度上，也不排除同样是为了避免组织或小团体陷入麻烦和困窘[①]，而“娴熟”地将形成问题的原因解释为“部门工作人员不够、资源掌握不足”等“受非自己所能控制的外界因素影响”，表现出自己“对改变现状也是无能为力”的“受害者”心态。[②]更为糟糕的是，当人们要“回避带有威胁性和令人难堪的情形”时，不加思考、出于本能地“怪罪他人或组织体系，而不检视自身责任”的“熟练的无能”行为已成为人们头脑中的成规定律[③]，对这些定律无意识地熟练运用严重阻碍了问题的有效解决，使低效或无效的工作方式被再三重复，这无疑也是导致“双师型”教师培养方式困境的深层次原因。

显而易见，习惯性组织防卫行为必然导致组织或个人陷入进退两难的困境，而当事人往往又会矢口否认自己对此应承担的任何责任，反过来却不停地抱怨他人、组织或社会。[④]如院校管理部门以“加强管理”为由，将教学过程中出现的教学任务难分配、教学质量不高等问题与教师自主寻求企业实践机会的要求对立起来，作为自己不设法改革管理制度、增加制度弹性的托辞，从而也就推卸了自己对培养教师专业实践教学能力、提高教师双师素质和能力应该负起的管理部门职责。企业对接纳教师实践的推脱或敷衍也是企业从保护自身利益出发而采取的防卫行为。为免于陷入与政府或高职院校讨价还价的尴尬境地，干脆拒绝教师实践，或出于保护双方“面子”的前提勉强接受[⑤]，则又“玩弄花样”[⑥]，以参观、观摩、不提供实际岗位等培训形式应付教师的企业实践，对企业本身应该承担的参与职业教育与培训的

① 克里斯·阿吉里斯. 克服组织防卫[M]. 郭旭力，等译. 北京：中国人民大学出版社，2007：41-45.

② 克里斯·阿吉里斯. 组织困境：领导力、文化、组织设计[M]. 姚燕瑾，译. 北京：中国财富出版社，2013：19-20.

③ 克里斯·阿吉里斯. 组织困境：领导力、文化、组织设计[M]. 姚燕瑾，译. 北京：中国财富出版社，2013：51.

④ 克里斯·阿吉里斯. 组织困境：领导力、文化、组织设计[M]. 姚燕瑾，译. 北京：中国财富出版社，2013：2.

⑤ 克里斯·阿吉里斯，罗伯特·帕特南，戴安娜·麦克莱恩·史密斯. 行动科学：探究与介入的概念、方法与技能[M]. 夏林清，译. 北京：教育科学出版社，2012：66.

⑥ 克里斯·阿吉里斯. 克服组织防卫[M]. 郭旭力，等译. 北京：中国人民大学出版社，2007：67.

社会责任掉以轻心。

为减少或克服组织防卫行为，要使教师们能够充分认识到第一型使用理论和防御性推理的负面作用，并引导教师们掌握运用第二型使用理论，使行为涉及的各方能够共同控制事物发生发展的方向和进程，把倡议和探究相结合，呈现直观的相关资料，开诚布公地提出自己的看法和评价，不回避并坦露可能冲突的观点，表达愿意就不同的意见相互探讨、致力于达成一致的意愿。[①]例如，如果企业和高职院校能够坦诚地就各自的利益诉求进行协商，并且真诚地希望为了职业教育的发展，各自都竭尽所能承担起自身的社会公德，出让一些自己应得的利益，就会改变影响行动策略的价值观，自然而然地走向双路径学习的过程，运用创造性推理模式看待问题，并富有成效地解决问题[②]，共同克服“双师型”教师培养方式中企业实践项目难以落实的困境。

① 克里斯·阿吉里斯，罗伯特·帕特南，戴安娜·麦克莱恩·史密斯. 行动科学：探究与介入的概念、方法与技能[M]. 夏林清，译. 北京：教育科学出版社，2012：72.

② 克里斯·阿吉里斯. 克服组织防卫[M]. 郭旭力，等译. 北京：中国人民大学出版社，2007：175.

第六章 高职院校“双师型”教师培养环境的困境

环境是指人生存的时间和空间，包括特定时空中的所有物质和精神条件的总和，“双师型”教师的培养也是发生在特定时空环境下的个人或集体的行为，培养环境会对培养方式的选择和运用起着积极或消极的作用。本章揭示影响“双师型”教师培养的院校环境、企业支持环境和社会环境，并分析各种环境困境的成因。

第一节 “双师型”教师培养的院校环境

本研究中，“双师型”教师培养的院校环境包括院校的制度环境、文化氛围和人际关系，其中的人际关系主要指教师之间、师生之间的关系。

一、院校制度环境

“双师型”教师的培养是一个长期的过程，在这个过程中，建立相应的管理制度保证培养措施的落实和预期培养效果的达成是十分必要的。现实中，关系到“双师型”教师培养的制度环境仍有很多需要完善和改进的地方，制度缺失、制度执行不力、有制度不执行或制度激励效果不够理想等情况依然普遍存在。

在S学院，目前还没有制定科学的“双师型”教师分阶段培养制度，基本上处于尽力“完成上级分配的培训任务”的初级阶段。没有充分了解教师的专业发展规律和阶段性需求，仅仅依靠行政命令，要求教师配合完成“培训任务”，其实也是组织部门不作为、推诿责任和制造培养困境的一种防卫行为。[①]如果要使培训项目得到合理的落实，需要管理人员在前期对学校的教师情况做好充分详尽的调查和了解，这势必会给他们增加不小的工作量，可能会造成管理部门内部工作上不好安排，而

---

① 克里斯·阿吉里斯.组织困境：领导力、文化、组织设计[M].姚燕瑾，译.北京：中国财富出版社，2013：13-14.

且在教师之间分配培训名额也可能会遇到很多冲突和矛盾,对可能出现的冲突和尴尬情形的假设,促使管理人员采取简单、易于控制任务执行的行政命令分配制度,导致管理人员采取单方面自我保护的防卫行为①,这种行为使原本意图很好的培训项目给教师留下了不愉快的体验。

调查结果显示,目前高职“双师型”教师的培训缺乏科学的分阶段、按需求培养制度,在实施培训时,存在较大的盲目性和随机性,对于问卷中“院校安排的培养培训活动很适合您的需求”这一陈述,只有1%的教师认为“很属实”,认为“比较属实”的也只占6%,17%的教师选择了“一般”,而认为“不太属实”和“不属实”的则多达44%和32%。教师发展阶段理论认为,不同职业阶段的教师有着各自不同的专业发展需求,比如,Fuller将教师发展分为四个阶段:教学前关注、早期生存关注、关注教学情境阶段和关注学生阶段②;Burden提出了教师生涯循环发展理论,他将教师发展分为存活期、调整期和成熟期三个阶段。③高职院校“双师型”教师是整个教师群体中的一个组成部分,它的发展也遵循教师职业生涯过程中必须经历的职前、职中和职后的一般规律,因此,负责师资培养的管理部门非常有必要根据“双师型”教师的不同发展阶段,了解教师的个体需求,制订合理的培养培训计划,为教师提供分类培养的机会,帮助教师解决职业发展中存在的实际问题。如对一些教师存在的动手操作能力差、企业工作经验缺乏等问题,要多通过企业实践和企业挂职的培训机会,提高他们的实践教学能力;而对一些理论水平或研究能力相对欠缺的教师,则要求他们参加高校进修或访学,提供加强理论学习、观摩高水平教学和提高教科研水平的培养机会。

除了培训前要制定科学合理的分阶段、分类别的培养制度外,培训后对教师进行多元评价,也是有效培训的重要环节。而访谈结果表明,S学院没有制定教师培训多元评价制度,对参加职后培训的教师没有进行严格的评价,有时候不对参训教师做任何要求,只要按时去参加培训即可;有时候只是要求参训教师提交一份书面的小结或汇报,师资管理部门对教师的培训表现和培训效果也没有任何反馈意见,或许有一个评价等级,但是多数时候教师并不被告知。教师评价体系中主体多元化的评价非常有意义,尤其是教师的自我评价不应该缺位。自主决定理论认为当人们感知自己有自主权利(比如参与评价、有工作选择权等)的时候,他们会感觉到来自主管和同伴的信任和支持,因此会体验到更强的幸福感,对工作的投入更大,表现更佳,更加倾向于对特定工作任务全力以赴,努力提高工作绩效和工作满意

---

① 克里斯·阿吉里斯,罗伯特·帕特南,戴安娜·麦克莱恩·史密斯.行动科学:探究与介入的概念、方法与技能[M].夏林清,译.北京:教育科学出版社,2012:63.

② 叶小明.高等职业院校教师专业发展研究[D].武汉华中科技大学,2008:48-51.

③ 叶小明.高等职业院校教师专业发展研究[D].武汉华中科技大学,2008:60-65.

度。[1]高职教师具有明显的知识型员工特点，他们对自主决定权的主张如果不能得到满足，其不利的影响会很快显现出来，并直接反映在教育教学效果和人才培养质量上。更进一步来看，积极的自主决定感知能够提高员工的自我效能感，自我效能是个体对自身承担任务、完成任务和面对挑战时能否实现任务目标的能力感知。[2]对特定任务的自我效能感知可以预测激励和坚持的程度，进而预测预期的绩效和成就。因此，赋予教师自我评价的权利，改变目前高职教师“被动接受评价”的地位，是体现尊重教师的自主决定权、提高教师自我效能感的实际行动，也是优化制度环境的“落地”举措。

在激励制度方面，虽然S学院制定了“双师型”教师培养管理办法、关于专业教师参加社会实践的规定、关于教师取得职业资格证书的奖励办法等制度，但却没有很好地落实。如制度规定，对在双休日和节假日参加企业实践的教师给予交通补贴和误餐补助；对取得高级、中级和初级职业资格证书的教师分别给予2 000、1 500和1 000元的奖励，且不限次数，也就是说教师获得的职业资格证书越多，得到的奖励也越多。但在实际操作中，这些制度都没有很好地落实。访谈和问卷反映出来的事实是，企业实践没有补助或津贴，对考取职业资格证书的老师也没有发放奖金。访谈时，JS01就提出：

> 希望学校每学期固定地安排老师去参加培训或者挂职，对于这些老师除了报销参加培训的教师的培训费、交通食宿费用以外，还应该给予一定的津贴补助，让老师愿意拿出时间也有经济能力去参加培训。对于考到相应资格证书的，最好能和发表论文、主持教科研项目一样有相应奖励。

对此，JS09也认为：

> 学校应该考虑培训补贴问题，学校年轻老师在假期工资收入比学期中间少很多，因为不上课了，没有了课时费收入，如果假期培训像公务出差一样有一定的交通、误餐补贴，既能提高老师的经济能力，也能提高老师参加培训的积极性和主动性，培训效果也会提升。

教研室主任JS05也赞成学校对假期参加培训活动的教师适当给予经济补偿，他认为这样可以激励教师积极主动地参加培训：

> 老师一般把寒暑假当做放假，社会上不也说“当老师好，一年有两个假”吗？学校差不多一年有三个月的假，轻松稳定是不少人选择当老师的原因。所以，假期安排的培训活动，等于是让老师盼望的假期泡汤了，如

---

① RYAN R M，DECI E L Self-determination theory and the facilitation of intrinsic motivation，social development，and well-being[J]. American Psychologist，2000，55(1)：68-78.

② BANDURA A. Self-efficacy：the exercise of control[M]. New York：W. H. Freeman，1997：23，46-58.

果没有什么吸引力，愿意参加的人就不多。培训地点在大城市或者离旅游景点近的地方，好安排一些，要是就在本地或本省某个大学或高职院校，那肯定没有什么吸引力，除非内容很精彩，或者老师要评职称什么的，正好需要有参加培训的经历或证书。要是能按培训地点、时间给予相应的补贴，可能会对解决问题有所帮助，否则，放假了谁愿意到自己不想去的地方参加没多大作用的培训呢?

可见，激励制度的缺失或执行不到位，的确不利于保持教师参加“双师型”培养培训活动的积极性，虽然教师考虑个人发展，如因“评职称”的需要，会在短期内注意培养和提升自己的双师素质和能力，但从长远来看，如果没有适当的制度激励和制度的切实执行，对于多数教师来说，持续自觉地参与培养以及主动提高双师素质和能力的热情是难以长久维持的。

关于学校发放培训津贴的问题，校领导 LD01 说：

假期参加培训，算不算额外的工作呢？我觉得不完全算。寒暑假教师还是照发工资的，尤其是暑假比较长。放假了，作为教师，并不意味着什么事都不要干了，还是要在家里为下学期的教学做好各方面的准备，那么，假期教师参加师资培训活动，其实也是教师的义务之一，是为了把以后的教学工作做得更好做准备。

可见，对于假期参加培训是否给予补助的问题，教师和管理人员的看法没有完全统一，这可能是制度落实不到位的原因之一。而对于不统一的观点意见，相关各方也没有进行及时、坦诚、充分的讨论，而是选择回避公开表达自己的真实想法和意见，虽然大家都避免了直面尴尬和难堪的局面[①]，但导致问题长期存在，困境难以摆脱。在坚持科学发展、构建和谐社会的氛围中，职业院校在制定关于教师培养的制度时，如果能够制定合理的激励制度并切实执行，一方面，能够充分体现学校以人为本和视“教师为学校发展第一动力”的管理理念，体现学校对教师的人文关怀，另一方面，能够激发教师对学校的认同感、归属感、责任感和自豪感，为教师主动参与“双师型”培养培训活动，积极加强投入，使自己尽快成为合格的“双师型”教师提供情感动力。

高职教育的发展实践表明，教师是提高职业教育教学质量和办人民满意的职业教育的关键因素，他们在决定人才培养质量的各个方面都起着举足轻重的作用，无论是专业设置、课程开发，还是教学实施及媒体应用等。[②]因此，高职院校加强制度建设，按照教师发展规律安排教师参加培训，多元化评价教师培养培训效果，并对教师的投入与参与给予物质激励，是克服高职“双师型”教师培养环境困境的有

① 克里斯·阿吉里斯. 克服组织防卫[M]. 郭旭力，等译. 北京：中国人民大学出版社，2007：14-15.

② 姜大源. 新起点 新成果 新模式：中德职教师资进修培训项目回顾[J]. 中国职业技术教育，2005(9)：1.

效的制度手段。

二、院校文化氛围

高职院校的组织文化氛围在“双师型”教师的培养中发挥着潜移默化的熏陶作用,因此,团结互助的院校文化氛围对教师培养有着十分重要的意义。院校如果形成了教师群体间开放合作的文化氛围,就会产生一种“学习共同体”的力量,对教师培养提供着精神支持和外在推动力。同一所院校的教师虽然在很多方面会有不少共同之处,但是每个教师的教学风格和优势各不相同,教师个体在知识结构、能力水平、思维模式、价值取向等方面还存在着较大差异。这些差异和不同便是一种宝贵的相互学习、相互影响的师资培养资源。

教师之间的交流与合作会促成新知识、新方法的产生,同时,促进教师反思自己的教学实践,使教师群体向积极的方向发展。相反,如果缺乏互帮互助的院校文化氛围,教师之间缺乏交流与合作,每个教师都是孤军奋战,那么,教师培养的整体效果和全体教师成长的速度是可想而知的。因此,在“双师型”教师培养过程中,高职院校要积极创建良好的文化氛围,引导教师个体认识到自己的比较优势所在,根据年龄、特长、专业、学科等因素,指导教师差异化发展,形成教师群体间的优势互补,通过专家引领和同伴互助,在教师之间建立良性竞争与合作关系,促进教师之间的沟通交流,营造积极向上的组织文化氛围,提高教师培养的效率和效果。

然而,调查数据表明,高职“双师型”教师的合作互助环境目前还不令人满意,“双师型”教师的教科研共同体氛围尚未充分形成。问卷中,针对“在教学和参加活动时,同事之间互相帮助互相合作”这一陈述,有 2%的教师认为“很属实”,3.3%的认为“比较属实”,17%的教师选择了“一般”,而认为“不太属实”和“不属实”的人分别占到 56.7%和 21%。虽然,教师在课程教学上也有集体备课、共建同一门课程的活动,但在一些有利益冲突的教科研活动中,更多的是各自为阵。访谈中,在谈到与同事合作的问题时,JS04 说:

> 与其他同专业老师合作的不多,平时大家就教学当中的问题还有些交流,但是就科研、项目申报这些与个人利益利害关系大的事情交流的就不多了,合作也停留在表面。我们学校年轻老师多,同专业或者同一个学科的老师年龄、资历差不多,评职称、职务晋升的竞争都比较激烈,机会少。就拿申报教科研项目来说,首先是学校内部评审,其实就是跟你周围的同事竞争,尤其是同行,名额那么少,你上就意味着他下,所以大家都不一定愿意交底,憋着劲自己干。其实,我想大家都不想这样,都会有压抑感,但是,没有办法,僧多粥少啊!

对于与其他同专业教师的沟通交流,JS12 的感受是:

> 大家的交流都是匆匆忙忙的，大部分老师不坐班，见面也就是课间那么几分钟，聊聊生活、八卦新闻及学校里的一些事情，很快就过去了。教研室活动倒是为了讨论与教学有关的事情的，不过举办的少，就教学、科研的讨论也是泛泛的、不深入的。据说以后学校评职称，会把指标分到各系部，可能同专业竞争就更激烈了，那样的话，老师之间的专业交流可能就更不会深入了。

在行政职能部门任职，但教学关系在系部的JS08说：

> 我跟教研室老师交流不多，平时在行政楼这边上班，一周去教学楼上两次课，上完课经常又要赶回办公室来处理行政工作，我感觉我们系对行政兼课的双肩挑人员有点排斥，教研室除了建有包含全体教师的QQ群，还有一个只包含他们自己的QQ群，不包含双肩挑人员，有些事他们在那个群里说，我都不知道，有些会议、培训活动也不通知我们，我到现在只参加过一次针对教师的培训，指导技能大赛的活动我更参加不了了。

刚从专任教师岗位转到行政岗位一学期的JS07对此现象也有反映：

> 我在系里的时候，经常能看到教研室教师QQ群里的消息，最近我忽然感觉我原来在的那个教研室QQ群好像没什么消息了，一开始没意识到，因为加入的各种QQ群多嘛，我估计他们又建了一个新QQ群，没拉我进去，教研室人员有变动，原来的群虽然还在，但没人在里面发言了。

S学院的现象表明，专任教师之间、专任教师和担任行政工作又同时兼课的双肩挑人员之间在专业教学和研究方面的沟通、合作关系并不十分顺畅，为了给自己在评职晋级时创造有利条件，教师彼此之间有防范和隔阂的心理，为避免当面发生冲突，教师采取了自我封闭和自我保护过度的行为，对一些可能令人难堪的问题和现象不加以公开讨论，表面上还要尽可能表现得若无其事①，其实每个人内心都充满了困惑，这种文化氛围使问题得不到解决，加剧了教师之间的隔阂，对“双师型”教师的培养是十分有害的。

教师培养其实也就是教师在一定的环境中共同学习成长的过程。维果斯基的“社会文化理论”从个人学习的方面强调，学习除了个体的主观努力之外，还需要个体不断参与到社会的和物质的大的“文化”环境当中。维果斯基认为，人不能仅仅是被动地接受外部刺激的影响，更应该主动参与社会文化活动，这种参与过程能促进个体发展。在此基础上，恩格斯乔姆提出，学习不能只停留于个体层面，学习还关涉组织层面，人的学习和发展是个体与共同体互动的过程。如果教师个体感觉到自己被集体区别对待，无论这种差异是显性的还是隐性的，是有意的还是无意

① 克里斯·阿吉里斯. 克服组织防卫[M]. 郭旭力，等译. 北京：中国人民大学出版社，2007：29-30，40-41.

的，对教师个人的主动性和积极性都是不小的打击，会对教师的发展产生消极影响。

美国全国师资发展委员会（NSDC：The National Staff Development Council）在2001年将学习共同体理念纳入其修订后的全体教师专业发展标准之中。NSDC学习共同体的标准表明“最为有效的教师专业发展方式是构建稳定的团队并定期相聚，最好是一周内多次举办以学习为目的的共同备课及解决问题的活动”[①]。这样的学习共同体能持续性地为教师提供与同事们一起进行讨论、反思及实验的机会，能有效地推动合作及学习，教师能一起共同解决学生问题和探索改进他们自身教学实践的方法。[②]从事高职教育的“双师型”教师，必须承担起教练、导师、引导者、合作者及技术倡导者的角色，帮助学生积累学术及技术知识，提升学术及技术技能，让他们能在21世纪的劳动力市场竞争中获得成功。[③]为达到此目的，教师要同企业建立合作伙伴关系、与政府管理者协作、加强与家长及社团组织的联系及与同事进行合作，这些工作都要求教师具有合作技能及团队合作能力。[④]

因此，对高职院校“双师型”教师的培养要置于专业共同体的组织活动之中，如果说院校的制度环境对教师培养起着规划、规范、规制的刚性作用，那么院校的文化氛围对教师培养就起着柔性的“润物细无声”的作用，如果教师个人、群体和高职院校都主动加强自我管理，克服自我防卫和自我封闭的防御性思维模式影响，努力为创建一个“以自我负责行为为荣的组织”贡献力量[⑤]，帮助院校和专业组织构建出互动和合作的文化氛围，这些对“双师型”教师培养和院校的发展都是强有力的组织环境支持力量。高职院校在创设促进教师合作的组织文化氛围方面还需要投入更多的智慧。

---

① National Staff Development Council. NSDC standards for staff development (Revised，2001)[EB/OL]. (2006-05-19). http://www. nsdc. org/standards/learningcommunities. cfm.

② MCLAUGHLIN M W，TALBERT J E. Professional communities and the work of high school teachers [M]. Chicago：University of Chicago Press，2001：23-27.

③ BERNS R G，ERICKSON P M. Contextual teaching and learning：preparing students for the new economy [M]. Columbus：National Dissemination Center for Career and Technical Education，2001.
BROWN B L. Professional development for career educators：ERIC digest[M]. Columbus：ERIC Clearinghouse on Adult，Career and Vocational Education，2002.

④ BROWN B L. New wine in new bottles：Transforming vocational education into career and technical education[M]. Columbus：Center on Education and Training for Employment，The Ohio State University. 2002.
MAURER M J. Professional development in career and technical education[M]. Columbus O H：National Dissemination Center for Career and Technical Education，The Ohio State University，2000.

⑤ 克里斯·阿吉里斯. 克服组织防卫[M]. 郭旭力，等译. 北京：中国人民大学出版社，2007：241.

三、院校人际关系

相对于制度环境，积极的人际关系类似于良好的院校文化氛围，能够为“双师型”教师培养营造有利的外部条件。在高职院校内部的诸种人际关系中，师生关系是最基本也是对教师情绪影响最大的人际关系类型之一。正如教育家赞可夫所说：“就教育工作的效果来说，很重要的一点是要看师生之间的关系如何。”良好的师生关系也是一种潜在的育人因素，所谓“亲其师而信其言”，师生建立友好融洽的关系不仅是促进和保证教学顺利进行的前提条件，也有利于增强教育的力量，提升教育教学效果。对这一点深有体会的 JS05 说：

> 我跟学生的关系总体上是不错的，不过，每个班情况不同，有的班学风好一些，学生愿意学，有上进心，也尊重老师，跟老师互动好，给这样的班上课，我就很有劲，讲的肯定会多一些，自己也感觉讲得很顺，一次课上下来，也不觉得累。有的班级就差一些，不听课的学生多一些，玩手机、上课睡觉的现象多一些，这其实就是不尊重老师的表现。在这样的班级上课，效果就不那么好，有时候，你感觉自己就是在自言自语，唱独角戏，学生没有反应。这样的课上下来，感觉好累。总之一句话，师生关系好，课堂气氛好，学生愿意学习，感觉上课是种享受，有成就感，否则，那上课就是受罪。

JS05 的情况反映出目前很多高职教师的教学状态。很多学生不愿意听课，懒于配合，学生的这种态度会影响教师的情绪状态和授课热情，影响良好师生关系的建立。作为高职院校的教师，对于班级学生的具体情况要有所了解，对于课堂上可能出现的各种情况要有预判，碰到有不良表现的个性强的学生，要控制自己的情绪，对待学生要有同理心，以鼓励为主，始终以建立良好师生关系为出发点，保持正常的上课状态；根据不同的学生采取不同的教学策略，讲授适合学生水平的教学内容，摒弃一言堂的传统教学模式，设计适合高职学生特点的课堂活动，要让他们能够行动起来，参与活动，提高学生的兴趣和课堂关注力。

很多高职院校的学生把自己定义为高考的失败者，他们认为高职教育是二流、三流的低层次高等教育，来入学是被家长逼的，不得不来。从高职院校在高招中的录取批次和大部分学生的入学成绩来看，这也是客观事实。面对这样的生源，教师除了传授职业知识，还要做好思想教育工作，导入多元智能理论，引导学生发现自己的智能倾向，并向学生介绍一些高职教育的成功案例和高职学生创业就业的情况，增强学生学习掌握“一技之长”的自信心。

据统计，2014 年高职毕业生毕业 6 个月后的自主创业比例为 3.8%，与其他类型的高校相比处于较高的水平，而且表现出明显的增幅，说明高职院校毕业生的创业能力较强，创业热情较高。[①]在 2017 年 10 月举办的第 44 届世界技能大赛上，中国参赛队获得了 15 枚金牌、7 枚银牌、8 枚铜牌和 12 个优胜奖，成为获得奖牌数最多和团体总分最高的参赛国家，李克强总理在中南海亲自接见了全体参赛队员，52 名队员平均年龄不到 21 岁，大部分是职业院校学生或毕业生，这对高职院校在校学生是莫大的鼓舞。教师在教学时，适时地向学生展示这些高职学生的成就和案例事实，帮助他们认识到“尺有所短，寸有所长”，每个人自有长处，不擅长读书考试，并不代表不会做事，不能取得事业成功。爱因斯坦曾说：“每个人都是天才，但如果你以爬树能力来评判一条鱼，它将一辈子相信自己是个笨蛋。”在高职院校，教师要经常肯定、鼓励学生，帮助他们客观评价自己的优势和特长，以此激发他们学习实务操作、掌握技术技能的主动性和持久力。

总之，良好师生关系的建立，要求教师在与学生接触的过程中，善于观察学生，了解学生的不同需要、学习特点和个性特征，然后有针对性地开展教育教学活动，因材施教，这样，在教学中师生就可以很好地配合，顺利完成教学任务，达到较好的教学效果。学生并不是良好师生关系的单方面受益者，教师从学生的成长成才中得到莫大的满足感和成就感，这也会推动教师更加热爱自己当下所从事的职业，从而能够主动、持久、自觉地提高作为教师应具备的素质和能力。从调研的结果看，高职教师与学生的关系总体上还是不错的，问卷中对于“您与学生相处融洽，互相尊重”这一陈述，17％和 22％的教师选择了“很属实”和“比较属实”，48％的教师认为“一般”，而“不太属实”和“不属实”的只占 11％和 2％。访谈时，JS12 说：

> 我跟学生相处得还可以，班上的学生大部分还是比较懂礼貌的，只有少数学生基础太差，不愿意学习，上课自律性差，不过你要是点到他，他也会收敛。有时候，我就直接对这样的学生说，你要是听不下去，最起码你要保持安静，不要影响别人。

除师生关系外，同事关系也是影响教师工作热情的重要因素。对于“在教学和参加活动时，同事之间互相帮助互相合作”的陈述，高达 56.7％的“不太属实”的问卷调查结果表明：高职院校的同事关系还存在很大的优化空间。访谈时，教师的表述也印证了问卷数据反映出来的情况。因为同在一个组织或部门内部，同事之间难免会碰到一些机会、利益的竞争和冲突，为了保住自己和同事的“面子”，人们往往不公开面对冲突，认为有所保留、隐瞒自己真实的想法和感受是有必要的，坦诚、透明地公开讨论矛盾，可能会导致威胁性和令人难堪[②]，虽然人们表面上竭力避开

---

① 董刚. 职业教育发展的潜力与阻力[EB/OL]. (215-12-01). http://news.youth.cn/jy/201512/t20151201_7369506.htm.

② 克里斯·阿吉里斯. 组织困境：领导力、文化、组织设计[M]. 姚燕瑾，译. 北京：中国财富出版社，2013：49-50.

或掩盖冲突，却在私底下向上级或其他人“吐槽”[1]，尤其我国是一个特别讲究“给人留面子”的人情社会，由这种防御性推理模式主导的行为更容易造成表面上的“一团和气”，实际上却存在着严重的人际隔阂和人际困境[2]，这种关系在高职院校的同事之间也是司空见惯的。

如果没有良好的组织文化氛围，没有领导和同事之间的协调和协商，教师容易陷入锱铢必较的困境，不能形成既有竞争又有合作的良好组织氛围。这种紧张不友好的同事关系会让身处其间的每个教师都承受着较大的心理负担和压力，引起不愉快的情绪体验，甚至导致职业倦怠，给教师培养和教师发展带来很大的负面影响。因此，一方面院校管理层要注意教师团队成员的合理搭配，形成优势互补的教学团队，要努力为教师个人成长创造多种机会；另一方面，教师个体也要加强个人修养，克服自身的过度防卫心理，端正“得”与“失”的观念和态度，保持平和的心态，学会善于与同事建立健康的人际对话关系，形成积极的同事关系，这样既有利于学校各项活动的组织与开展，也有助于教师个体与群体的共同成长与进步，创设多赢、共赢的和谐局面。

由于教师职业和工作形式的特殊性，教师的社交圈相对封闭，基本上限于同学、老乡、同事等人际关系，学校内的人际关系占据了主导地位，与社会其他成员的人际互动非常有限。由于客观上的经费、条件的限制和主观上的自卑感和缺少积极性，高职教师在与学术研究能力较强的普通高校的同行和社会相关行业人士的交往方面显得尤为缺乏。高职教师社会交往的狭窄性不利于对教师能力和素质的培养，校方和高职教师本人应多寻求参与各种学术活动以及参加行业企业活动的机会，形成高职“双师型”教师发展的社会人际关系支持系统，既能扩大教师自身视野，满足归属感的需要，又能促进“双师型”教师成长的社会化过程。

综上所述，教师个体与周围人际环境的互动是影响“双师型”教师培养效果的一个重要因素。教师一方面要适应人际环境，另一方面要将人际关系中的积极因素加以充分利用，尽量减少和克服环境中的消极因素，构建适宜于自身生存和发展的良好人际关系环境。

第二节 “双师型”教师培养的企业环境

高等职业教育既姓“高”又姓“职”的双重属性决定了无论是学生培养还是教师

① 克里斯·阿吉里斯. 组织困境：领导力、文化、组织设计[M]. 姚燕瑾，译. 北京：中国财富出版社，2013：1.
② 克里斯·阿吉里斯. 组织困境：领导力、文化、组织设计[M]. 姚燕瑾，译. 北京：中国财富出版社，2013：63.

培养都离不开企业环境的支持，本节着重探讨“双师型”教师培养的企业环境困境。

一、“双师型”教师培养企业实践的意义和现状

高职教育是跨越了“高等教育”和“职业教育”、跨越了“学校”和“企业”的跨界教育类型①，“双师型”教师是高职教育质量的保障，高职“双师型”教师的在职培养必然不能仅囿于高校的院墙之内，去企业的工作场所实地观摩、操作、参与问题解决等是必不可少的“双师型”教师培养环节。②高职“双师型”教师整体质量不高主要体现在教师的理论教学能力和实践教学能力不均衡，因企业实践工作经历缺乏或不足而造成专业实践教学能力不强，为扬长避短，教师在教学过程中普遍偏重理论讲授，教学模式偏向自己习惯和适应的学科体系教学模式，背离了高职教育应遵循的培养学生企业实际岗位工作能力的教学要求。解决这一问题的唯一途径是提高高职院校教师自身的专业实践教学能力，这要求企业要参与“双师型”教师的培养，为教师企业实践提供条件，提高教师的双师素质和能力。Billet 认为，认知结构是在社会环境中建构和发展的，社会情境中的真实任务为知识的建构提供了平台。③“双师型”教师要补齐自身专业实践能力不强的短板，就必须要到企业——这个能够提供真实实践任务的工作场所和社会情境中去学习，才能建构自己的专业实践知识体系和岗位操作技能，补齐自身专业实践教学能力弱的短板。

为解决高职“双师型”师资质量不高、教师专业实践技能低和培养的学生不能满足企业用人需求的难题，政府有关部门在颁发的关于职业教育的各个文件中也多有提及，并给出指导性或规定性意见和解决办法，如 2015 年教育部等七部门就已经联合颁发了《职业学校教师企业实践规定》（以下简称《规定》），要求职业院校专业课教师要到与专业相关的企业或生产服务一线进行实践锻炼，并规定每 5 年要达到 180 天以上，公共基础课教师也要定期下企业调研、参观学习，以培养和提高双师素质。此规定对加强“双师型”教师培养、提高职业院校教师实践教学能力意义重大，但《规定》的具体落实情况总体上看不容乐观。根据上海市教育科学研究院和麦可思研究院联合发布的《2017 中国高等职业教育质量年度报告》，在《规定》下发一年半以后，在全国提供数据的 1 298 所高职院校中，教师企业实践时长在 300 天以上的有 1 所（占 0.08%），在 200 天以上的有 1 所（占 0.08%），在 100～200 天之间的有 21 所（占 1.6%），在 70～99 天之间的有 27 所（占 2.1%），其余院校均低于 70 天（96%）。其中，有 120 多所学校教师企业实践时长不足 5 天（大于

---

① 姜大源.职业教育立法的跨界思考：基于德国经验的反思[J].教育发展研究，2009(19)：32-35.

② 李茂荣，黄健.工作场所学习概念的反思与再构：基于实践的取向[J].开放教育研究，2013 (2)：19-31.

③ BILLET S. Authenticity and a culture of practice[J]. Australian and New Zealand of Vocational Education Research，1993 (1)：1-29.

9.2%)，十几所学校此项数据为零(大于 0.8%)。①本研究的调查问卷中也设置了“您与专业相关的行业企业组织之间的合作机会”这一问题，参研教师中选择“很多”选项的为 0，选择“比较多”的占 1.4%，21%的教师选择了“一般”，69.6%的教师选择“很少”，还有 8%的教师选择了“没有”。这表明教师企业实践制度落实不畅，教师企业实践的机会严重不足，其原因可能是多方面的，既可能包括学校不重视，教师没时间、没精力、缺乏积极性等，也不可忽视企业在配合职业院校落实《规定》方面面临着一些难以克服的困境，导致他们对接纳教师实践的态度不积极、不配合。那么，“双师型”教师企业实践的困境表现在哪些方面？造成困境的原因又有哪些呢？

二、“双师型”教师培养企业环境困境的表象

在高职院校“双师型”教师培养中，企业环境困境的表象主要体现在参与企业少、专业覆盖面不广和教师实践不能深入等几个方面。

(一) 参与“双师型”教师培养的企业数量严重不足

目前我国高职院校总数已达 1 300 多所，A 省也是职业教育大省，有高职院校 70 多所②，以每所院校平均拥有 200 名专任教师计算，A 省高职院校专任教师至少达 14 000 人。2016 年省级培训计划中参与 A 省高职院校企业顶岗培训项目的企业有 11 家(参见附录 5)，意味着每家企业至少要接纳 1 270 多位教师顶岗培训，即使在 5 年内分批完成，每家企业每年要接纳至少 254 名教师，这对企业来说是不小的负担。而教师的顶岗培训，通常是在暑期集中安排，考虑到企业的承受能力，实际上能够参加企业顶岗培训的教师数量很少，所以，参与“双师型”教师培养的企业数量严重不足，制约了高职教师专业实践能力的培养和提高。

(二) 企业顶岗培训项目的专业覆盖面严重不足

高等职业教育是应社会经济发展的需要而设置或动态调整专业的，涉及理、工、农、医、商等行业大类，专业多而广，如 S 学院目前在计划内招生的专业就有 43 个，往往一个专业下面还设有若干专业方向，有效的教师企业培训就需要各行各业

① 上海市教育科学研究院，麦可思研究院. 2017 中国高等职业教育质量年度报告[M]. 北京：高等教育出版社，2017.

② 2015 年 A 省有高职高专院校 77 所，2016 年有 75 所，2017 年有 74 所。因为升本或合并等原因，每年高职高专院校数量有变化。

的企业提供相应的对口工作岗位。仍以 2016 年 A 省高职院校企业顶岗培训项目为例，参与培训的 11 家企业分别属于制药、乳业、IT、化工应用、制酒、通信、钢铁、汽车、印刷和物流等行业，远远不能匹配 A 省高职院校各专业教师的实际需求，很多专业类别的教师找不到对口的实习企业，只能选择到专业相近的企业参加培训，如到一家乳业公司培训的教师可能来自农林牧渔、生化与药品、轻纺食品等专业大类的专业教师，而一家印刷厂可能要接待平面艺术设计、包装艺术设计、视觉传播设计与制作、广告设计与制作、数字媒体艺术设计、公共艺术设计等专业的教师培训，还有的专业教师可能根本就找不到有关联的企业，如公共服务类教师、外语外贸类教师等。这种“粗放型”的企业实践安排导致培训针对性不强、效率低、效果不好。

（三）企业提供的培训模式和内容过于简单

基于工作场学习理论提出的“产教融合、校企合作、工学结合、知行合一”的高职办学模式符合职业院校发展的内在规律，职业院校的“双师型”教师培养必须给教师提供深入行业企业一线观摩和实践的机会。根据工作场学习理论，“双师型”教师的专业实践能力培训应该在企业工作场所中开展，包含正常工作条件下的在职在岗训练和工作过程之外的岗位现场训练。①企业工作岗位操作技能具有隐性和默会性的特点，要领会并掌握这些无法言传的岗位工作技巧，要求“双师型”教师要亲自参与真实工作过程，在富有经验的企业团队成员直接指导下开展实际工作活动②，在企业工作场所中形成专业实践能力，并不断地由低级向高级逐渐递进③，这显然需要较为长期地、真实地参与企业实际工作。而面向高职院校教师的企业实践项目往往采取参观生产现场或观摩管理工作岗位，举办讲座集中介绍企业发展历史、企业文化、企业产品和企业未来规划等形式，参训教师基本停留在“看”和“听”的状态，“做得少，问得浅”，见过企业专家或一线人员如何操作，但自己亲自上手的机会几乎没有，这种参观、听介绍式的培训模式和表面化、肤浅化的培训内容，对于有着一定的专业理论知识基础的高职教师来说，可能会进一步加强他们“说”的能力，却不能掌握隐含在表象下面的娴熟的操作技能，使得他们仍然缺乏“做”的能力，达不到真正培养和提高双师教学能力的培训目标。

---

① ANTA. A glossary of VET terms, in NCVER: What makes for good workplace learning? [EB/OL]. (2016-02-08). http:// www. never. edu. aulresearch/core/cp0207. pdf.

② BILLET S. Authenticity and a culture of practice[J]. Australian and New Zealand of Vocational Education Research, 1993(1): 1-29.

③ MANSFIELD R. Deriving standards of competence[M]//FENNEL E. Development of assessable standards for national certification. London: Department for Education and Employment, 1991: 80-86.

三、“双师型”教师培养企业环境困境的成因

在“双师型”教师培养企业环境困境的三类表象中，表象一是表象二和表象三的因果逻辑起点，即造成企业顶岗培训项目的专业覆盖面不足和企业提供的培训模式及内容简单的根本原因是愿意参与“双师型”教师培养的企业数量严重不足，那么又是什么原因导致众多企业不乐于参与高职院校“双师型”教师培养呢？通过归纳文献调研和访谈资料，本书作者认为主要有以下两点成因：

（一）企业和高职院校资源依赖程度不对等

组织社会学的观点认为，企业和高职院校是两类完全不同的社会组织，彼此之间可能会形成资源依赖关系，存在相互合作的可能。海纳特指出①，合作的各方在资源或技术等方面的差异是达成合作联盟的基础，合作的类型有规模型战略联盟和链式战略联盟两种。规模型战略联盟是指合作各方提供相同的资源或技术技能，通过战略联盟壮大彼此的实力，如共同开发新产品、开拓销售新渠道等，形成强强联合的局面；链式战略联盟是指合作各方提供具有互补性的资源或技术技能，通过链式组合，采用以强补弱的形式，弥补彼此在某些方面的劣势，形成优势互补的局面，如A组织利用B组织的技术技能人才，B组织使用A组织的设备或场地等。

高职院校在培养“双师型”教师时希望得到企业的配合，逻辑上是认为自身能够与企业建立一种链式的战略联盟。因为，从理论上说，企业和高职院校存在着资源配置上的互补性，高职院校希望利用企业工作岗位为“双师型”教师培养提供专业实践场所，利用企业的专业技术人员培训高职教师掌握实践技能，以提高教师的专业实践教学能力；而企业希望高职院校能为他们提供适合需求的毕业生成为新员工或后备人才，希望利用高职教师的理论知识和研究能力帮助培训企业员工、促进企业开展改革或研发、解决生产管理中的实际问题、提升企业管理或生产绩效等。因此，这些互补性资源能否有效整合决定着校企合作培养“双师型”教师能否顺利进行，而其中起决定作用的因素是高职院校资源配置的实际情况，只有当高职院校自身所具备的资源足以令企业对其产生依赖感，企业才会愿意通过资源互补的链式战略合作联盟的方式与其建立合作关系，校企合作培养“双师型”教师才可能具有可行性和持久性。当双方的资源依赖程度呈现较为严重的不对等状况时，即当高职院校在“双师型”教师培养的过程中对企业的资源依赖性很强而企业对高职院校的资源依赖性很弱时，那么高职院校希望企业合作培养“双师型”教师的要

① 迈克尔·波特．竞争优势[M]．陈小悦，译．北京：华夏出版社，1997：16-18.

求往往会面临难以克服的困境。

现实已经印证了高职“双师型”教师培养面临来自企业环境的困境。首先，企业对高职院校为自己提供适合需求的毕业生的期望没能得到充分的满足。因为，高职教育培养的很多学生在职业能力和职业素养方面与企业的需求往往存在较大的差距，导致企业逐渐放弃从合作的学校中选聘到足够合格的员工的希望，转而从其他途径招聘新员工。一家旅游企业的管理者 QY03 在访谈中说：

> 我们前几年每年都到 S 学院招聘毕业生，今年不打算再从学校直接招聘学生了。原因是刚毕业的学生不懂得珍惜和感恩，对公司没有感情，不愿意与公司共同成长，留不住。学校刚毕业的学生，书本上学过的知识跟实际工作不一致，一开始根本不能独立承担工作，老员工辛辛苦苦带他们，手把手教他们，遇到一点不如意或者认为其他工作待遇更好，立马就走人了，有的连个招呼都不打，第二天就见不着人了。从社会上招聘的人，比如失业的或下岗的，还比较珍惜现有的工作，也比较能吃苦，不会轻易离职。

高职院校的毕业生都是二十出头的年轻人，对于他们来说，“年轻就是资本”，稳定性不是他们的首选，“跳槽”“炒老板鱿鱼”是大部分刚走向社会的高职毕业生的就业常态；而对于企业来说，员工的频繁流动给他们增加了招聘、培训和管理成本，也严重影响生产经营，因此，他们更倾向于选择有“工作稳定”要求的应聘人员，对于企业来说，任何新入职的员工，无论是学校的毕业生还是在社会上有过工作经历的人员，都不能直接上岗，都需要培训，企业自然倾向于招聘有可能长期留任和忠诚度高的人员。

除了毕业生资源不可依赖之外，企业对高职院校教师的研发和员工培训能力也颇为失望。高职教师主体是硕士研究生毕业，随着我国研究生招生规模的扩大，有些高校研究生的培养质量也不尽如人意，硕士研究生的培养质量相对于扩招之前大幅下降。因此，大部分高职教师虽然有一定的研究能力，但也并不是很突出，加之对企业的产品、生产过程、市场等并不了解，所以在帮助企业搞研发设计、产品开发等方面作用不大；培训企业员工时，理论不能联系实践，也难以帮助企业解决遇到的实际技术和经营问题。毋庸置疑，高职教师的学习能力和研究能力总体高于企业的一般技术人员和管理人员，如果能够长期浸润于企业的工作环境，在熟悉和充分掌握了专业岗位的操作技巧后，他们应该能够为企业的管理效率提升和技术革新做出贡献，这可能需要 2～3 年的时间，但是，高职教师在企业的培训时间往往较短，只是了解了一点工作流程或简单的操作，不能满足企业促进技术研发的要求。在访谈商务公司的 QY01 时，他对接纳高职教师开展顶岗实习的观点是：

> 我认为高职教师到我们这儿进行顶岗实习的实际效果可能不大。就拿我分管的财务部来说，如果有高职学校会计专业的老师来实习，我们不

可能让他顶岗。我见过来实习的老师，他们在学校教的那一套跟我们的实际工作还是有差别的，各个企业的情况也不一样，我们不可能让他实际去做账管账：一是我们不放心，二是他也做不了。我们真的有什么财务方面的问题，也不可能指望他们帮助解决，因为，他们不了解前前后后的过程。对我们的工作人员来说，(实习老师)多少是个负担，有些老师自己也会觉得尴尬。如果实习时间长，可以安排他们跑跑税务、帮助下属公司管理一下账，但是，你说就半个多月、一个月的，能安排他做什么实事呢？

问到教师能为企业做出什么贡献时，QY01 说：

他们可以针对我们企业的实际情况，结合他们的理论知识——毕竟这方面他们还是有点儿优势的——给我们的员工做些培训，这要他们真正了解我们公司的情况，才能提出有用的建议，如果能做到这一点，那还是很不错的。不过，目前我似乎还没听说有多少高职老师做到了这样。

高职院校的教师对赴企业实践的感受与 QY01 的表述基本一致。参加过省培、国培企业实践项目的电工电子专业的 JS04 的体会是：

参加企业培训或企业实践使我的“双师”素质和能力有一定提高，因为时间短，有很大提高也不可能。企业实践主要是观摩，“以看为主”，因为一开始不了解企业的工作内容和流程，企业实际做的跟我们在学校教学的东西是不一样的，要多看，了解一些后也可参与一点企业施工或设计程序，能帮企业做点事，但是企业里一些保密的东西还是看不到的，总的来说去企业培训对老师是有好处的，能够知道些企业的东西，但给企业带来的麻烦多于我们能帮企业做的。

在企业和高职院校的合作中，双方都明显感觉到资源依赖程度的不对等，高职院校对企业资源的依赖程度大大强于企业对高职院校的依赖程度。不相称的资源依赖程度必然导致“校热企冷”和企业合作的不深入、不全面、不可持续，而且依赖程度弱的企业参与培养职业院校教师的热情趋向于越来越低，即使有少数企业出于社会责任感、照顾私人关系或其他物质或精神的原因还愿意接纳高职教师企业实践，但相对于数量众多的高职教师群体的要求来说，少数企业的接纳无异于杯水车薪。A 省师资培训中心的 GL02 对此现象的解释是：

我们省总体经济不算发达，有些地方经济还比较落后，少数几家企业要承担众多职业院校教师的企业实践，如果教师有服务企业的技术能力，到企业实践肯定是会受到企业欢迎的，但这样的老师凤毛麟角，绝大多数的老师是因为没有企业实际岗位工作经历，不了解企业技术和工作流程才要到企业学习的，他们只会给企业增加负担，企业不愿意接受这些教师实习也是可以理解的。

高职院校教师服务企业的能力弱进一步加剧了企校资源依赖程度不对等的现状，深化了校企合作培养“双师型”教师的困境。

（二）企业与高职院校的利益诉求不一致

高职“双师型”教师培养企业环境困境的另一个成因是企业和高职院校的利益诉求点不同。高职院校属于高等教育的范畴，具有准公共产品的属性，它的主要功能是为社会培养有用的人才，是育人的机构，更看重公益性和社会长远利益。如以学生在企业实习为例，学校的愿望是把企业当做一个大课堂，学生最好能在企业的每个部门里、每道工序上都实习一下，以了解、掌握更多更全面的操作知识和技能，不求短时间内达到熟练，但求事事有所了解。而很多企业并不愿意这么安排学生实习，他们希望实习的学生最好尽快熟悉一个岗位、一道工序，然后就能承担这个岗位的实际工作，尤其是在用工旺季，实习的学生就可以作为廉价劳动力以解燃眉之急，这是不少旅游或酒店服务性的企业和流水线生产的制造类企业愿意大量接纳职业院校学生实习的心理和行为逻辑。这是因为企业的本质属性与高职院校不同，企业的目标是盈利，不是育人，企业追求产出大于投入，看重经济利益的获得，以赚取利润为主要目的。如果一家企业长期处于亏损的状态，并且也看不到扭亏为盈的希望，那么这家企业也就没有生存的空间，更没有存在的价值和意义。在安排学生实习时，如果校方或政府不能支付企业阶段投入的成本费用，要求企业安排学生轮岗实习，心甘情愿地配合学校，以培养学生全面的技术技能，的确也是勉为其难。对学生实习的态度反映出企业与高职院校利益诉求的分歧，在接纳教师企业实践方面，也存在同样的问题，其内在逻辑是相同的。

在高职院校要求企业合作培养教师时，就是出于尽快地强化教师的专业实践能力，然后尽快回到学校教书育人的目的。因为高职教师数量不足和日常教学和管理工作较繁重，本身具备较强的双师素质和能力的教师不一定有机会被派往企业进行更深入的实践，被派往企业实践的大多数是没有或很少有企业工作经历的“青椒”教师，其动手操作能力并不一定比实习学生强。在安排教师企业实践时，企业被看做是“铁打的营盘”，高职院校将需要尽快了解和掌握专业实践技能的教师分期分批送到企业实习，希望他们经过短期的见习或观摩，了解一定的实践技能后立即回到学校任教。囿于不充分的办学经费，院校往往不会向企业支付或仅仅支付很少的培训费用，而是更希望依托政府举办的项目培训教师，由政府支付较大比例的培训费用，这样的项目虽然有，如省培、国培项目中的企业顶岗实习或挂职项目，但分配到各校的名额往往是非常有限的，而且专业覆盖面也不能满足高职院校的需求。

企业在接纳高职教师实习时，逐渐认识到对高职院校的人才资源依赖不能成为现实，寄希望于利用高职教师的才智帮助企业培训员工、促进企业研发、解决实际问题等也往往成空，而得到的培训报酬又不足以弥补投入的成本价值，看不到有吸引力的经济效益回报。访谈时，外贸公司的 QY02 说：

> 其实很大程度上谈不上是校企合作，企业往往成为校企合作的主要承担者。学校找过来，无非是让我们出钱、出人、出设备、安排学生实习就业、安排老师顶岗锻炼，这些事哪一件对我们企业有利呢？我们从中能得到什么好处呢？

在安排教师实习时，除了投入人力进行指导外，企业还可能会面临一些财力、物力的投入，如 QY01 说：

> 我们公司内部福利较好，免费供应早餐、午餐，我们有自己的食堂，标准相当于四星级宾馆，你说，老师来实习，这些福利带不带他们享受呢？带他们吧，增加我们的成本；不带吧，又似乎不近人情，毕竟都在一个办公室里待着。另外，可能还要找空间给他们安排办公座椅，配电脑等设施。除了增加负担，实习的老师一般帮不上我们什么忙，企业相应的岗位责任不可能让实习老师来承担，他们的企业实践是短期行为，要教和要回答的问题太多。再者，企业内部有些信息也不愿意让外界知晓。考虑到这些为难之处，如果不是行政指派或者通过很过硬的关系安排，我们一般不接受教师实习。

现实的或者可预期的亏损会迫使企业冷却校企合作的热度，而企业敷衍或退出校企合作的成本为零，因为，目前还没有相应的能够约束企业必须承担培养高职教师任务的法律法规，也没有对企业参与职业院校“双师型”教师培养的过程或结果进行考核的要求。

除了增加企业成本，在对实习教师的管理上，企业有时也感觉很为难。QY03 诉苦说：

> 我们公司有很严格的管理制度，如上下班时间、请假制度、办公室行为规范等等。有些实习或挂职的教师不能自觉遵守这些制度，他们是为人师表的老师，又只是来短期实习锻炼的，我们不好像管理自己的员工那样管理他们，要求他们准点上下班、履行请假手续等，有时候他们说学校有事或者要参加会议什么的，我们也不好意思去求证，毕竟不是我们的员工。

面临类似的管理困境，企业往往也是“睁一只眼闭一只眼”，对教师的企业实践采取应付的态度了事。在这种心态主导下，要求企业热情接纳教师实践、积极投入财力、物力、人力培养“双师型”教师，无异于“天方夜谭”。

QY01 和 QY03 叙述的情况也从对 JS11 的访谈中得到了部分证实，她说：

> 我去假日酒店挂职过一年，给我安排的岗位是人事部经理助理，说是

经理助理，其实就是个虚职，他们并不真的指望我能承担多大的责任，重要的事也不会交给我办。一开始是熟悉工作情况，后来慢慢可以帮着经理处理一些事情，如安排会议、设计日程表、写写月度或季度工作报告的初稿等。我也不总是能够按他们的作息时间上下班，请假也比较方便，他们也很通融。其实，我申请这一年的企业顶岗挂职，一来是我在学校教的一门课是“酒店人力资源管理”，想了解一下企业的实际情况；二来是一直在学校上课，也想换个环境，还有就是因为我女儿在上小学，找的挂职单位离家近，可以多出不少时间照顾孩子，接送她上下学。

高职院校安排教师企业实践的愿望是美好的，是实现提高高职教育人才培养质量目标的必然选择，是高职“双师型”教师培养和发展的必由之路；从社会道义上看，企业也应该承担合作培养“双师型”教师的责任，而企业追求利益最大化，追逐盈利，这本身也是无可厚非的，在维护自身利益、不违反法律法规的前提下，推卸一些他们认为是“负担”的要求似乎也无可指责。在参与培养“双师型”教师的活动中，存在企业的利益诉求不能被满足的情况，如企业希望招聘到合格的高职毕业生，而高职院校培养的学生不符合企业需求，以及企业在管理、硬件设施等方面投入的多、获得的少等现实困境，使得校企合作培养“双师型”教师陷入了一种“悖论”：适合企业需求的高职学生必须由“双师型”教师培养→企业不积极参与培养“双师型”教师→高职院校缺少足够多的、名副其实的“双师型”教师→高职院校培养不出适合企业需求的毕业生→企业招聘不到合格的高职毕业生→企业接纳高职教师实践的动力不足。

当然，不可否认，在经济活跃的、大中小型服务类、制造类和信息产业类企业众多的地区，也有一些高职院校的校企合作颇为成功，“双师型”教师素质较高，如深圳职业技术学院、杭州职业技术学院、苏州工业园区职业技术学院等，但是，相对于全国 1 300 多所高职院校，他们只占较小的比例，绝大多数的高职院校由于上述两种主要原因，在培养“双师型”教师时来自企业的支持还是非常缺乏的，“双师型”教师培养面临着较为严重的企业支持不足的困境。目前，我国大多数的高职院校的校企合作都存在合作面窄、合作形式单一、合作重形式轻内容、能够开展深度合作的企业数量少、提供给教师的企业实践机会少以及缺乏能够持久的稳定的合作基础等问题。如何改善高职院校与企业之间的这种不对等的资源依赖结构，提高企业对高职院校的资源依赖程度，如何弥合高职院校和企业利益诉求上的差异，是未来高职院校在加强校企合作培养“双师型”教师时需要着重解决的问题。

第三节　“双师型”教师培养的社会环境

社会环境指的是人们所处的社会政治、法制、经济、科技和文化等诸种环境构成的社会宏观因素的集合。社会环境的构成成分多而杂，但针对培养“双师型”教师而言，它主要是指社会对待高职教育的态度，即高职的社会地位对高职教育和高职教师专业发展的影响。

一、社会地位对高职教育的影响

一种行业或职业的社会地位可以从它所处的社会氛围中体现出来，良好的社会氛围是保障教育活动和教师培养活动得以顺利开展的必要条件。从政策层面来看，高职教育受到了政府高层的高度重视，近些年来相继出台了一系列的文件，大力推动高职教育的发展，如《高等职业教育创新发展行动计划(2015～2018 年)》《国务院关于加快发展现代职业教育的决定》等，高职教育被定性为“我国高等教育系统不可缺少的组成部分”，是一种高等教育和职业教育相结合的高等教育类型。在当前新常态经济发展的宏观背景下，高职教育的发展潜力愈显巨大。高职教育的招生规模已经超过全国高等教育的一半，肩负着为经济社会发展培养高素质技术技能型人才、把我国的“体力劳动人口红利”变为“技术技能人才红利”的重大使命，在促进经济社会的发展中起着举足轻重的作用。近年来，在加快建设现代职业教育体系的导向下，高职教育的客观价值取向和独具特色的类型特点更加突出，高职教育“是一种教育类型，不是低层次的教育”的社会观念正在逐渐形成。

总体来说，高职教育的潜力正在被触发，职业教育的地位正在不断提高，中央、地方和院校各级管理部门对职业院校的师资队伍建设越来越重视，为“双师型”教师的培养制定了明晰的实施指导意见，明确了实施路径和时间安排。可以说我国经济发展的宏观要求和政府营造的政策背景十分有利于高职教育发展和“双师型”教师培养，但是，我国长期形成的“学而优则仕”的传统文化制约了高职教育的发展，使“双师型”教师的培养也面临着一些社会环境困境。

理论上高职教育发展势头较好，然而，现实中高职教育尚未得到社会，尤其是广大考生和家长的充分认可。由于受“劳心者治人，劳力者治于人”等传统观念的影响，“劳动光荣、技能宝贵、创造伟大”的时代风尚还没有真正形成，“大国工匠”的概念推出的时间还不够长，“工匠精神”的培育还需要假以时日。高层不断推出的

“大力发展职业教育”的政策文件所宣传的“信奉理论”和现实中与人们实际需求息息相关的行为规则所反映出来的“使用理论”之间存在较大偏差，这种偏差是社会上普遍存在的“言行不一”现象的根源。[①]客观上，一方面政府以文件形式不断强调发展职业教育的重要性；另一方面，与普通高等教育相比，高职院校在招生、录取、升学、就业等环节的政策劣势并没有从根本上好转，致使很多人在主观上仍然坚定地认为高职教育不能与普通高等教育相提并论，学生和家长对职业教育的偏见还没有消除。这些主客观因素强化了社会认为高职教育为“末流的高等教育”的偏见，构成了高职“双师型”教师培养的社会地位困境。

关于高职教育所处的社会地位，教育主管部门的LD04说：

> 高职教育的社会地位目前还是较低的。这从高考招生也能看得很清楚，高职招生是在所有本科类型的学校完成招生后，最后一批开始录取的，高考成绩200分左右就能入学，这种情况，社会、考生和家长都很清楚，分数要求低、招生批次殿后，自然表明了层次最低，地位不高。

虽然教育部文件一再强调职业教育是一种类型教育，与普通教育是并行的关系，但高考招生“最后批次”的地位清楚地表明了高职教育“最低层次的高等教育”。大部分学生和家长也基本都是在“万不得已”的情况下才选择报考高职院校。LD04说：

> 虽然现在有高职院校提前进行的自主招生考试，老师和家长也都是劝那些学习成绩差、考本科铁定没希望的学生报考，只要有一线希望，学生还都是选择参加普通高考，冲一冲，争取上本科，哪怕是三本。还有很多学生宁愿选择复读，来年再考，也不愿意轻易地去上个高职。

除了招生时呈现出来的较低的社会地位，高职毕业生就业时的处境也比较尴尬。很多用人单位的招聘条件明确要求“本科毕业以上”，政府部门招考公务员时也要求有本科以上学历，可预期的低层次就业进一步削弱了高职教育的社会地位。在这样的社会现实环境中，“望子成龙，望女成凤”的中国传统观念自然使得学生和家长把高职教育归于“不入流的高等教育”。

二、办学质量对高职社会地位的影响

与普通高等教育相比，高等职业教育的发展历史不长，办学质量还没有得到社会认可。20世纪90年代末，为了推进高等教育大众化，除了本科扩招，政府还大

① 克里斯·阿吉里斯，罗伯特·帕特南，戴安娜·麦克莱恩·史密斯. 行动科学：探究与介入的概念、方法与技能[M]. 夏林清，译. 北京：教育科学出版社，2012：59-60.

力推动高职院校的兴办和扩张，显示出了一定的盲目性。在对高等职业教育人才培养目标的特殊性和高职院校专业设置的合理性等方面缺乏充分调研和严谨论证的前提下，短期内成立了成百上千的高职院校，导致了高职教育规模扩张快、内涵发展不足、办学质量不高的后果，进一步弱化了高职教育的社会地位。

大力兴办高职院校的初衷是为了适应地方经济快速发展的需要，培养适应地方行业企业需求的高级技术技能型人才。然而，不少高职院校对院校所在地方经济构成和人才需求状况缺乏全面系统地考察，在专业建设上仅仅依靠对其他院校的简单模仿，匆忙上马门槛低的专业类型，造成很多高职院校专业结构同质化现象严重，体现不出地方特色和院校特色。

由于缺乏市场调研，部分高职院校制定出来的专业人才培养方案对人才市场的需求预测不准确，导致相同或相近专业的高职毕业生供大于求，加剧了就业市场的竞争。同时，有些高职院校热衷于不断扩大招生规模，却不关注同步完善基本办学条件，很多高职院校“双师型”教师数量不足、质量不高，学生严重缺少教学和实习实训场所，有些专业不得不依旧按学科性教育运行方式，把高职教育办成本科教育的“压缩饼干”，培养过程仍以课堂教学和理论知识讲授为主，不顾高职教育要求重视学生“岗位工作能力”培养的特点，弱化实践教学环节，导致培养出来的学生动手操作能力不强，职业素质不高，社会适应性差，就业竞争力低，不能满足用人单位的需求。

由于专业举办的盲目性和缺乏合格的“双师型”师资及充足的教学实习实训条件，高职院校培养的学生与地方企业对人才类型、数量和质量的要求存在着相互脱节的现象，导致高职学生普遍找不到专业对口的岗位，只能在劳动密集型的服务性低端市场寻找工作，毕业生就业质量和就业对口率低，给社会留下高职教育教学质量差的印象，形成了难以消除的“高职办学质量不高”的社会观点，削弱了高职教育的社会竞争力和吸引力，进一步降低了高职教育的社会地位，加剧了高职“双师型”教师培养的社会环境困境。

进入21世纪以来，教育部开始加强对高职院校办学水平的评估，目的就是要优化高职院校办学的基本条件，倡导内涵式发展，提高办学质量。S学院校领导LD01在访谈中说：

> 我们学校从2005年开始提出大力发展内涵建设的办学思路，扩大校园面积，新建教学楼和实训楼，引进新教师，要求教师去企业实践，获取职业资格证书，要求各专业增加专业实践性课程，实操性课程学时不能少于总学时的一半，教材要求选用职业教育类教材，不用本科的理论性强的教材，这样做，除了是为了迎接教育部的评估外，更是为了提高学生的就业能力。

在政府部门的主导下，各高职院校开始注重提高教育教学质量，设法打造专业特色，强化专业精品意识，如S学院2016年开始采取末位淘汰制，对报考率和就业率排名在后10%的专业实行限制招生或停止招生，计划逐渐将现有的40多个专业压缩到30个左右，决心遵循职业教育的发展规律，探索“小而精，精而强”的特色发展之路，努力提高办学质量，不断提升学校的社会地位和院校竞争力。虽然高职院校提高自身社会地位的诉求强烈，但长期积累的办学条件、师资困境等问题和不容乐观的社会大环境，也是短期内不易克服的障碍。

三、社会环境对高职院校教师心理的影响

由于社会的偏见，各级管理部门对于扶持职业教育的政策落实不到位，以及高职院校自身办学质量不高等深层次问题，使得高职“双师型”教师培养面临社会环境不良的困境，很大程度上影响了“双师型”教师培养的效果，也构成了“双师型”教师的职业压力。调查问卷中，对于“您认为高职教师的社会地位如何”这一问题，选择高职教师社会地位“很高”选项的为0，选择“比较高”的仅占1%，选择“一般”的为37%，几乎六成(占58%)的教师选择了“比较低”，还有4%选择了“很低”。这些数据表明了高职教师感知到的自身社会地位与普通教育教师社会地位上的差距，反映了高职教师群体对自身社会价值的消极认知，这对高职“双师型”教师的发展极为不利。有企业工作经历，后来到S学院任教的JS03说：

> 我是因为原来的工作单位被合并了，在新的公司里看不到升迁的希望，所以我才又考了研究生。在此之前根本没想过要到高职学校当老师。后来是没办法，研究生毕业后年龄都快奔四了，还要养家糊口吧，要在最短时间内找到工作，正好那时候学校在招聘老师，地点又在省城，离家也近，就来应聘了。

JS03迫于生计的无奈选择折射出人们对高职教师“低看一眼”的社会普遍现象，高职教师对自己从事的职业也难以产生认同心理，自我职业价值评价较低：

> 有些家长把孩子送到职业院校就是要找个地方有人帮着看管孩子，也没指望他们能学到什么。我周围的朋友、亲戚的孩子第一年考不上大学就复读，好歹要上个本科，哪怕是三本，要不然，家庭条件好点的，就送出国读个本科，所以，你看高职院校的学生大部分来自农村。(JS03语)

> 我们学校的学生没有几个认为自己是在上大学，他们自己不认为自己是大学生，有些家长就是认为孩子还小，还不适合出去工作，或者他们自己太忙，没时间管教，才把孩子送到我们学校来，我们就是帮他们看孩子的。(JS11语)

虽然JS11的观点有些极端，但的确反映了社会上一些人对“上高职”的看法，有些高职教师戏称自己是“超龄幼儿园”的老师。在访谈中，JS12讲到了他的一次

经历：

有一次我打车到学校，出租车司机问我说：“这个学校都是考不上大学的人上的吧?”这话让我心里觉得不是滋味。很多老百姓觉得高职不是大学，我们也算不上是大学老师。

毕业于外语外贸大学的JS06也谈到了周围人对她的职业的感觉：

参加工作以后，我回老家，亲戚朋友问我在哪儿上班，我说在这个学校当老师，他们就会接着问“是本科学校吗?”，我只能如实回答，不是本科，是高职，属于专科。我能感受到他们表情里流露出来的多多少少的失望情绪，有的就不再继续问我工作的事了。有些长辈会说“不错了，女孩子家有个稳定的工作，当个老师，清闲”。我能感觉他们的言外之意是“不是那么好”。

JS05在接受访谈时也叙述了她在生活中的一次经历和感受：

我暑期带孩子去少年宫学习小提琴。第一次上课时，老师让每个家长介绍一下自己的职业和工作单位。班上有6个陪孩子学习的家长，其中两个是教师，我是一个，另一个家长是本科大学的老师。在后来的学习过程中，我感觉老师更愿意跟她聊天，甚至对她孩子的辅导都更尽心一些。社会对高职教师和本科教师态度就是有差别。

以上几位教师的话语反映出他们身为高职教师的自卑心理，也许别人并没有看不起高职教师的意思，但是由于他们自己的敏感和不自信，强化了他们对“高职教师社会地位低”的消极认知，这种现象在女教师身上表现得更为强烈。

在当下的社会环境里，除了官方要加强面向社会的政策宣传和引导，高职院校要切实从规模扩张转向内涵发展之外，也需要高职院校的教师加强“双师型”教师双师素质和能力的自我养成意识，通过自己的教育教学实践，努力提高自身的专业实践教学能力，不能满足于“我在大学是怎么被教的，我就怎么教学生”的机械模仿和惯性推动的学科模式教学状态，要主动研究高职学生的生源状况和高职教育的特点，选取适用的方法和内容，提高教育教学实效。只有培养出“德技双馨”、适合社会需求的高职人才，高职教育才能获得社会和学生及家长的认可。如果高职院校的毕业生大部分都能找到适合自己的工作，过上体面的生活，体现出受过高职教育跟没受过高职教育的差别，最终一定能获得学生和家长的认可，高职院校的社会地位自然会随之上升，每个高职院校的教师本人也能从中产生自身职业的成就感和自豪感。所以，在化解高职“双师型”教师培养所面临的社会环境困境的过程中，高职教师也可以立足于自身的教育教学工作，想方设法提高课程教学的吸引力，从提高每一次课的教学质量开始，为不断优化高职教育的社会环境做出自己的贡献，同时也为自身的职业发展创造良好的外部支持环境。

基于上述分析，可以看出，高职“双师型”教师培养面临着内外部环境支持不力的主观性和客观性困境。教师参加培养培训活动是受情境影响的，它是在某个具有社会、组织和个人特性的具体情境中发生的，情境通过与教师个体互动，成为“双师型”教师培养培训活动中不可缺少的组成部分。而情境又是教师个体与所处环境相互作用形成的一种生活、学习、工作的空间，影响着此空间中教师的一切选择、行为和活动，对教师个人、组织乃至社会产生着或积极或消极的作用。

本章通过对高职院校、企业和社会三个维度的调研分析，得出高职“双师型”教师培养所处的支持环境整体上不够理想的结果。无论从院校环境、企业环境、社会环境中的哪一个方面来说，当前高职“双师型”教师培养的内外部环境都不尽如人意。在院校环境方面，院校内部的制度激励环境不令人满意，表现在激励制度的缺失或不完善或落实不到位，严重抑制了教师参训的积极性和持久性。此外，教师合作的组织文化氛围不浓，教师合作共同体没有充分形成，大多数教师主要处于“单打独斗”的个人奋斗状态，师生之间、教师之间的人际关系还有较大的改善空间；在企业合作环境方面，企业参与“双师型”教师培养的积极性不高，教师的企业实践机会少，专业实践技能很难得到切实提高，实践教学能力依然不强；在社会环境方面，具体主要体现在社会对高职教育的认可度低，高职教师感知自身社会地位低于普通教育类型的教师，影响高职教师的职业自信，不利于“双师型”教师的发展。

第七章　高职院校“双师型”教师培养中的个人困境

研究高职院校“双师型”教师培养困境，除了关注培养方式和培养环境外，教师个人情况也是不容忽视的。因为，无论采取什么培养方式，在什么环境下进行培养，教师的个人情况对于培养的效果而言，都是自始至终不可分离的影响因素。培养方式和环境必然会影响教师参训的动因，而教师的个人情况也会反作用于方式和环境效应的发挥。那么，在参加“双师型”教师培养培训活动时，教师个人会面临哪些困境？导致困境的因素是什么？本章将从高职院校教师参加培训的个人动因、个人心理和教师的家庭三个维度探讨这些问题。

第一节　“双师型”教师培养中的个人动因

从生物学的角度看，动因是指诱发某种行为，维持该行为，并将行为导向一定目标的心理活动过程；从社会学的角度看，动因是促使人们从事某项活动的原因。动因因动力来源不同可分为内部动因和外部动因。外部动因指的是个体受来自外部的要求或外在的压力而产生的动因，内部动因则是指因个体产生的某种内在需求而引发的动因。

概括来说，推动加强“双师型”教师培养的动因来自三个大的方面：一是适应社会经济发展对提高职业教育质量的要求；二是满足高职院校自身更好地发展的要求；三是实现教师个人职业发展目标的要求。三种动因分属于社会层面、学校层面和教师个体层面三个层次。从教师的视角看，前两种动因属于外部动因，第三种涉及教师个人发展需要而产生的动因属于内部动因。虽然教师个人动因属于内部动因，并且对“双师型”教师培养产生实质性的影响，但是，社会和院校层面的外部动因对其也有一定的影响，因此，在着重探讨“双师型”教师培养的个人动因之前，对外部动因进行简要分析也颇有必要。

一、“双师型”教师培养的外部动因

“双师型”教师的培养关系到职业教育的办学质量，而职业教育对社会经济发展的影响也已经成为政府高层和社会主流媒体关注的一个重要问题，在谈到职业教育的重要性问题时，A省教育厅负责高职高专教育的LD04说：

> 职业教育重不重要？与社会经济发展有什么关系？你看国家主席和国务院总理都在各种公开场合为职业教育擂鼓助威了，每年的全国职业技能大赛刘延东都要亲自到场，那可是国务院副总理啊！哪个比赛受到过这样的礼遇，有这么高规格的领导亲自出席？国务院李克强总理亲自部署举办全国性的职业教育周活动，除了一年一次的全国职业技能大赛，每年全国各地的职业教育周也成了职业教育领域的规定项目了。为什么国家级领导这么重视，不就是因为经济发展、社会发展离不开这一块嘛。

国家高级领导层主抓或亲临大型职业教育活动，的确彰显了职业教育的重要性。中央电视台1频道(CCTV-1)也曾专门制作播放《大国工匠》系列节目，集中连续地向社会介绍我国一些行业产业领域内的高级技术技能型人才，并称他们为“工匠”。在黄金时间的新闻联播节目里也插播过一些大国工匠的事迹，并且对中国代表团参加世界技能大赛的情况作过专门报道。这些措施都意在强调从事技术技能型工作的价值，同时也凸显职业教育的重要性。

访谈对象——S学院教务处LD03也从信息技术的普及角度评论了职业教育的重要性：

> 职业教育跟经济发展是分不开的。现在哪个方面都离不开信息技术，经济在朝着信息化、技术化、数字化发展，就连我们的教学管理也使用了各种各样的软件系统，不懂点信息技术，工作肯定受影响。信息技术发展得很快，社会进步也很快，这就要求人们要不断接受职业再教育，学习新技术新技能，高职院校应该承担技术技能继续教育的任务。

现实中，高职院校数量的迅速增加和规模的急剧扩张也回应了职业教育的重要性问题①，同时满足了因经济发展而激起的人们对“上大学”的普遍的要求，促进了社会进步。随着温饱问题的解决，我国很多农村家庭也已经具备使孩子接受高

---

① 2016年，武汉大学中国科学评价研究中心发布的《中国大学及学科专业评价咨询报告》中包含1 336所高职高专院校；2017年，同类报告中评价的高职高专院校为1 346所；2018年初，报告中包含的高职高专院校已达1 386所，表现出数量不断增加的趋势。

中国科教评价网. 2018—2019年中国高职高专院校竞争力排行榜(600强)[EB/OL]. (2018-03-23). http://www.nseac.com/html/168/.

等教育的经济能力。S学院的LD01的一席话很好地描述了这个现象：

> 高职院校越来越多，规模越来越大，这是满足社会需求的需要。我们学校大多数学生是农村来的，在过去，农村孩子上大学的很少。现在情况不是这样了，孩子上不了本科，上个专科，家长也支持，只要孩子愿意上，家长觉得就是上个高职，能学个技术，将来找个体面些的工作，孩子能过上更好的生活。高职院校让很多农村的孩子接受高等教育的愿望成了可能，很多高职学生成了家里第一代接受高等教育的人。这就是高职院校对社会发展作的贡献。

社会需求增加，导致短时间内兴办了大量的高职院校，从而也伴生出很多问题，其中之一就是高职“双师型”教师数量不足和质量不高的问题，“双师型”教师培养的速度和效果与高职院校的发展需求不相匹配。师资力量的薄弱必然带来人才培养质量不高的结果，职业教育领域各级管理层也都认识到抓紧培养“双师型”教师队伍是提高人才培养质量的必然途径，是满足社会经济发展和院校发展需求的根本保障。正如S学院校领导LD01所说：

> 学校要办好，老师要先强。教育部部长陈宝生也说教师是“基础的基础，制高点的制高点，根本的根本”①。没有好老师，也不会有好学校。高职院校的教师要成为“双师型”，是因为高职院校跟本科院校不一样。高职院校的老师要能做、能动手、能策划、能设计，不能光会在课堂上讲理论，只会讲、不会做的高职教师体现不出来高职教育的优势，也没有特点了。所以，高职教师都要努力成为“双师型”，体现职业教育的应用性、实用性、职业性，让学生毕业后都能找到满意的岗位，这样，高职教育才会有吸引力。

除了提高人才培养质量，是否具备符合要求的“双师型”师资队伍也是衡量高职院校办学实力的重要指标，强化“双师型”教师培养是高职院校增强办学竞争力、促进院校更好发展的主要手段之一，对此，LD01也有很清醒的认识：

> 我们学校近几年发展势头不错，有省示范、省首批地方技能型高水平大学建设立项单位、首批全国优质高等职业院校立项建设单位三块牌子，社会声誉不错，又加上在省会城市，所以目前生源还不愁，新生入学成绩也比其他高职院校高一些，生源质量不错。不过我们还是要有居安思危的忧患意识，其实跟国家级示范、骨干高职院校相比，我们还是有差距的，很多方面要加强建设。

---

① 2017年6月15日，在全国乡村教师队伍建设暨万名教师支教工作会议上，教育部部长陈宝生强调了教师队伍建设的重要性，他指出：基础教育是中国教育的基础，教师是基础的基础；高等教育是中国教育的战略制高点，教师是制高点的制高点；立德树人是教育的根本任务，培养教师是根本的根本。

近年来，高职院校之间的生源竞争也愈演愈烈，生源的数量和质量决定着高职院校发展的前景，学校的“双师型”师资队伍是增强院校竞争力的砝码，S学院也感觉到了来自其他高职院校生源竞争的压力，也将培养数量充足、质量过硬的“双师型”教师队伍作为学校的重点工作之一。LD01说：

> 我们的“双师型”教师数量还不够多，尤其是教师的“双师”素质还有待提高，有的老师虽然评上了“双师型”教师，那主要是因为有了某个职业资格证书，其实不一定具备双师素质，算不上是真正的“双师型”教师，专业实践教学能力还是不强。学校还是要想办法激励教师多去企业锻炼，多参加社会实践，成为真正具备双师教学能力的教师。只有教师的“双师”素质过硬，学校才有竞争力，才能保持学校的良好发展势头。

综上所述，社会经济发展和高职院校生存发展的宏观、中观背景都要求高职教师要重视自身双师素质与能力的培养和提高，高职院校“双师型”教师培养的社会和院校层面的外部动因是客观存在的。马克思主义理论认为促进事物发展的因素有外因和内因两种，其中内因的作用更大，即外因需要通过内因才能发挥作用。因此，在“双师型”教师培养方面，来自社会层面和院校层面的宏观、中观外部动因都必须通过教师积极追求个人发展的微观层次的内部动因才能发挥实质作用，高职院校“双师型”教师培养的内部动因产生于教师对个人职业发展目标的执着追求。因此，个人动因是影响“双师型”教师培养效果的最直接、最根本的内部动因。

二、“双师型”教师培养的个人动因

为了了解高职院校“双师型”教师培养的个人动因现状，本研究通过对研究对象的深度访谈收集第一手信息，并辅以问卷调查采集更丰富的支撑数据。通过编码、分析来自访谈和问卷的资料及数据，本研究提炼出影响“双师型”教师培养的有关教师个人动因的三个本土概念：“适应环境”“职称晋升”和“自我价值实现”。这三个概念体现出教师追求个人职业发展的三个层次，即逐渐从被动接受培养、追求个人名利转向积极主动提升自我价值，体现“双师型”教师发展从“让我是”向“我要是”转变的不同心理变化状态，其中“自我价值实现”是最高级、最持久、最理想化的激励教师个人发展的动因层次。

（一）适应环境的动因

在访谈教师时，经常听到“要求参加（培训），那就参加呗，再说别人也都参加了”之类的话语，反映出外部环境压力是促使教师做出参加“双师型”培训活动决定的影响因素，体现出外在动机对教师参加“双师型”培训活动的驱动作用。激励

(motivation)理论认为人们的活动都是在一定的动机影响下产生的。外在动机是指由于外部的或来自他人的激励或压力驱使人们参与某项活动①;而内在动机是指人们出于个人兴趣和爱好而参与某种活动,并认为这种参与和结果是有价值的。②除了迫于“同伴压力”,很多教师参加“双师型”培训活动也是在被动适应“上级要求”的情况下做出的“无奈”顺从行为,表现出较强的“随大流”的从众心态。这方面的心理活动在访谈 JS04 时也得到了验证:

> 我今年暑假本来不想出去参加培训的,想带老婆孩子出去旅游的,好好休息休息。王主任说,合工大(合肥工业大学)的“双师”素质培训班,教研室的老师差不多都参加过一次了,有的参加过两次了,就我还没有参加过。我之前孩子小,家里有老人,再说那个培训证书目前对我也没有什么用,培训内容跟我教学课程关系不大,王主任说就权当拓展知识面、开阔眼界吧,多学点也没有坏处,既然王主任都这么跟我说了,那就去参加一次吧。

从 JS04 的话语中可以看出,他参加这次培训活动不是受内在动机驱动,即不是因为他“喜欢”或认为参加这次培训“对他有用”,之所以参加,一方面是因为“教研室老师差不多都参加过了”,另一方面,系主任亲自做工作,作为普通老师要体现对领导的尊重,服从领导的安排。因此,无论是从时间安排上,还是从内容和意义上,这次培训对他都没有什么吸引力和实际的作用和价值,但在“要服从领导安排”和“跟大家保持一致”等外在动机的驱使下,即主要出于为了减少以后自己在所处工作环境中可能遭受的“压力”的目的,他被动地、略显勉强地接受了这个“机会”。

人是社会性的群居动物,尤其中国是群体文化导向的国家,个体的行为如果偏离了群体一致认可的要求和标准,就很难得到群体的接纳,从而不得不承受巨大的外部压力,对个体形成较大的心理负担。受制于中国普遍的“集体主义”国民性,当发现自己与周围同类型的群体不同或差异过大时,大部分人会产生一种被孤立、被排斥的不安全感,对多数人来说,这种感觉会严重影响个体工作和生活质量。因而,人们多数时候会努力保持与同类群体的步调一致,以免被当做另类、异类对待,从而在心理上获得“融入集体”的安全感和被认同感,假如有什么物质或精神激励或回报,也是你有、我有、大家有,即不会产生“别人有,自己没有”的心理落差,更不会担忧因“己有人无”而招致的排斥和“羡慕、嫉妒、恨”。

“适应环境”和“随大流”的行为也在其他与教师发展有关的事件上有所体现。A 省 2015 年底首次评定高职“双师型”教师资格时,虽然当时管理部门已声明这个资格跟工资、津贴、职称等暂时都不挂钩,要求大家要如实提供材料,不能随便找个

① HARDRE P L, CROWSON H M, LY C. Testing differential effects of computer-based, web-based, and aper-based administration of questionnaire research instruments[J]. British Journal of Educational Technology, 2007, 38(1): 5-22.

② BOICE R. The new faculty member[M]. San Francisco: Jossey-Bass, 1992: 20-32.

熟人朋友开个“企业实践证明”之类的假“证明”、假“聘书”等作为申报依据，但是，S学院的教师仍都积极申报，有很多老师在经过严格审核后，因材料不符合个人申报的等级而被降等，甚至有的连“初级”认定也不能通过。一些不够条件的教师也都开始关注评审条件，表示要对照条件，“抓紧考个××证”，为申报“双师型”教师资格做好准备，除了对“双师型”教师资格的预期价值判断之外，“适应环境”也是其主要的动力因素，因为“别人都是（‘双师型’教师），你不是，多没面子”。在跟外校教师随机交流时，英语教师徐老师说：

> 我没有参加2015年的“双师”评定，因为我不符合条件。跟我同一年进校的丁老师参加了，她现在是中级“双师型”教师，因为她有BEC中级证书（剑桥商务英语等级证书），今年（2016年）我无论如何也要考个BEC证，争取评上“双师”，要不然，就落后人家太远了。

徐老师要努力创造条件争取成为“双师型”教师，是为了“跟同伴保持一致”“有面子”，这是与周围环境相融合的外在动机驱使的结果。激励理论的内在动机和外在动机理论解释了人们在做出某项决定时，不同因素为什么会产生不同的影响，其产生影响的差异程度如何，以及人们对工作环境和社会环境的感知和理解如何影响个人内在动机的强弱、能力的发挥和时间精力投入的程度等。[①] 国外学者的研究表明，无论是在学习领域还是在工作领域，内在动机都比外在动机更能激发人们参与相关活动，主动投入更多的时间、精力、财力和物力等，也能从中收获更大的成就和愉悦感[②]；而外部的压力和激励手段，即外在动机，不能真正起到持久激励教师发展的作用。[③]

因此，如果适应环境的外在动机成为影响教师参加培养培训活动的主要动因，就会严重限制教师在“双师型”培养方面的自主性，而自主性的强弱直接关系到教师对活动的价值判断和投入时间、精力等的意愿程度，从而影响教师对活动效果的感知。自主决定（self-determination）理论认为当人们感知自己有自主权利（比如工作中的选择权和自由度）的时候，他们会体验到更强的幸福感，对工作的投入更大，表现更佳[④]，可见，内在动机和自主权是相辅相成、相互促进的关系。美国学者Lindholm在她的一项涉及大学教师职业选择动因的研究中发现，调研对象都特别强调他们自身对于自主权、独立性和个性化表达的需求，大学教师职业允许他们能够较自由地支配自己的时间、选择自己感兴趣的工作任务和研究内容，教师工作所

① DECI E L. Why we do what we do：Understanding self-motivation[M]. New York：Penguin，1995：78-95.

② DECI E L，RYAN R M. The support of autonomy and the control of behavior[J]. Journal of Personality and Social Psychology，1987(53)：1024-1037.

③ COLBECK C. Integration evaluating：faculty work as a whole[J]. New Directions for Institutional Research，2002(114)：43-52.

④ RYAN R M，DECI E L. Self-determination theory and the facilitation of intrinsic motivation，social development，and well-being[J]. American Psychologist，2000(55)：68-78.

能提供的“个性精神”及“个人独立感”满足了他们对自主权的需求,成为驱动他们选择大学教师职业的重要影响因素。美国有75%的教师认为工作中的自主权是他们高度重视的一个方面。①

这种对自主权的主张是知识型员工和技术技能型员工的需求特点,高职“双师型”教师则同时具有知识型和技术技能型员工的属性,对自主权的内在需求也比较强烈。然而,调研的结果显示,高职教师在决定是否参加或参加什么样的“双师型”教师培养活动的自主权是较弱的,教研室主任JS03说:

> 很多培训活动是人事处安排给系主任,系主任再要求我们教研室派人参加,有的就很难安排。老师有的时候不知从哪里得到的会议通知,觉得对他们有用,就到系里申请参加,有时候系里觉得没有必要,或者是因为不是上级部门安排的,就不同意,那你要求他们参加有些会议或培训的时候,他们可能就不愿意去,你也不能硬要求他们去,如果硬要求他们去,那以后教研室关系不就搞僵了吗?所以,有时候就我自己去,我是我们教研室参加会议或培训活动最多的,有的在本市,也没有出差补助,有的在外地。说实话,听多了,就那些内容,也没有多少新意,挺耽误工作的。没办法,系领导也不好当,我就算支持他们工作吧,当度假休息了。

JS03所说的情况,调查问卷中教师参加培训次数的赋值也验证了这种现象的普遍性,虽然近5年,教师每学期参加“双师型”培养培训活动的平均次数达到了3.64次,但这部分数据表现出较大的差异,教师填写的数据从“一”到“十几次”不等。这种现象一方面表明教师对参加培训活动机会的认知存在差异;另一方面也表明教师选择培训活动机会的自主性低,体现了院校分配培训机会的盲目性和随机性,呈现出“不管所派的人合不合适,只要有人去就行”的现象,表明无论是教师个人还是院校都缺乏按照教师专业发展规律分阶段培养教师的系统规划。此外,访谈资料还显示,对这些培训活动价值的看法也存在显著的差异,这些差异的产生可能源自于教师在参加活动时各自的期望不同,有的强调专业针对性,有的看重对实现个人成长目标的帮助,有的认为活动的取向更有利于院校发展目标的实现而不符合教师个人发展需求,并且大多数教师感觉他们经常“被要求”参加院校目标取向的培训活动,这与他们更希望多参加与自己专业领域相关的培训活动产生冲突,这种冲突表明了教师需求的培训机会与院校重视、认可的机会存在着不一致的地方,这种不一致往往让教师产生消极的情绪,将其视为不得不执行的行政命令,消极情绪积累到一定程度就会导致教师产生抵抗甚至痛恨的心理。②参加过几次省级培训的英语教师JS06说:

---

① LINDHOLM A J. Pathways to the professoriate: the role of self, others, and environment in shaping academic career aspirations[J]. The Journal of Higher Education, 2004, 75(6): 603-635.

② 李玉萍.影响高职教师专业发展活动的内外部动因研究[J].职教论坛,2017(12):17-25.

每年暑假系里都被分到几个参加省培项目的名额，暑期很多老师都有自己的安排，有时候培训时间跟自己计划要做的事在时间上冲突了，还有每年差不多都是那些培训内容，参加过的老师也就不愿意再去了，这样有时候就没人报名参加。我是单身汉，没有什么家庭负担，系主任就让我去，说是培训计划要老是完成不了，对系、对学校影响都不好。可培训内容又不是跟英语有关的，是什么物流工程，主任说去听听，可能对以后教专业英语课有好处。我就去了，短时间内学习一个新专业的几门课程，很难理解，也只是了解了一点皮毛，后来教学中也没有用上多少，感觉收获跟付出的时间精力相比，不划算，下次像这样的培训，怎么说我也不去了。

JS06 这次参加的培训，由于不是她自己要参加的，而且培训内容她也不感兴趣，她参加培训学习的主动性就比较低，对培训活动的适切性和价值感知也就比较负面。问卷统计结果显示，虽然有 55％的教师对“院系支持您参加各级各类‘双师型’教师培养培训活动”这一问题的认同度是“一般”，而对“院系给您提供选择参加适合的相关活动的机会”这个问题的认同度达到“一般”的比例只有 22％，75.1％的人认为这个说法“不太属实”或“不属实”。这两个问题表明，教师参加培训的机会远多于教师自主选择适合的培训项目的机会，教师选择培训项目的自主权比较小。对于“培训活动对个人成长的帮助作用”这一问题，53％的教师认为“一般”，28％的人认为“不太有帮助”或“没帮助”，因而，教师对培训活动的效果评价不高；问卷统计结果还显示，37％的教师认为培训活动的价值“不大”，45.8％的教师认为“一般”，较低的价值评价必然导致教师对培训的自我效能感知往往也不高，对于“您感觉您能够综合应用从培养培训活动中学到的知识和技能”的调查问题，48％的教师认为“一般”，30％的教师认为“不太属实”，仅有 7％和 11％的教师分别认为“很属实”和“比较属实”，还有 4％的人认为“不属实”。国际商务专业的 JS10 说：

学校提供的外出参加会议或培训的机会每年都有，大部分跟我的专业和教学课程不太对口，参加过几次，收获不大，说是双师素质培训，基本上还是听听讲座，参观一下学校或者公司企业。

访谈时，英语教师 JS09 也说：

每年针对英语教师的“双师型”培训有，但是很少，英语教师又多，其他专业的老师不愿意去的培训，就动员英语老师去，像电子商务师资培训啊，物流工程啊，管理类的课程培训，等等，听听这些，对培养英语教师的双师素质是有一些好处的，再说英语老师也要完成继续教育的任务嘛，但说实话这些可能不是老师在当时需要的，只是想着以后可能多少会有点用，时间一长不应用，其实培训的效果就淡化了。

两位老师的话印证了问卷结果反映出来的问题：每年都有“双师型”教师的培训项目，但教师自主选择的余地很小，参加培训的项目不是自己需要的，感觉培训效果不好，收获不大，在工作中应用不上，教师的自我效能感低。自我效能（self-efficacy)是指个体对自身承担任务、完成任务和面对挑战时能否实现任务目标的能力感知。自我效能理论认为个体对特定任务的自我效能感知可以预测激励和坚持的程度,进而预测预期的绩效和成就。①教师的自我效能感不高,对参加培训活动有时难免会产生抵触情绪,即使这种情绪表现不明显,潜意识中也或多或少地存在着,带着潜意识中的抵触情绪去参加培训,教师在培训中主动投入时间和精力的意愿就不强,这也就为不佳的培训效果埋下了伏笔。问卷统计结果显示,只有3%和12%的教师认为自己时间精力的投入“很多”和“比较多”,而有48%和34%的教师自我评价投入“一般”和“不多”。抵触的消极情绪状态不仅降低教师学习的潜能,抑制内在动机积极作用的发挥,也会对组织文化产生很大的负面影响。②

如果能够参加与自己教学内容相关、自己感兴趣的培训活动,就会调动教师的内在动机,增强他们的自我效能感,甚至会主动地克服一些来自时间、精力、经济、个人心理以及家庭等方方面面的困难,积极主动地要求参加培训学习,如在访谈中谈及“如果没有补助或补助很少,教师愿不愿意参加培训活动”的问题时,JS05说:

> 那要看培训内容,如果培训内容是我感兴趣的,我就会参加。还有如果培训内容跟我教的课程是一致的,对我教好课程有帮助,能了解到更好的教学方法,让学生容易理解,那我也会争取参加。

然而,这种现象在现实中并不多见。近年来,“至上而下”对高职教师推行的国培、省培等各类培训项目,其培训的时间、地点、内容和形式都是由教育行政部门事先规定,然后按照配额,以任务指标的形式层层下达到一线教师,为了落实“培训任务”,有的教师在学期中间被要求停课或调课去“完成培训任务”;为了不破坏“和谐的工作环境”,有的多次参加同样或相似内容的培训;有的被要求参加与自己专业关联性不大的培训。这些现象反映出培训设计和安排较少考虑教师的个体需求,教师自主选择的权利主张不被重视。然而,对培训内容、形式、时间、场所等进行较深入的前期需求调研和分析并赋予教师“按需参训”的选择权利是达成理想的培养培训效果的逻辑起点,因为只有满足教师实际需求和自我愿望的教师培训才可能是有效的培训活动③,否则,即使全国上上下下轰轰烈烈地组织了各级各类培训项目,最终在很大程度上也可能只是满足了管理者所追求的“每年培训了多少多少教师”的数字上的辉煌,但整体上对教师双师素质与能力水平的提升效果却很有限。④

从组织学习理论的角度分析,上文中呈现的各种现象,无论是组织对教师自主

① BANDURA A. Self-efficacy:The exercise of control[M]. New York:W. H. Freeman,1997:23,46-58.

② DECI E L,RYAN R M. The paradox of achievement:The harder you push,the worse it gets[M]//ARONSON J. Improving academic achievement:Contributions of social psychology. New York:Academic,2002:59-85.

③ 沈军,朱德全.“国培计划”置换脱产研修项目绩效评价指标体系构建[M]//.张斌贤,崔延强,文东茅,等.首届全国教育博士专业学位研究生论坛优秀论文集[M].重庆:西南师范大学出版社,2014:72-77.

④ 徐国庆.从项目化到制度化:我国职业教育教师培养体系的设计[J].教育发展研究,2014(5):19-25.

权的忽视，还是教师个人为了“适应环境”“配合领导工作”而采取的“随大流”的“顺从”行为，都属于防卫性行为范畴。当人们面对窘迫、尴尬或者带有威胁性的局面时，会熟练地启动组织防卫模式，人们对于防卫模式的娴熟应用，根源在于“人类在孩提时期就学会遵从的那些使用理论及社会道德”[①]，为显示自己尊重、帮助和支持他人的社会道德[②]，为使自己和他人不陷于难堪、丢面子的麻烦境地，人们避免发生当面的冲突，隐瞒自己的真实想法，因为“坦诚透明对于组织机构无异于自杀之举”。[③]如果有人坚持公开说出自己与领导不同的真实想法，或不按组织的安排行事，就可能会被贴上“不尊重领导”“不懂事”“不灵活”“个性太强”等标签，那么他可能就会被排斥和孤立，失去“进步的空间和机会”，这种“榜样”的作用使人们很快认识到，生存要求他们“与大家保持一致”，不要与人发生公开冲突，尽量将人际威胁最小化[④]，阿吉里斯认为，这种由第一型使用理论价值观主导的防卫行为，不利于组织的学习，是一种过度保护和自我封闭[⑤]，而这种习惯性的防卫行为充斥于社会的各个角落，存在于“人类的一切组织中，包括家庭、私有和公共组织、工会、志愿者组织以及大、中、小学”[⑥]，习惯性防卫使组织陷入无能而低效的困境，“双师型”教师培训的不佳成效也证明了组织困境的存在，如为了完成任务而随意安排参训人员，为了“适应环境”而勉强参加培训等困境阻碍了内在动机和外在动机在培训“双师型”教师过程中协同发生效应。

（二）职称晋升的动因

在学校的组织结构中，职能管理部门、院系行政岗位的设定，在数量方面是有限的，各级别的行政职务数量也是有限的，大部分教师的发展是“不可能走行政职务晋升这条路”的。因此，由初级到中级再到高级的专业技术职务的评定和晋升就成为大部分教师追求事业成功的目标，职称的逐级评定成为教师职业发展的由低阶段到高阶段的显性标志，而目前 A 省高职院校的职称评审与教师是否为“双师型”教师是直接相关的。

在 2016 年之前，A 省教育厅制定并实行的《A 省高职高专院校教师专业技术资格条件》中没有要求教师具备“双师型”资格的条款，只是对专业课教师提出了“专业实践工作要求”，如对申报副教授职称的要求是“专业课教师到企业或生产服务一线实践锻炼不得少于 6 个月，帮助企业开展技术研发，或承担生产性实习实训

---

① 克里斯·阿吉里斯. 克服组织防卫[M]. 郭旭力，等译. 北京：中国人民大学出版社，2007：96.

② 克里斯·阿吉里斯. 克服组织防卫[M]. 郭旭力，等译. 北京：中国人民大学出版社，2007：29.

③ 克里斯·阿吉里斯. 组织困境：领导力、文化、组织设计[M]. 姚燕瑾，译. 北京：中国财富出版社，2013：11.

④ 克里斯·阿吉里斯. 组织困境：领导力、文化、组织设计[M]. 姚燕瑾，译. 北京：中国财富出版社，2013：12-13.

⑤ 克里斯·阿吉里斯. 克服组织防卫[M]. 郭旭力，等译. 北京：中国人民大学出版社，2007：38.

⑥ 克里斯·阿吉里斯. 克服组织防卫[M]. 郭旭力，等译. 北京：中国人民大学出版社，2007：96.

基地建设与管理”。对申报教授职称的要求是“在行业、企业的技术领域具有一定的影响力”。这些条件都没有严格的定性或定量的标准,教师稍加努力都能达到,在历年的职称评审中,这都不是教师申报职称的“障碍”。

2016 年 A 省教育厅开始试行针对高职高专教师的新的职称评审条件,其中“专业实践工作要求”条款在原有的评审条件的基础上增加了对教师符合“双师型”条件的专门要求,对评定讲师职称的要求是“取得相应的与专业相关的职(执)业资格证书或技能等级证书或双师素质证书”;对评定副教授职称的要求是“取得 A 省高职院校‘双师型’教师证书(初级以上)”;对申报教授职称的要求是“取得 A 省高职院校‘双师型’教师证书(中级以上)”。

在修订过的现行职称评审条件中,对“双师素质”证书和“双师型”教师的资格已有了明确的要求,成为职称评定的必备条件。在访谈过程中,对参加或暂不参加“双师型”教师培训活动的原因是“为了评职称”或“不急着评职称”的表述较为常见。近年不急于申报职称的 JS05 说:

> 没有参加省培或国培,除了平时工作忙,要照顾家,还有因为我刚评上副教授不久,离评教授还有几年,再说到时候,学校也不一定有教授指标了。所以,我也不急,以后再参加也来得及。

至今仍为初级“双师型”教师的 JS08 说:

> 我是 2015 年首批评上的初级“双师型”教师,我那时候就是副教授职称了,初级“双师型”教师的资格对我其实也没什么用处,不过,我当时的条件只能评上初级,这两年也没再努力,没有继续参加“双师型”教师培训,也没有准备考级考证。没申请继续参评中级“双师型”教师,是因为我现在不需要这个头衔,近几年也没希望评上教授。我倒是觉得我现在要好好搞搞学术科研,争取多申请几个课题项目,发表 1～2 篇高水平论文,这个很难,不是短时间内能实现的,你也知道,高职教师在核心期刊发表论文很难,这些是评教授的难点。相比较,评上中级双师要容易得多,参加一个高级别的培训,获得个证书就够条件了,评“双师型”教师没有名额限制,只要够条件就能评上。

两位教师的话反映出一种现象:教师急不急于参加“双师型”教师培训活动主要在于需不需要评职称。如果不急于评职称,那就把“很容易获得”的双师证书放到一边,而把时间精力集中在评职称时“难以达到的条件”上,如申请课题项目、发表高水平论文等。

访谈时,还发现了另一种现象:无论暂时需不需要,是证书都要尽早拿下,而且多多益善,为评职称做充分准备。还是讲师职称的 JS12 在 2016 年申请评定了初级“双师型”教师资格,随后,他一直在为申报中级“双师型”教师积极努力着,每年都争取参与指导学生参加各级各类职业技能大赛,也不放过参加教师教学能力大赛、与自己专业教学有关的“双师型”师资培训等机会，因为他认为“学校评职称竞争太激烈，为了早日摆脱讲师身份，我要多参加些活动，多考些证书，先把中级双师拿下来，为评副教授多做些准备”。

正在努力为申报教授职称“攒条件”的JS04说：

> 我现在有高级维修电工3级证书，维修电工分1、2、3、4四个等级，3级属于高级，4级就是技师。在“双师型”教师认定条件里，3级证书属于满足“初级”双师条件，有技师证书才够评定“中级”双师。我现在是副教授，下一步要想评教授，按现在的职称评审条件，我得先评上中级双师。技师证不好搞，不过我已经参加了教育部的培训会议，通过了考核，很快就能取得电子行业国家级职业资格考评员，可以考评电子大类4个工种的从业资格，包括高级维修电工，这个就符合中级“双师”的条件了。①

访谈JS03，在谈到他拥有多个职业资格证书和多次参加企业实践活动时，他说：

> 说实话，我也是为了评职称，虽然中级营销师证书也够用了，但考个高级更好嘛。在企业做兼职也是一样的，都是“为了评职称”，职称评审条件当中对专业课老师有企业顶岗实践累计不少于一定时间的要求，大多数老师都是自己联系熟人的公司，形式的成分大，“为了评职称”。学校高级职称指标越来越少，评职称竞争那么激烈，压力很大，申报的人基本条件都能达到，到时候就看谁的证书更多，谁的条件更硬。

双师培训的经历和双师证书的获得都是教师晋升职称的砝码，职称的晋升不仅象征着教师的职业发展水平，满足教师对个人成就感的需要，也能为教师带来实实在在的利益。JS03说：

> 评上更高一级的职称对老师来说是最实惠的，你想啊，校长、书记、副校长的位子就那么几个，相对于职称指标来说，更稀缺。……就是当校级领导又怎样，不过就是处级、副厅级的待遇，要是评上教授职称，就直接相当于副厅级了，而且退休后还继续享受待遇。所以，还是评职称来得实惠。

职称的晋升直接关系到每个教师的切身利益。从物质层面看，职称的高低影响着教师的实际经济收入和福利待遇；从精神层面看，职称也是教师学术科研水平和教育教学水平的表征，是教师个人职业价值的体现。教师对职称晋升的执着追求是可以理解的，也是应该肯定的，而且应该加以鼓励和支持。毕竟，高级职称教

---

① 这次访谈的时间是2016年上半年，在2016年下半年JS04已凭借新获得的证书被认定为中级“双师型”教师。

师的数量多，一定程度上也能够反映学校的师资水平、办学质量和教育教学水平。教育方管部门 LD04 说：

> 既然老师看重职称，那就提高职称评审条件当中对“双师”素质和能力的要求，要提一些实实在在的要求，不要形式上的东西，要让真正的“双师型”教师在评职称时占优势，高职教育需要什么样的教师，就应该在职称评审条件里加进去相应的要求，让“评职称”真正有利于“双师型”教师队伍建设，有利于提高职业教育教学质量。

的确，如果“评职称”这个指挥棒能够被有效利用，是可以促进“双师型”师资队伍建设取得成效的。主管部门应该很好地发挥职称评审的导向作用，在制定或修订高职教师职称评审条件时，根据实际情况，加入有利于培养“双师型”教师的条款和要求，利用教师参加职称评定的外在动机，采取适当措施，促进名副其实的“双师型”教师的培养和发展，触发教师追求职业发展和事业成功的内在动机，使他们能够真正将教育教学工作作为一项事业去干、去努力、去奉献，将教育教学作为体现自己人生价值的载体，而不仅仅是一份“养家糊口”的工作。

A 省 2016 年的职称评审文件中加入了对接受过双师素质培训和具备“双师型”教师证书的要求，提高了教师对获得“双师型”教师资格认证的重视程度，但是对于某个时期没有“评职称”要求的部分教师激励性仍然不大。问卷调查中，有 10％的人是因为比较喜欢而参加培训活动，有 24％的人是为了保持目前的工作而参加培训，50％以上的教师参加培训的态度是盲目的、无明确目的的或者说是“支持领导工作”的“随大流”行为。此外，对已经具有“双师型”证书教师的实际双师素质和能力目前也不能准确衡量，仅有“证书”而无实际双师能力的现象普遍存在。研究表明，综合运用内在动机和外在动机是促使产生最佳激励效果的管理策略。[①] 如何利用好“评职称”这个外在动机，促使教师朝着切实不断提高双师素质和能力发展，激发他们希望成为名副其实的“双师型”教师的内在动机，使外在动机和内在动机在培养“双师型”教师的过程中发生协同效应，是一个需要假以时日、认真思考、投入智慧的问题。

（三）自我实现的动因

作为阳光下最高尚的职业，我们有理由认为每一位教师都发自内心地希望能够实现自我存在的价值，这也就是马斯洛所认为的自我实现。在马斯洛的需要理论中提出了人类由低到高的五种需要，包括生理需要、安全需要、归属与爱的需要、尊重的需要、自我实现的需要，其中自我实现的需要居于最高层次，它也是教师最

---

① OWENS R G. Organizational behavior in education[M]. Boston：Allyn & Bacon，2001：86-94.

高层次的内在需要，是促进教师个体持续追求成长进步的真正内在动因。

正如马斯洛所说“我们有充分的理由假设，人有一种内在的或先天的趋向自我实现的成长需要”，自我实现是体现人的主体性的方式之一，是人们在自身社会化的成长过程中发挥自我能动性的体现，在这个过程中，人们充分展示自身潜能，以追求实现自己的价值和达到理想的目标，从而使自己的能力获得肯定，并努力超越现实中的自我，促进人格的形成、发展和成熟。自我实现的需要就是“人对于自我发挥和完成的欲望，也就是一种使他的潜力得以实现的倾向”①，正因为人们有实现自我的高层次需要，每个人的潜在能力才获得实现、维持和提高的机会。教师自我实现的发展动因是教师由外在力量驱动的发展向内在知识技能更新需求推动自我成长的转变，即内在的自我实现催生的外在变革需要，这是高职教师坚持参与培养锻炼，拥抱、接纳新知识、新技术、新工艺、新手段的根本而持久的强大动力。访谈时，LD03 说：

> 教师是个良心职业。的确，现在整个社会比较浮躁，学校里，大多数是中青年教师，他们生活担子重，要养孩子，还要想方设法使孩子接受最好的教育，上好的幼儿园、小学、中学，上各种课外辅导班，要买房子，要养车子，面对这些现实情况，有些老师看重利益，追求实实在在的好处，没好处的事情就不做或少做，或者不用心做，也是可以理解的，虽然不鼓励这些行为，但这是客观存在的情况。

现实生活中，大部分教师不得不忙于应对“眼前的苟且”，但也还有一些教师同时追求着“诗和远方”，追求自我实现的精神回报。他们怀抱使命感和责任感，为上好每一节课精心准备，积极参加各种培训活动，认真对待学习，努力从每次培训中发现新东西；他们不那么计较“付出的多，回报的少”，自费购买学习资料、网课，坚持自主学习，提高业务水平，因为他们觉得能把课上好，能让学生满意，自己就感觉工作很有价值，生命没有虚度，活得有意义，因为“人活着，还是要有点精神追求的，要不然的话，就跟动物差不多了”。

在日常的教学工作中，教师可能不会把“自我实现”这种“宏伟目标”挂在口头，但这种潜在需求和思想境界会在为上好每一节课、为让学生更满意而做充分的前期准备上体现出来。这种自我实现的发展动因也体现在对工作认真负责的态度上，体现在为取得更好的教学效果，不计较个人得失，主动寻求自我知识体系完善、更新和提高专业实践能力而付出的不懈努力的行为上，这种追求和品格并不绝对与年龄或职称或职务直接相关，如 2012 年参加工作的商务英语专业教师 JS06 在暑假期间去一家美国独资的 UPS 公司做企业实践，这种为期一个多月的企业实践活动既不属于省培项目也不属于国培项目，没有任何津补贴和费用报销，也没有

① 马斯洛. 人性能达的境界[M]. 林方，译. 昆明：云南人民出版社，1987：12-23.

“双师素质”证书，对评职称可以说没有实用价值，而她表示：

系里说有这个机会，愿意去的老师就可以去。我去，一来是配合系里工作，二来主要是想提高实践教学能力。即使系里没有安排，我自己也会找机会去企业实践，只要跟自己专业相关，能学到有用的东西，对教学有好处……我去的部门是空海运部，能够看到一些业务图片和单据，他们也允许我拷贝一些图片，能了解到国际货代知识，上课时都能用到，这些都是书本上没有的，比如上商务英语谈判课的时候，给学生看这些图片，就很直观，很有说服力，学生很容易理解接受，我也感到很满足。

为了节省费用，暑假一个多月里每天花两个多小时乘公交车去企业实践，但她收获了良好的教学效果，提高了实践教学能力。JS06 的行为反映了一些青年教师热爱自己工作，他们在追求工作成就感的内在动机驱动下，不辞辛苦、不计报酬，自我加压，坚持“为了上好课”而不断学习专业实践知识，提高专业实践教学能力，从教学水平的提升中体验教师职业的幸福感和人生的价值。

已是副教授的电工电子专业教师 JS04 为了提高教学质量，也在不断地寻找或创造提高自身专业实践教学能力的机会，2016 年，他由初级“双师型”教师升级为中级“双师型”教师，他说：

我教的是计算机辅助设计，是一门纯实践课程，以前在大学里也没学过，学校也没安排进修培训，要上好这门课，倒逼我要加强专业技能学习培训，我自己买书、视频资料、企业资料来看，既然选了这个专业发展方向，就想把它干好。……不这样的话，实践能力得不到提高，只会照本宣科，教学方法落后，内容空洞，学生不愿听，不利于技能型人才的培养。

像 JS04 一样，有一些高职教师针对高职教育的特点，结合自己任教的专业教学要求，长期坚持自主学习、自我反思，积累教学经验，坚持提升实践教学能力，培养或保持双师素质和能力。

烹饪专业的教师 JS01 在 2015 年获得中级“双师型”教师资格，他已是副教授职称，按照评审条件，他的职业资格证书和“双师型”教师资格已足以申报教授职称，而他还在通过报考相关专业职业资格考试不断提高和更新自己的专业实践能力，并在 2016 年晋升为高级“双师型”教师，他介绍说：

在大学毕业前，我就自费参加培训，考了中式烹调师高级技师证书，这也不跟毕业证挂钩，但我觉得我学了这个专业，就应该会做，不能只是懂理论。到学校工作后，又继续自费考了中式面点师中级证书和西式烹调师初级证书两个证，也是因为觉得既然学了烹饪，当了烹饪老师，就要多了解与烹饪有关的方方面面。通过获得技术资格证书，到星级酒店实践锻炼，以提高“双师”素质和能力。……我们这个专业的资格考试不是纯理论考试，只看书背知识点，不会实践的话是通不过的。……我以后还

> 会利用各种机会参加专业理论和实践的培训，指导学生参加技能大赛，自己也会积极参加面向老师的竞赛，后面还将争取参加评选中国烹饪名师和中国烹饪大师，这些都是高级别的技能竞赛。

JS01 的案例很明显地表明出于“兴趣和爱好”的内在动机是促使高职教师不断积极主动追求专业技能水平提高的强大动力，要成为“专业领域中的优秀者”的人生抱负使他走向追求卓越的自我实现之路，在强化理论学习的同时，自觉地沿着考职业资格证、赴企业实践锻炼、指导学生参加技能大赛、自己参加高级别专业技能竞赛等轨迹，不断地提升专业技能水平，致力于成为专业领域里的大师，实现自己的人生理想。

“双师型”教师培养是一个漫长的过程，贯穿整个高职教师生涯的始终。因为职业教育具有跨越“学校与企业”的“跨界”特征①，职业院校的教学内容必须与企业需求对接，而企业的技术进步、管理模式、经营模式、生产方式等都处于动态的变化改进之中，教师必须要投入企业工作场的学习之中，保持与本专业相关行业企业的长期亲密跨界接触，注意相关产业领域的发展趋势，坚持在教学工作场和企业工作场同步学习的模式②，在理论→实践→理论→实践之间循环往复，不断提高自己的专业理论水平和实践教学能力，才能无愧于“职业院校‘双师型’教师”的称号。

因为适应社会经济发展需要和促进院校进步与发展的两大外部动因跟教师个体发展的关系不是十分地紧密，每个教师都可以说是“沧海一粟”，“我不作为自有人作为”的思想也仍然有市场，而资格证书、双师证书或职称的取得等短期目标也可以在一段时间的倾情投入下实现，如果没有“教好书，育好人”的坚定而持久的师德信念，没有实现自我价值的内在动机长期驱动，在达到一定阶段后，是很容易躺在“功劳簿”上停滞不前的。虽然有部分教师在访谈中表现出追求“实现自我价值”的潜在的高阶内在动机，也有不计得失地培养和提高自身双师素质和能力的一些实际行动，但这在整个高职教师群体中并不是普遍现象，有这种思想境界的教师只占很少的一部分，而且就这少数教师本身的实际行为来看也不是稳定持久的，总体而言，“自我实现”对“双师型”教师发展的驱动力量还没有成为占据主导地位的内部动因形态。LD01 说：

> 一些老师不是那么计较个人得失，但是完全不计较的情况也不存在。从管理学的角度，也不能指望、要求教师长期地无私奉献。

校领导 LD01 的话从管理者的角度勾勒出目前高职院校教师对于成为“双师型”教师的态度现状。研究的结果表明，高职教师大多数对“双师型”教师培养的认识停留在“适应环境”和“职称晋升”的个人动因层次，社会发展和院校发展的外部

---

① 姜大源．职业教育立法的跨界思考：基于德国经验的反思[J]．教育发展研究，2009(19)：32-35.

② 李茂荣，黄健．工作场所学习概念的反思与再构：基于实践的取向[J]．开放教育研究，2013 (2)：19-31.

动因作用不明显，只有很少部分的教师将不断主动提高自身双师素质和能力与“自我实现”关联起来，且这种关联还带有隐性和波动的色彩，形成高职“双师型”教师培养过程中教师个人发展内部动因不足的现实困境。这就需要管理部门有适当的激励措施使“适应环境”“职称晋升”等个人动因能够持续发挥作用，使“自我实现”“自我价值提升”等超脱功利的高层次个人内部动因逐渐融入教师的个人素养，使坚持“终身学习、不断进步、持续参加业务培训”成为“双师型”教师的工作常态和生活方式，一方面促进教师的双师素质和能力以及高职教育教学质量的提高，另一方面达到教师自我实现的人生理想境界，实现社会、院校和个人的“三赢”局面。

第二节 “双师型”教师培养困境的个人心理

教师的心理因素既是“双师型”教师培养的现实个人心理基础，也在根本上影响着培养的成效。积极进取的心理会使教师始终保持参加培养培训活动的热情，有助于达成培训的预期效果，甚至会取得超预期的结果；消极倦怠的心理则会使培训流于形式，可能完成了培训的整个过程，留住了教师的“身”，却不一定留住教师的“心”，不能使他们真正参与到培养培训的过程之中，不能获取有助于提高双师素质和能力的知识、技术技能、启发和感悟，从而使借助培训切实提高教师双师素质和能力的美好初衷归于幻灭。

问卷调查的结果表明，高职教师对参加双师培养培训活动所抱持的心理状态并不理想。针对调查问卷中“您一直坚持为提高双师素质和能力不断学习”的问题，有 1.4％的教师认为“很属实”，4.5％的教师认为“比较属实”，37.1％的教师选择了“一般”，而认为“不太属实”和“不属实”的人分别占到 38％和 19％。这些数据表明，绝大多数教师内心对成为真正的双师型教师的紧迫感不强，对自我的要求不高，有的教师在问卷中写道：

> 每天在学校从早忙到晚，回到家，筋疲力尽，实在没有力气再继续学习了。

教师的反映表明，繁重的日常教学工作可能是导致教师对“坚持不断地提高个人双师素质和能力”的积极性不高的原因之一。由于不得不完成的常规教学任务占据了教师大量的工作时间，回到家里以后，身心已是非常疲惫的状态，即使想继续学习、提高业务能力，对于大多数教师来说，可能“心有余而力不足”。

除了积极的身体物理条件不具备以外，组织层面激励措施的缺失，也是造成教师产生消极心理的一个原因。就问卷中“院校制度激励教师参加双师培训”的问题，分别有 1.3％和 3％的教师认为“很属实”和“比较属实”，分别有 47.7％、34％和

14%的教师认为“一般”“不太属实”和“不属实”。有的教师进一步写下对这个问题的解释：

> 是不是双师，是不是真的有双师水平，都是一样上课，拿一样的课时费，没有差别，学不学都一样，有个证就可以交代了。

可见，虽然当前从上到下都在大张旗鼓地开展“双师型”教师培养培训活动，但是配套的评价和激励制度却没有同步跟上，缺少可操作的“双师型”教师评价机制，对双师教师的判定只跟一纸证书相关，是不是真的具备“双师”教学水平无法考量；没有规定什么课程只能由“双师”教师承担，非“双师”教师不能上什么课也没有限制，“双师”教师在教学任务的承接方面并没有什么优势；更令人感到消极的是，“双师型”和“非双师型”教师在授课报酬上也没有区别，这成为很多教师认为“是不是‘双师’教师无所谓”的坚实理由。

上述调研结果表明，高职院校教师对参加双师培养培训活动存在着比较严重的倦怠心理，这种消极的心理状态对“双师型”教师培养效果的影响也可以用有关的心理学理论加以深层次的解释。

德国心理学家库尔德·勒温(Kurt Lewin)在他的《拓扑心理学原理》一书中提出了动力场理论，其中有一个重要概念叫生活空间(life space)。所谓生活空间是指人和环境的相互作用，包括人在其中的行为，它指的不是现实中的客观环境，而是指人的心理环境，即与人的需求相结合在人头脑中实际发生影响的环境。①需求的作用使得生活空间产生了场的动力，Lewin 称之为引力或斥力，例如，高职院校的教师想到拥有“双师型”教师资格会给自己带来一些机会或利益时，就会产生成为“双师型”教师的心理需求，在其生活空间中就产生了“引力”；在想到要成为真正的“双师型”教师需要满足理论和实践的双重高标准要求，自己需要投入很多时间和精力去切实提高自己的理论水平和实践能力时，可能就想到逃避，这种畏难和懒惰的心理就形成了其生活空间中对提高双师素质和能力的“斥力”。

生活空间所具有的吸引或排斥的动力性质，称为效价，当引力大于斥力时就产生正效价，反之，当斥力大于引力时则产生负效价。在正效价的心理环境中，人的行为就沿着引力的方向向心理期望的对象移动。Lewin 还指出，每一部分的生活空间里都有可能存在一个区域，其中又存在一定的疆界，人的行为就是在由这些区域和疆界构成的生活空间中来回变动。例如，一个高职院校教师想成为“双师型”教师，他就向着这个方向努力，必须经过下列几个区域的生活空间：① 取得高校教师资格；② 取得高职高专院校讲师职称；③ 具备证明自己专业实践能力的某种条件；④ 申请参加评审；⑤ 获得相应级别的“双师型”教师资格证书。如果人们在某个生活空间的移动受到阻碍，就无法跨越这个疆界，从而也不能进入另一个生活空

① 库尔德·勒温. 拓扑心理学原理[M]. 竺培梁，译. 杭州：浙江教育出版社，1997：88-110.

间,这时他们的空间就会发生巨变,要么设法克服困境,持续努力,实现最终目标;要么放弃努力,不再追求原先设定的目标;要么重新寻找其他的目标。

Lewin 的生活空间理论将个体的心理因素置于客观环境发挥作用的过程之中,强调人的心理因素对环境的决定作用,同时强调人对环境作用的主观能动反应,这无疑是合理的。因为人在采取某种行动之前对于周围环境的认识或多或少地有主观成分,不可能达到纯客观的程度,通常都是先从主观上进行规定和加以把握的。这种首先从主观上规定和把握环境刺激的现象,在认知心理学领域中被称为“赋予意义”。可见,个人对环境及环境的意义价值的认知决定了环境对人们行为的影响程度。

Lewin 的生活空间动力场理论对高职“双师型”教师培养的启示在于:在培养过程中要关注教师的个人心理因素,包括教师个人的生活背景、对职业教育问题形成的观点和价值取向、在个人职业发展问题上所持的态度和所拥有的动机水平等。教师的个人心理因素决定着教师对成为“双师型”教师的意愿所能达到的程度,从而决定着教师在正式或非正式的场合为提高双师素质和能力愿意投入的时间和精力,决定着他们在面临一些物理上或精神上的障碍时,他们愿意付出多大程度的努力主动克服障碍,坚持不懈地致力于目标的实现。因此,了解教师的个人心理,把握住他们不同的心理动态,尽力“在合适的发展阶段对合适的人提出合适的要求”,对提高“双师型”教师培养成效非常关键。

如针对高职教师普遍存在的专业实践教学能力不强的问题,最佳的培养途径是去企业学习锻炼,而当前企业在参与职业院校教师培养方面热情不高,企业培训往往流于形式,不能有针对性地帮助教师提高实际操作能力,如果教师本人也觉得提高实践能力并不是自己当前最需要面对的问题,他就不会有足够的主动性和自觉性去克服困难,从而也就不会去想方设法突破限制自身实践教学能力提高的困境,可能也就会像企业一样抱着应付的态度,配合有关部门完成形式上的培训流程,那么,培训项目在培训阶段、培训人员的安排上可能都是不合适的。

因此,就培训效果而言,只有教师从个人心理上发觉自己在某方面有着强烈的需求,才会主动反思并了解限制自身发展的困境,并采取策略,通过寻求帮助、借助外力或自身努力去加以克服,也就是说,教师的生活空间中提高双师素质和能力的引力大于斥力,教师处于正效价的心理环境之中,只有在这样的心理因素驱动下,才能激发教师的内在动机,“双师型”教师培养才能取得理想的成效。而调研的结果表明,由于教学任务非常繁重,教师每天基本上都处于身心俱疲的状态,即“坚持提高双师素质和能力”的身体条件处于排斥状态,如果学校没有制定和实施吸引力足够强的评价和激励制度,就不可能激发教师产生“坚持提高双师素质和能力”的引力,即不可能产生正效价心理环境,而在负效价的心理状态下开展“双师型”教师培训,其效果必然不可能达到理想状态。如在访谈时,JS08 说:

我现在是初级“双师型”教师,副教授,这几年也不可能申报评教授,也就不急着去拿中级或高级“双师型”证书，也不打算参加培训，因为，不管你是什么级别的“双师型”教师，课时费都一样，要是说评上中级“双师型”教师，课时费跟着涨，那我就要考虑去争取了。

JS08对于参加双师培训的心理状态就处于负效价心理环境，其他教师，如果也不急于凭借“双师型”教师证书晋升职称，可能也处于和他相同的心理状态，他们就没有动力去克服疲惫的身心状态，继续“坚持为提高双师素质和能力不断学习”。即使有职称晋升需求的教师，可能也会“为考证书而考证书”，仅仅以取得一纸“双师型”教师证书为目的，因为是不是全身心投入去真正提高“双师”素质和能力，并没有人关心，也不影响教师的切身利益。

院校和个人只关注“取得证书”的“形象工程”，其实也是潜意识中的自我防卫心理在作祟。对于院校来说，以有无证书来评价和确定是否是“双师型”教师和有多少“双师型”教师是最容易操作也是最安全的手段，大家都无需陷入当面讨论或鉴定证书是否能真正表明教师具备“双师”素质和能力的麻烦境地，也无需冒险去制定一个可能很难达成一致的“合理的评价标准”，而只需统计一下拥有证书的教师数量，上报主管部门即可，如果每年获得证书的教师人数还在增加的话，则体现出自身工作“富有成效”；对于教师来说，以“学校没有激励制度”为理由，轻松地将自己“没有积极性去提高自身‘双师’素能”的责任推给组织，而无需反省自己的懒惰、畏难心理，以保护自己心理上不受伤害。

院校和教师个人对“防御性推理”思维模式的“无意识娴熟运用”，保护了自己或团体的自尊心和自信心不受威胁，但却将院校置于“真正的双师型教师匮乏”的困境。①因此，如果院校不能克服组织防卫心理，不能运用更加透明的“创造性推理”模式，“探寻有效的可验证的信息”“提出明智的选择”②，采取有效的措施，构建双路径学习通道，促使教师通过学习一系列新的技能，更新主导观念，使他们能够以更加透明、坦诚、开放的“正效价”的心理状态和积极进取的内在动机投身“双师型”教师的发展，那么，无论院校投入多少人力、物力和财力组织培训，其实际效果可能也只是接近于“打水漂”。

---

① 克里斯·阿吉里斯.组织困境：领导力、文化、组织设计[M].姚燕瑾，译.北京：中国财富出版社，2013：13-14.

② 克里斯·阿吉里斯.组织困境：领导力、文化、组织设计[M].姚燕瑾，译.北京：中国财富出版社，2013：53-54.

第三节 “双师型”教师培养困境的家庭因素

除了教师个人心理因素的影响外，每个教师也都是生活在家庭之中的，家庭条件和家庭结构对教师发展的影响不容忽视。其中家庭成员是否支持“双师型”教师发展及支持的程度如何，会对教师个体成长的速度和成长所能达到的高度产生很大的积极或消极的影响，家庭的支持成为教师在漫长的职业生涯中坚持持续发展的强大动力，因而，教师的家庭情况也是影响“双师型”教师培养成效的重要因素之一。

“家庭是温馨的港湾”，家庭可以成为教师的精神支柱，为教师提供一个安全的宣泄不良情绪、寻求安慰而无需顾虑的地方，家庭的这种精神支持属性会伴随着教师的整个职业生涯。高职院校的教师常常面临着诸多问题，有的是教学本身方面的，有的是课堂管理方面的，有的是与学生或同事的人际关系方面的，有的是物质待遇或精神奖励方面的，有的是竞争发展机会方面的。诸种纷繁复杂的问题如果处理不好，会给教师造成巨大的精神压力，有时会令他们怀疑自己的能力与水平，严重者甚至会怀疑人生。在这个时候如果家庭成员能够耐心地倾听他们的诉说，理解他们的感受，可以帮助他们疏导不良的情绪，缓解他们的焦虑心情，减少他们的精神压力，扭转他们自我怀疑的态度；如果家人能够给出中肯的建议，帮助解决问题，则更有可能使他们恢复甚至增强自信。所以，支持性的家庭关系是高职教师成长的坚强后盾，对于“双师型”教师的发展起着关键性的作用。

高职院校的教师和其他普通类型的教师一样，需要家人能够给自己的职业发展提供上述的精神支持，此外，高职教师因其“双师型”的发展要求，需要不断地参加在职培养培训活动，以提高或保持自己的双师素质和能力，参加培训，尤其是参加需要外出或长期离开家庭的培训项目，难免会打乱正常的家庭生活秩序，这特别需要家人的理解和支持，给教师以时间和精力上的保障。然而，问卷调查结果显示，高职教师的家庭在这方面给予教师支持的状况不容乐观，面临着一些困境。对于问卷中“您的家人对您参加培养培训活动”的问题，只有 4%的教师选择“很支持”，10%的教师选择“比较支持”，48%的教师感觉家人支持的力度“一般”，还有31%和 7%的教师选择了“不太支持”和“不支持”。访谈的结果也表明，在现实“双师型”教师培养的工作落实中，教师常常面临来自家庭因素的困境，对“双师型”教师的培养产生负面影响。其中既有教师个人努力意愿不强的心理因素障碍，家人不支持或勉强支持的家庭影响因素也不容忽视。

访谈对象 JS05 对于自己不参加暑期集中举办的省级培训或国家级培训项目

是这样解释的：

> 没有参加过省培或国培，不是没有机会，是因为自己的原因。平时工作忙，担任教研室主任有做不完的事情，教研室里就四个老师，教学工作量很大。家里小孩小，平时忙于工作，陪他的时间少，放假了，就不想出去，想多陪陪孩子。平时由老人帮忙看着，他们也很辛苦，放假的时候，我多在家里待着，照顾照顾家，让老人也休息休息，出去玩玩，所以，我假期不能长期离开家。

JS05的情况在高职院校中并非个案，而是比较普遍的现象。高职院校的急剧扩张，迫使学校在短期内招聘了大量的高校毕业生，他们通常都是硕士研究生毕业，所以，入职以后不久就进入了结婚、生子、照顾家庭的繁忙的人生阶段。如果他们的家人在正常工作期间，体谅他们，花费很多时间、精力和体力帮助他们照顾家庭，在寒暑假，教师往往出于弥补的心理，放弃外出参加培训的机会，而选择留在家里多陪伴家人，照顾孩子，尽力为他们多做些事情。

另一个担任教研室主任的访谈对象JS03也诉苦说：

> 有些培训、参会活动安排不下去，比如说我们教研室的老师，让他们去，不愿意去，家里事多，要去的话，要把孩子带上，那怎么能行，我们这边女老师多。男老师好些，比较积极参加会议、培训，但是也觉得暑期的培训太长了，动不动就是20～30天，上着上着就都跑掉了，不跑，效果也不好，身在曹营心在汉，老师都是成年人，有家有口的。还有的老师报名参加了培训，可是到了时候，家里有事，又不能去了。比如有一次，都快要去报到了，某老师说家里不到1岁的孩子没人带，老婆天天要上班，丈母娘回老家去了，他得在家带孩子。二孩政策放开以后，女老师扎堆生孩子，男老师要照顾老婆和小孩，能正常上课的老师更少了，哪儿还能派出老师去参加培训，更不可能长期去企业顶岗了。

JS03的话集中呈现了“双师型”教师培养中所遭遇到的几类家庭困境：

首先，高职院校女教师多，不利于安排培训活动。统计数据显示，截至2014年，我国高职院校共有专任教师438 300人，女性有227 608人，占一半有余。[①]2017年，S学院专任教师418名，其中女教师239人，占总数的57.18%，全体教师中，年龄在35岁以下的有212人，年龄在36～45岁之间的有135人，这些时间段是生育、抚养子女责任最重的时期。受传统文化“男主外，女主内”的影响，社会上通常认为女性成家以后，应该以家庭为重，相对于工作来说，相夫教子是女性更为重要的“事业”，很多高职青年女教师认为，在参加工作前，已经经历过高考和求职

① 教育部. 2014年教育统计数据[EB/OL].(2015-08-21). http://www.moe.edu.cn/s78/A03/moe_205061.html.

阶段激烈的竞争了，成为教师以后，已经具备了教师岗位的专业需要，只要按部就班地搞好常规教学，不拖教研室的后腿就可以了。①当工作与家庭发生冲突的时候，她们这种“得过且过”的心理会令她们毫不犹豫地以照顾家庭为理由，拒绝接受她们认为是“额外”的工作或培训安排。

其次，高职院校的男教师照顾家庭的责任也很重，参加培训的时间也不能得到充分保障。高职院校专任教师通常不需要坐班，只有上课时才来到学校，所以男教师在家里的时间也比较多，如果他们的妻子需要“朝九晚五”地上班，而他们的时间又比较灵活富余，他们通常就自然地承担起更多照顾家庭的责任，所以，长期在外参加培训，就会影响到他们原本正常、有规律的家庭生活，很可能会遭到家人的反对。

再次，国家生育政策的放松，使得高职教师照顾家庭的担子变得更重。在国家实行了“单独二胎”和“二孩政策”以后，很多中青年高职教师加入了生“二宝”的行列，呈现出“女老师扎堆生孩子，男老师要照顾老婆和小孩”的现象，使得“双师型”教师的培养培训任务更加难以落实。

以上呈现的高职教师家庭困境的确给“双师型”教师培养带来了很大的负面影响。教师对自身承担家庭角色的不同期望会影响职业发展水平和发展速度，对于家中有需要照顾的幼儿和老人的教师而言，要平衡工作与生活是非常困难但又是非常必要的。虽然教师个人可以做出多种社会生活选择，甚至有可能做出逆向选择，但教师作为人妻、人父、人母、人女等家庭角色是不可逆的，因此，一旦工作与家庭之间产生冲突，那么这种冲突对教师的日常教学和教师追求个人事业发展目标的负面影响都是很大的。S学院就有一些中青年教师为了更好地照顾家庭、辅导孩子学业，提出少承担授课任务的要求，有的甚至辞去了教研室主任或其他行政管理职务，这种情况下，他们一般就更不会考虑积极参加“双师型”教师培养培训活动了。

如果教师要设法达到学校教学工作与家庭生活的平衡，圆满完成家庭角色责任，就要求教师要有很强的自我边界意识和不同边界内角色转换的能力。教师的自我边界是指心理上的边界，教师要从内心深处意识到在家里要成为一名好家庭成员，在学校也要成为一名优秀教师，并不断对自己进行主动、积极的暗示，使其在家庭中主要由家庭规则加以识别，承担家庭成员的角色，而在学校中则由学校规则识别，按教师角色说话行事。②如果教师的家人理解职业教育教师的工作性质，关注并能为教师成为“双师型”教师的努力主动提供帮助，如分担教师在家务劳动中的分量，支持教师离家定期去企业全日制实践或挂职，那么，对院校的“双师型”教师培养就能够产生积极的家庭影响，然而，研究表明，这种理想的状态在高职院校

① 陈慧姝.高职院校青年女教师专业发展困境与对策研究[D].长沙.湖南师范大学，2016:18-19.

② 潘慧春，禹旭才.职业院校教师成长的环境因素分析[J].湖南师范大学教育科学学报，2008（1）:108-110.

中比较少见。

由此可见，为帮助教师平衡家庭责任和工作责任，创造出更多合适的机会提高自己的双师素质和能力，需要管理部门在“双师型”教师培养项目的设计和实施上，考虑多样化的设计和安排，在培训时间和培养模式上尽量多元化，本着以人为本的原则，让有着不同家庭情况的教师都有可能找到适合自己家庭情况的培训模式。

第八章　研究结论与展望

本章对本研究进行全面的总结和反思，归纳主要的研究结论，对研究问题的解决提出几点政策性建议，并概括本研究的贡献、不足和对未来研究的展望。

第一节　研究结论

本研究通过对A省S学院12位专任教师、6位学院及省级教育主管部门的行政管理人员和3位企业管理人员进行半开放性访谈，收集主要研究资料，并运用调查问卷面向更多的省内外高职教师，收集关于“双师型”教师在职培养的基本数据和资料。通过对资料数据的分析，结合对政策文本及其他研究文献的解读，得出以下四点结论。

第一，高职院校“双师型”教师在职培养面临着多方面的困境，虽然高职教师入职后接受过多种层次和多种形式的在职培训，但是其效果与希望通过培训提高和培养教师双师素能的期望值存在较大差距。

高等职业教育为“生产、建设、管理、服务的行业企业一线岗位培养高素质技术技能人才”的办学定位决定了高职院校教师必须具备胜任“理论教学和专业实践教学”的双师素能，行业企业日新月异的生产制造技术技能、工艺流程、产品开发、管理模式等客观上要求“双师型”教师的在职培养必须是循环的、持续的，而且需要深入企业工作现场，“双师型”教师培养的工作场学习特点决定了其必然受到多方面因素的影响，包括社会的包容或批评、政策法规的制定和实施、政行企校的配合和协调、教师个人的意愿和付出等，一旦这些因素中某一个方面出现问题，如果当事的组织或个人以自我防卫的心理主导行为模式，采取推诿、拖延、指责他人或视而不见、听之任之等自我保护和自我封闭的策略应对问题，则会使问题无法得到有效解决，导致组织或个人陷入困境，并进而产生连锁反应，累及循环培养链条上的其他相关者，导致培训的预期效果难以达成。

研究发现，高职“双师型”教师培养不仅面临着政府有关的政策规定缺失法律效力的困境，而且与“双师型”教师培养直接相关的教育主管部门、院校、企业和教师个体均都面临着由不同因素造成的不同程度的困境，各自在利益关注点和目标认识等方面难以达成完全一致，为避免冲突各方陷入尴尬，他们往往会对矛盾和冲突不予当面讨论，各方都可能采取“心照不宣”的习惯性组织防卫行为，敷衍了事，如“双师型”教师培训项目存在的形式主义、项目组织管理沿用传统方式、培训内容缺乏针对性、教师企业实践的走马观花等，致使“双师型”教师培养陷入困境，集中体现在教师的专业实践能力没有明显提高，无法实现通过在职培训同步提升专业理论教学能力和专业实践教学能力的预期成效。

第二，高职院校“双师型”教师在职培养的困境是培养方式、培养环境和教师个人等多种因素综合作用的结果，各种因素相互影响、相互强化。

研究发现，“双师型”教师在职培养过程中存在着培养方式趋于传统、单调，内外部培养环境支持不力和教师个人内部动因不足等现实困境，偏于传统的培训方式和不良的培训环境抑制了教师参加培训的内部动因；反之，内部动因不足也对培训方式和环境的积极效应的发挥产生了消极作用。

1. “双师型”教师在职培养的方式较为传统

研究发现，目前高职“双师型”教师的在职培养方式主要是选送教师参加集中开展的国家级培训项目和省级培训项目以及组织教师参加校本培训，基本构成了国、省、校三级培养培训体系。三种培训方式中，采取高校传统课堂教学模式的培训项目居多，因为安排落实教师企业顶岗实践比较困难，为使自身免于陷入麻烦或尴尬境地，教育管理部门和培训项目设计部门倾向于依托高校举办方便组织和管理的培训活动，聘请普通高校教师作为主讲教师，针对专业大类讲授几门理论课程，再添加几次专家教授的主题讲座，形成教师台上“一言堂”，学员台下听、看、记的传统教学式的培训方式。

高职教师反映他们入职以后急需补充的已经不再是专业基础理论知识，因为这些知识他们在接受本科或研究生教育时已基本掌握，他们希望能够在宝贵的集中培训期间最大限度地接触前沿专业知识和技能，切实提高专业实践教学能力和研究能力，因此，他们对于由一些“对学校特定及具体情况知之甚少或毫不在意的外行‘专家’主持”①开展的高校课堂授课或讲座式培训感到比较失望。

2. “双师型”教师在职培养的内外部支持环境不良

“双师型”教师培养内部环境不良主要体现在院校激励制度的缺失或执行不到位。访谈数据显示，教师为提高自身“双师”素质能付出的时间和精力没有得到学

① WILSON S M，BERNE J. Teacher learning and the acquisition of professional knowledge：an examination of research on contemporary professional development[J]. Review of Research in Education，1999(24)：173-209.

校在时间和经济上的充分支持，其原因是院校缺少“以人为本”的教学管理制度，教师选择或自我寻找企业深度实践机会的自主权缺失，院校的激励制度没有真正落实等。高职“双师型”教师的培养属于成人教育或成人学习的范畴，尽管成人学习具有自我规划和自我指导（self-directed）的特点，但这些特点常常也不会自发呈现，尤其不会持久地、普遍地呈现，适当的激励措施有助于成人持久地学习。研究发现，高职院校教师在职培训激励制度的缺失或执行不力，抑制了“双师型”教师的培养和发展，是教师参训积极性不高的原因之一。

“双师型”教师培养外部环境不良首先体现在高职教育和高职教师社会地位较低。访谈和问卷调查数据表明，社会以及大部分学生和家长通常认为高职学生是“高考失败者”，目前高职人才培养质量的确还存在很大的提升空间，用人单位对高职毕业生总体评价不高，这些因素也导致高职教师产生自卑心理，认为自己的社会地位低于普通教育类型的教师，有的甚至认为自己“算不上是高校教师”，对“双师型”教师专业发展造成负面影响。其次，外部环境不良还体现在企业对“双师型”教师培养的支持力度不大，教师企业实践机会少，且大多流于形式，教师的专业实践技能没有得到实质性提高。其原因首先是因为企业和高职院校相互之间资源依赖程度不对等，高职院校对企业资源的依赖程度远强于企业对高职院校的依赖程度；其次是因为企业与高职院校的利益诉求不一致，企业追求经济效益最大化，高职院校追求提高“双师型”教师实践能力，双方利益目标的分歧使教师的企业培训实际上成为“形式大于内容”的结果。

3. “双师型”教师参加在职培训的个人内部动因不足

各级主管部门要求高职院校每年完成一定数量的“双师型”教师在职培训任务是教师参加培养培训活动的外部动因之一，但能否实现由“被要求成为”向“积极主动地成为”“双师型”教师转变，取决于高职教师个人的内部动因是否强烈，因为外部动因必须通过内部动因才能发挥持久而有效的作用，即外部动因和内部动因必须在达成意义一致和意义共享的条件下，才能发挥协同效应，收获良好的培养培训效果。研究发现，高职教师参加“双师型”培养培训活动的内外部动因协同效应没能充分发挥，主要原因是教师内部动因不足。

“双师型”培养的教师内部动因受个人动因、个人心理和家庭三方面因素的影响，其中个人动因是最主要的影响因素。调研结果表明，目前我国大部分高职教师参加“双师型”培养培训活动主要受“评职称”和“适应环境”等短期的、功利性外在动机驱动，出于热爱或自我实现的内在动机所占比重很小。原因之一是因为很多教师感觉自己是为了支持领导工作、配合学校完成培训任务而参加，反映出教师为了避免“与领导或所处的人际环境格格不入的尴尬局面”而采取自我防卫行为，更多的教师也是为了满足职称晋升的条件“不得不”参加。这种“被参加”的消极情绪会显性或隐性地抑制教师内在动机发挥应有的作用，违背了教师群体主张自主权的职业特点，从而对培训效果产生负面影响。此外，以中青年教师为主的高职教师群体处于工作、经济和家庭负担均比较重的人生阶段，由于较高的生师比和供养家庭的压力，使得教师承担的日常教学工作量普遍过重，授课之余还要承担照顾家庭的责任和义务，他们常常感觉筋疲力尽。这些因素，导致很多教师产生追求短期利益和得过且过的心理，自我实现的意愿不强，持续学习的内在动机不足。再次，不可否认，前文述及的与教师预期反差较大的培训形式和不良的培训环境，也抑制了教师参加"双师型"培养培训活动的内部动因。

第三，实践性培养不足贯穿高职教师从入职到在职的整个过程，成为导致高职院校"双师型"教师培养困境的主要原因。

高职教育的办学定位客观上要求教师要同时具备学术性、师范性和实践性特征，成为"双师型"教师。研究发现，我国高职教师职前所接受的系统的高等教育和职后经历的岗前培训和在职培养的方式和内容都偏重于体现学术性和师范性，造成实践性培养严重不足的现实困境。问卷调查数据表明，我国高职院校的大部分教师是来自综合性大学和普通师范大学的应届硕士毕业生①，他们接受过系统的学科专业体系的高等教育培养，有一定的从事专业理论教学的知识基础，但缺失专业实践知识和实践技能，高职教师总体上专业实践教学能力较弱。

由于我国高等职业教育规模的急剧扩张，短期内急需补充大量的教师，像国外选聘职教师资一样对入职教师提出定量的前期企业工作年限的要求不符合我国现实国情，因为当前我国高职教师的社会地位和待遇对企业技术人员吸引力不强，因而形成我国高职教师主要是"从学校到学校"的高校应届毕业生的现状。根据我国高职教师的这种具体情况，高职"双师型"教师在职培养的重点应是加强培养专业岗位实际工作能力，提高其专业实践性教学能力。专业实践教学能力的获得必须基于教师掌握专业岗位实际工作技能的前提，而岗位实际工作技能通常要在企业工作场中参与专业相关的实际岗位工作才能得以形成，并需要通过多次应用加以巩固和提高，这必须通过教师在企业进行深度岗位实践才能实现。而应聘高职院校教职后，高职教师与普通高校教师同时参加岗前培训，培训形式仍以高校举办课堂集中学习和网络课程自主学习为主，内容以教育教学基本知识和教学科研基本能力培养为主，体现出培训内容仍然着重在于加强教师的"学术性"和"师范性"，"双师型"教师专业工作岗位实践性能力培养的环节缺位，教师面临上岗前缺失企业工作场学习机会的困境。

我国高职"双师型"教师在职培养采取的国家级培训、省级培训和校本培训等形式，其中的确也有企业参观、短期企业实习实训和顶岗挂职的学习培训机会，但总体上，与便于组织和统一管理的高校集中授课、网络课堂学习和短期会议培训等

---

① 参与本研究问卷调查的220位教师中，只有11人(占比5%)在入职前具备3年以上相关企业工作经历。6位参与深度访谈的S学院专任教师中仅有1位来自企业。

机会相比，培养“双师型”教师急需的企业实践性项目所占比例很小。其主要原因是行业企业的利益关注点不能从参与“双师型”教师培养中得到足够的满足，而目前也没有要求企业必须接受高职教师顶岗实践的有效法律约束机制，导致企业提供给教师的企业顶岗培训项目数量少、专业覆盖面小，不能满足高职各专业教师群体对提高专业实践技能的需求。此外，少量的企业培训机会也往往因为时间短、企业的投入意愿不强以及企业出于保护商业和技术机密的考虑，成为轮流参观式和岗位观摩式的浅层次表面化学习，教师难以参与实际岗位工作，“双师型”教师在职培养应着重强化的实践性培训强度明显不足。

第四，加强校企合作是走出高职院校“双师型”教师培养困境的基本途径。

高职教育跨越教育与企业的特点和高职教师的专业实践能力只能在企业工作场习得的客观事实，决定了其走校企合作办学之路的必然性，对高职教师提出的“双师型”要求也决定了必须走校企合作之路培养教师。

研究发现，高职“双师型”教师培养的薄弱环节主要体现在教师企业工作场的经历不足、深度不够，导致教师对自己的“双师”能力缺乏认同。调研结果显示，虽然高职教师参加了在职的培养培训活动，但是他们普遍感觉培训对自己在理论和概念认知层面的提升效果优于专业实践教学和专业技能掌握等实践层面的提升效果。通过培训，教师感知自己的职业教育理论水平有所提高，深化了对高职教育双师素质和能力要求的认知，也提高了对有关政策文件的了解程度，对企业文化和企业业务流程以及生产过程有了一定的认识，但是自己的专业实践教学能力提高有限，双师素质和能力没有得到实质性的提升。很多高职教师通过考试或参加短期会议培训获得了职业或从业资格证书，并且不少教师也凭借所拥有的这些证书通过了“双师型”教师资格认定，但他们对自己的“双师”能力仍缺乏自信，即使一些有过数次企业实践培训经历的教师，也认为自己“算不上是真正的‘双师型’教师”，因为通过考证或短期的企业实践获得的有限的实践技能和知识“没有在实际企业工作岗位上应用过，没有经受真实市场的检验”，高职教师专业岗位工作能力依然严重不足。

要解决这些问题，只能通过加强校企合作使教师真正深入行业企业的工作场所，开展企业“工作场”学习，与专业岗位上的工作人员进行充分的互动，才能了解并掌握显性或隐性的岗位工作能力。社会认知理论认为“学习要通过参与集体工作活动进行，学习是一种社会过程，在孤立情况下，学习将无法进行”。①深化校企合作能够使教师进入真实的企业工作活动，与企业人员现场交流互动，只有这样，

① BURNS J. Informal learning and transfer of learning: how new trade and industrial teachers perceive their professional growth and development[J]. Career and Technical Education Research, 2008(33): 3-24.
LAVE J, WENGER E. Situated learning: legitimate peripheral learning[M]//PEA R, BROWN J S. Learning in doing: social, cognitive and computational perspectives. Cambridge: Cambridge University Press, 1991: 89-106.

才能切实提高教师的双师素质和能力，解决“双师型”教师在职培训实践性项目缺位的问题。

此外，深化校企合作也是破解“双师型”教师在职培养各种方式困境、环境困境和教师个人动因困境的有效手段。调研发现，教师反映“双师型”教师在职培养的国培、省培和校培三种方式中最令他们感到不满意的就是以讲授理论知识为主的传统课堂教学形式过多、企业实践机会过少；教师培养的外部支持环境不良也主要体现在企业对合作培养“双师型”教师的积极性不高，导致教师的企业顶岗工作机会少，教师很难参与企业具体工作，培训流于形式；教师个人主动加强双师素能培养的内部动因不足的原因之一是学校的激励制度不够，教师自我寻找企业深度实践机会的要求得不到校方在时间上的保障和经济上的支持，教师选择企业实践的自主权受限，等等。理论上来说，虽然通过深化校企合作，短时期内不能解决“双师型”教师培养过程中反映出来的所有问题，但能够减少“双师型”教师培养之路上的障碍，并且可以起到“牵一发而动全身”之效，长期来看，能够带动其他问题的解决。因为，深化校企合作能够提高高职教育教学质量和学生就业的质量，进而改变社会对高职教育和高职教师的看法，使高职办学环境得到进一步优化，高职教师待遇和社会地位得到提升，从而能够吸引到更多来自其他领域的专兼职优秀师资，增加“双师型”教师的数量，减轻专任教师的教学工作量，使他们能够有时间和精力提高自身双师素质和能力。

综上所述，加强校企合作无疑能够帮助高职教育进入良性循环，是高职院校“双师型”教师培养走出困境的基本途径。当务之急，需要政府和高职院校采取有效的措施和手段，激发企业参与合作培养高职“双师型”教师的兴趣和热情，使他们积极主动地加入到深化校企合作的阵营之中。

第二节 政策建议

本研究通过对高职院校“双师型”教师培养的方式、环境和个人等影响因素进行系统分析和研究，提炼出高职院校“双师型”教师培养面临的一些困境。为探索摆脱困境、提高“双师型”教师培养成效的路径，本研究提出以下四点政策性建议。

一、高职院校“双师型”教师培养的校企合作模式亟须保障

研究发现，我国高职“双师型”教师的实践性培养严重不足，尤其是企业工作场

的实践性锻炼不足，要补齐这个“短板”，亟须给予“双师型”教师培养校企合作模式以充分的保障。

目前，职业教育正在经历由学校供给驱动向企业需求驱动转变的“供给侧”改革过程，这要求职业院校的教育教学要随着行业企业的产业结构升级、职业资格变化而变化，高职教育已经进入必须切实深化产教融合、校企合作、工学结合的阶段。在这种背景下，职业院校的教师必须具备学校教学与企业工作紧密结合的意识，没有这种跨界培养“双师型”教师的意识，教师的双师素质和能力难以真正提高，职业教育校企合作的办学模式不可能成功。同时，职业教育工学结合的人才培养模式，着重于课程内容与教学场所的“供给侧”改革，要由课堂知识传授向真实或模拟工作场所的行动学习转变，加强学校教育教学与企业工作岗位的互动。因此，教师要有能力将企业工作和课堂学习紧密结合，这要求教师自己要首先熟悉行业企业的实际工作过程和具体岗位任务，然后才能开发课程、确定基于工作过程的教学内容、选取体现工学结合性质的教学方法。[①]由此决定了校企合作培养“双师型”教师实践能力的必然性。然而，研究结果表明，当前我国企业参与高职院校合作培养“双师型”教师的积极性不高，大多数高职院校和企业合作流于形式，教师整体上缺乏深度企业实践的经历，主要原因是：

(1) 我国的企业不需要承担与职业院校合作办学的法律义务。我国现行的《职业教育法》是教育体制内的国家法律，管辖对象是具有学校形式的所有教育机构，企业并不具备法律意义上的教育机构和办学主体的身份和地位，所以企业在职业教育中的权利与义务并不受法律的约束，导致企业即使完全不承担职业院校“双师型”教师培养的任务，也不会受到任何法律干预。

(2) 企业在参与校企合作中的利益诉求得不到满足。在无需履行法律义务的前提下，基于企业追求盈利的本质特征，如果企业能从校企合作中获得有吸引力的利益，也有可能激发企业参与校企合作的热情。调研结果表明，大多数企业在校企合作中付出的成本比其从中得到的利益多，尽管政府出台的一些政策文件中包含针对“参与校企合作的企业可以享受税收减免”的条款，但其力度尚不足以对企业形成吸引力，企业参与校企合作的积极性依然不高。

以上两点原因基本可以解释我国职业教育校企合作办学模式中“校热企冷”困境长期得不到改善的现象。因此，为了深化校企合作，解决高职院校“双师型”教师培养的企业深度实践不足的问题，需要有关部门尽快修订《职业教育法》，在法律上强调有资格从事职业教育的行业企业的权利、责任、义务及其合作办学的主体地位，从法律层面规定企业从校企合作中能够得到充分经济补偿的权利，保障我国职业教育的校企深度合作模式顺畅运行，为“双师型”教师获得深度的企业实践机会提供法律制度上的保障。

---

① 姜大源．漫话工作过程系统化课程开发的哲学思考[J]．新疆职业教育研究，2010(4)：1-3.

二、高职院校“双师型”教师培养体系亟待优化

本研究发现，高职“双师型”教师培养面临着来自教师个人、培养环境和培养方式的困境，为此，本书作者认为高职“双师型”教师培养体系亟待优化。具体来说，就是要赋予教师自主选择的权利，制定科学合理的培养规划，改进培养方式；创设和谐生态化的培养环境，形成良性的内外部支持环境；强化教师个人的内部动因，形成内外部动因协同效应机制。在这种优化的方式、环境和动因体系中，可以期望“双师型”教师的培养效果得到较明显的提升，形成有效的高职“双师型”教师培养体系（图 8.1）。

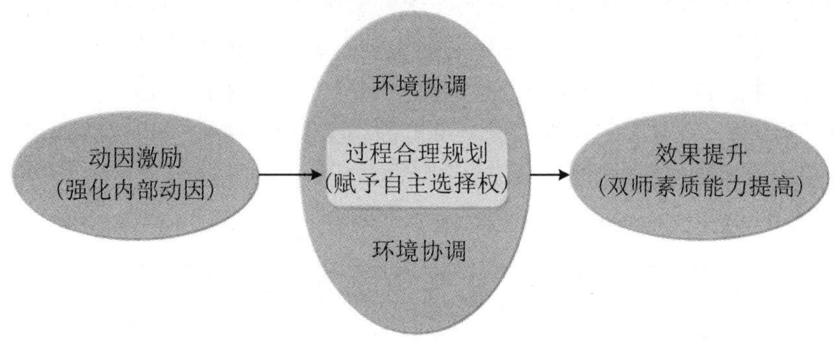

图 8.1　高职“双师型”教师有效培养体系

根据激励理论，内部动因是人们长期持久地坚持某项行为的真正动力，高职教师参加“双师型”培养培训活动的驱动力也应该主要来自内部动因。因此，要改变目前高职“双师型”教师培养中教师参与的内部动因不足的困境，一方面需要教育管理部门做出努力，赋予教师自主选择培训项目和参训时间的权利，使他们能够产生“我要参加”的积极愉悦的情感体验，而不是“要我参加”的消极被动的情绪感知；另一方面需要培养培训项目承办机构提供适合教师需求的培训内容，减少讲授普及性理论知识的课堂教学模式，多请一些对高职教育有深入研究的大师级学者或专家作有针对性的专题讲座，与已经有一定研究能力和研究基础的高职教师一起面对面探讨交流教育教学过程中遇到的实际问题，让教师感受到“学有所获，获有所用，用有所成”，提高他们的自我效能感和对培养培训活动的价值判断。

有效培养体系中的和谐生态环境是指教师能够感觉自己的职业身份受社会尊重，有渠道获得充足的企业深度实践机会，院校的管理制度能够激励教师参加适合自身条件的培养培训活动，教师之间形成相互合作、同步成长的专业共同体氛围。高职教师社会地位的提高不是一朝一夕的事情，它需要在高职人才培养的积极社会效应充分显现之后自然呈现，校企合作的企业主动性调动也需要相应的法律法

规和利益机制做保障才能得到根本好转。因此，要形成有利于“双师型”教师培养的和谐生态环境，高职院校目前最有把握的行动是创设良好的院校内部环境，形成和谐的、生态化的院校文化氛围和激励制度环境，如采取“柔性”的教学管理制度，在时间上给教师参与企业实践“松绑”；对于教师在提高“双师”素能方面的付出和取得的成果，院校要有相应的补助和奖励制度并切实执行，在一定程度上激励教师克服个人因素（包括个人动因、心理和家庭）中的一些障碍，激发教师保持持续提高“双师”素能的主动性和持久性。

在优化教师在职培养方式方面，需要各级管理部门提高高职“双师型”教师培养项目设计的科学性和系统性，加强调研，充分了解一线教师的诉求，根据高职教师的来源结构，结合教师发展的阶段性特点，按照高职“双师型”教师应该具备的“学术性、师范性和实践性”的教育教学能力要求，形成“双师型”教师培养的科学、系统的规划，在合适的时间安排有不同需求的教师参加不同类型的培训项目，减少或杜绝培养培训项目设计和机会分配的随机性及盲目性现象；增强“赋权”意识，使教师能够自主选择适合自身需求的培训项目，达到“缺什么补什么”的效果，以提高培养效果为目的，而非以完成规定的培训课时数为目的，使“双师型”教师培养始终保持在学术性、师范性和实践性兼具的循环培养、持续提高的轨道上。

三、按照高职“双师型”教师发展的阶段性特点实施针对性培养

基于上述的发现和结论，本研究提出高职“双师型”教师“四阶段四维度”培养框架，按照“双师型”教师内在发展规律分阶段落实有针对性的培养。在借鉴前人研究成果的基础上，根据高职“双师型”教师培养面临的诸种困境，本研究提出以高职新入职教师为起点的适应、成长、成熟和升华四个“双师型”教师发展阶段，分别对应从刚入职的适应院校环境和人际关系阶段，到熟悉工作内容和工作节奏阶段，再到经历成长和成熟期的教育教学实践经验积累阶段，直至达到成果颇丰的升华阶段。

本研究提出的高职“双师型”教师培养四个维度的知识内容包括：

（1）学科专业理论知识，指教师任教专业所属学科的系统理论知识，即本体性知识。

（2）教育教学理论和实践知识，即条件性知识，包括教育学、心理学、教学法、职业教育理论等教育教学理论和实际应用知识。

（3）专业实践技能知识，指与任教专业相关的企业岗位工作知识和操作技能，理论上也属于高职“双师型”教师应掌握的本体性知识范畴。

（4）工具性知识，指帮助教师开展教学和研究的信息化、数字化手段的应用性

知识，逻辑上也属于条件性知识的范畴。

高职“双师型”教师培养四维度内容在四个发展阶段是同时并存的，但在每个阶段培养内容的侧重点有所不同(图 8.2)。

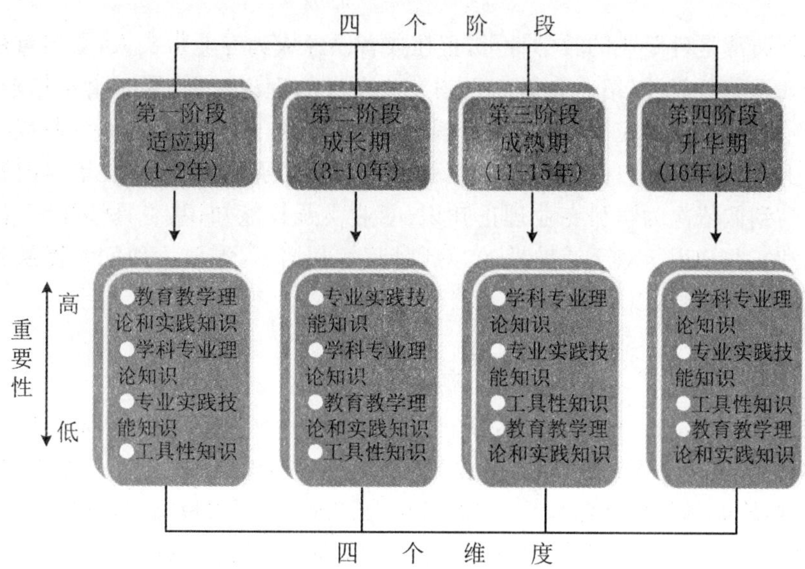

图 8.2　高职“双师型”教师“四阶段四维度”培养模式

1. 适应期阶段(入职后 1～2 年)

由于教师刚入职不久，需要尽快实现角色转换，掌握教学基本技能，获得高校教师资格。此阶段，需要特别加强对“新手教师”教育教学理论和教学实践性知识的培养。新入职的教师通常任教低年级的基础知识课程，高年级的专业实践性核心课程一般不会安排给“新手教师”，所以，“新手教师”对专业实践技能知识的需要还不是很迫切；同时，作为年轻人，对现代信息技术的掌握一般都比较快，对于一些工具性知识并不一定需要多大强度的培训。所以，适应期阶段培养内容的重要性由高到低依次为教育教学理论和实践知识、学科专业理论知识、专业实践技能知识、工具性知识。培养培训形式以加强校本培训为主，可以以学校、院系或教研室为单位多次组织培训，规模可大可小，也可以采用以老带新的“传帮带”“导师制”培养培训模式。

2. 成长期阶段(入职后 3～10 年)

教师一般会被作为教学骨干培养，他们也进入了申请“双师型”教师认定和职称晋升的起步阶段，此时专业实践技能的掌握对他们来说就显得尤为重要，同时专业研究方面也需要有理论或实践成果出现，此阶段培养内容的重要性由高到低调整为专业实践技能知识、学科专业理论知识、教育教学理论和实践知识、工具性知识。培养形式以提供地市级或省级培训机会为主,加强教师与同类高校、行业企业或其他社会组织的交流。

3. 成熟期阶段(入职后11～15年)

教师通常是各专业的教学骨干,正在或者已经成为专业带头人,需要重视对专业理论知识的更新,以培养和提高引领专业发展的理论水平,同时由于年龄渐长,对新技术的敏感性和应用能力有所下降,需要加强对工具性知识的掌握;成熟期教师基本上已经形成了自己的教育理念和教学风格。所以,第三阶段培养内容的重要性由高到低依次为学科专业理论知识、专业实践技能知识、工具性知识、教育教学理论和实践知识。对于成熟期的“双师型”教师培养,需要为他们多提供省级和国家级的培训机会,以增长见识、开阔视野。

4. 升华期阶段(入职后16年以上)

在此阶段,教师一般已经成为或正在申报高级“双师型”教师认定或副教授以上职称,根据终身学习理论,人们无论到了哪个生命阶段,都是需要不断学习的,因此,这个阶段的教师仍然需要作为“专家型”或“教练型”的教师来加以培养。他们需要不断总结教学实践经验,升华成教科研理论或进行成果转化,努力成为专业领域内的指导者和引领者。因此,这一阶段同样需要注意了解学科专业领域内的前沿理论和最新的专业实践技能,同时注意克服年龄的劣势,加强对新技术手段的掌握和应用,所以,升华期阶段教师培养内容的重要性次序与第三阶段相同。升华期阶段的教师培养应着重争取国家级培训计划,积极参加国内外高端的专业培训或学术交流研讨会议,注意培养和保持前沿意识、国际意识和创新意识,不断提高并应用批判性、创造性思维能力。

必须说明的是,四个阶段的入职年限划分、四个维度知识在各阶段的重要性排序以及各阶段的培养形式都是指一般的情况,在实际应用中可以根据教师的个体偏好、天赋能力和后天投入等差异作相应的调整,最终目的是满足教师个性化和多元化的发展需求,提高高职“双师型”教师在职培养的实际效果。

四、加强高职院校教师结构多元化

在研究过程中发现,当前我国高职院校师资来源结构比较单一,以高校应届毕业生为主,因此,强调对在职教师加强“双师型”培养是十分必要的,但从长远来看,过多的高校毕业生来源对教师专业发展是不利的,必须加强教师来源的多元化,如吸引科研院所的研究人员和行业企业的技术专家等人才加入到高职院校的专职或兼职教师队伍中来,构成结构多元化的“双师型”教师团队。

除了职业教育属性，高职院校也具有高等教育的属性。目前高职院校专任教师中高学历、高职称的高层次人才总数较少，教师整体的教科研水平不高，削弱了高职教育的“高等性”，对树立高职院校的社会形象和提高高职教育的社会竞争力产生负面影响；此外，高职院校也承担着社会服务的职能，帮助与专业相关的公司企业开展技术革新、工艺创新、产品开发等是其社会服务能力的体现，但是，只有高校教学经验的高职教师结合产、学、研、用的能力缺失，社会服务能力不强。因此，引进科研院所的高层次科技研发人员充实高职教师队伍，可以带动提高校内其他教师的教科研及成果转化应用能力，提高高职教师服务社会的整体水平。

高职院校的办学目标是为企业培养适用的人才，如果高职教师团队中有足够多的来自企业的高水平技术和管理人员，由他们担任专业实训课程的教学任务，培养学生的职业素养和岗位工作能力，那么既能提高高职院校人才培养的质量，满足企业需求，又能使他们与其他的高职教师组成“双师结构型”教学团队，带动高职院校中企业工作经历缺失或不足的教师提高“双师”素质和能力。因此，从行业企业引进人才成为高职院校专职或兼职教师，无疑是解决高职院校“双师型”教师数量不足、质量不高难题的有效途径。

上述分析表明，高职教师多元化构成是高职教育类型的客观要求，那么为什么现实情况截然相反呢？本书作者认为，高职院校教师来源单一化的主要原因在于以下两个方面：一是高职教育的社会地位低，物质待遇不高，高职教师的工作成就感和满意度较低，难以吸引或留住高层次人才；二是高职院校受制于人事和教育主管部门对教师编制限制和对应聘人员的学历学位要求，院校自身对教育教学亟须的行业企业技术和管理人员没有聘用自主权，许多有技术技能专长的企业人员因没有达到高校教师任教的学历学位要求，而不能成为高职院校的教师。

因此，要加强高职院校教师结构的多元化，首先要提高高职教师的社会地位，而提高高职教师地位要求整个社会形成尊重劳动、认可技能宝贵的社会氛围，使接受高职教育成为人们认为值得骄傲的经历，使企业技术技能型工作岗位成为人们趋之若鹜的工作岗位。近期政府相继颁发了《关于全面深化新时代教师队伍改革的意见》和《关于提高技术工人待遇的意见》等文件，强调了要让教师职业成为受人尊重、人人羡慕的职业，要提高高技能领军人才的政治、经济和社会待遇等，这无疑有助于提高高职教师的社会地位，增加高职院校对高层次科研技术人才的吸引力；其次，要赋予高职院校用人自主权，开通行业企业技术专家能手任教高职院校的绿色通道，使高职教育教学亟须的行业企业一线技术技能人才，不受学历资格的限制，充实到高职教师队伍中来，形成校企合作共建数量足、质量高的“双师型”教师团队的良好局面。

第三节　研究的贡献、不足与未来研究展望

一、本研究的主要贡献

从对相关研究的现有文献检索情况来看，研究高职“双师型”教师培养和师资队伍建设的成果较多，但其中对“双师型”教师培养困境的各种影响因素进行系统研究的成果较为鲜见，也较少有研究能够结合适切的理论对“双师型”教师培养过程中呈现出来的各种现象和问题进行解释和深入分析，从被培养者——教学一线教师的视角切入的研究也较少见，本研究在一定程度上弥补了这些方面的不足。

其一，本研究建立了包含培养方式、培养环境和教师个人三方面内容的分析框架，对高职院校“双师型”教师培养困境进行了较为系统的研究。本研究的内容是高职“双师型”教师的培养困境，实质上是研究对“人”的培养过程，“人”的培养是个复杂、持久的系统工程，影响因素多而互相交织。本研究将影响高职“双师型”教师培养成效的不同因素归入培养方式、培养环境和教师个人三个子系统之中，基于对这三大方面影响因素的系统分析，归纳出高职“双师型”教师在职培养的困境所在并分析其成因，在一定程度上丰富了职业教育“双师型”教师培养研究的模式及分析框架。

其二，本研究应用了工作场学习理论，结合案例院校实际情况，分析了高职院校“双师型”教师培养的国家级培训、省级培训和校本培训三种培养方式选择的合理性和培养效果，并引入组织防卫和组织困境理论阐释并分析了高职“双师型”教师培养过程中组织和个人所具有的有意识、下意识或无意识的防卫心理，尝试论证“双师型”教师培养困境形成的深层次原因，在一定程度上丰富了职业教育“双师型”教师培养研究的理论分析视角，尝试弥补该研究领域理论探讨的不足。

其三，在讨论教师培养问题时，多数研究偏重于从研究者的角度去分析，而忽视教师和其他利益相关者的切身感受，本研究以高职院校一线教师、师资培养培训管理人员和与高职院校有过合作关系的企业管理人员为访谈对象，主要运用半开放式访谈的方法收集他们对“双师型”教师培养的观点和意见，辅以观察法、问卷法等进行三角验证，积累了较为丰富的第一手研究资料，在分析第一手资料的基础上，形成结论，在一定程度上丰富了职业教育“双师型”教师培养的研究模式和视角选择。

二、本研究的不足

本研究从研究设想到问题确定再到数据收集与分析，从开始写作到著作完成，历时近5年。随着研究进程的不断深入，本书作者越来越深刻地感觉到高职“双师型”教师的培养困境研究涉及面极宽，此领域研究的广度和深度远远超出了作者的能力范围，限于本书作者的理论学识、可用的精力和时间，研究中的一些结论和观点有待进一步验证，许多问题有待进一步钻研和深入探讨。

首先，由于研究者自身学识水平、科研能力、精力和时间的限制，尽管在本研究过程中注重对研究问题进行多角度、多层次分析，但长期以来形成的思维定势或多或少会对研究带来局限和影响，特别是质性分析中提出的某些观点带有一定的主观性，研究的政策建议内容，如旨在克服“双师型”教师培养困境的“高职‘双师型’教师‘四阶段四维度’培养模式”和包括动因、环境和培养方式的“高职‘双师型’教师有效培养系统”等还需要在高职“双师型”教师培养实践中予以检验。

其次，由于受到主客观种种因素的限制，本研究采用的研究手段具有一定的局限性。21位访谈对象中有16人都来自同一所学院，其中教学一线的专任教师也只有12人，调查问卷也只联系到310位高职教师参与填写，因而基于方便性原则获取的研究样本在学科专业、发展阶段、职务职称等方面的代表性还不够全面，如果样本数目扩大，来源更加丰富，研究成果将更加具有应用或参考价值。

最后，在数据资料挖掘应用的深度上还有待提高。本研究仅对问卷数据进行了简单的统计分析，主要应用百分比呈现高职教师对“双师型”教师培养现状和存在问题的直接反应，问题的呈现还处于比较浅的层次，如果能够继续深入地挖掘问卷数据，对影响因素从年龄、性别、学科专业、文理工科院校等进行多角度的分析和比较，应当会呈现出更加丰富、全面的“双师型”教师培养特征，对实践的指导意义也会进一步增强。

本研究在上述各方面存在的局限和不足，还期待未来更多的研究者应用适切的研究方法去完善、修正和补充。

三、未来研究展望

受著作篇幅和研究者个人能力所限，在研究过程中发现了一些与本研究相关的问题，值得研究而在本书中未能研究，希望未来能够开展更加深入、细致的后续研究。

1. 不同培养培训方式的绩效对比研究

高职“双师型”教师的培养采取的主要方式是校本培训、国内高校集中短期培训、国内外高校进修、企业短期集中培训、企业顶岗挂职等，那么这些培养方式的整体效果具体有什么不同？各种方式的成本投入与绩效产出之间的比率如何？各种培养方式的投入产出比有什么差异？如何解释这些不同和差异产生的原因？

2. 不同学科专业教师的培训需求差异研究

高职院校专业较多，且随着社会经济的发展，专业设置还需要动态调整，不断地进行增加或删减，以适应行业企业用人需求，因而，高职教师所属的学科专业也就多而细，不同专业背景的教师对“双师型”教师培养的需求必然不会完全相同，那么，他们之间存在什么样的培训需求差异？如何调整培养培训内容和方式适应不同学科专业教师的需求？

3. 师资培养管理模式研究

本研究的结果证实了教师培养管理模式与“双师型”教师培养的效果休戚相关。在日常的师资培养管理中，各级教育管理部门如何评估各种培养培训活动的价值？如何制定培养培训活动的评价体系和标准？如何了解参训教师的真实需求？如何制定并按需调整培养培训方案和规划？如何有效激励行业企业参与高职“双师型”教师培养培训过程？如何选择合适的培训师？这一系列的问题都可以通过对师资培养管理模式的深入研究尝试加以解答。

以上问题也都是针对高职“双师型”教师培养可以展开的具体研究内容，若未来有相关的研究成果问世，那将会对“双师型”教师培养实践提供更加切实有效的指导，也是对“双师型”教师培养理论体系的极大丰富。

百年大计，教育为本。无疑，教育是促进社会发展的关键要素之一，是帮助人们获得平等机会的重要手段[①]，高等职业教育为我国高等教育大众化作出的贡献有目共睹。同时，高等职业教育所承载的促进社会经济发展的历史使命需要一批数量足、素质优的“双师型”教师在具体的高素质技术技能型人才培养过程中去完成。因此，培养高职“双师型”教师是实现高职教育教学目标的基石，是提高高职教育人才培养质量、推动高职教育教学改革的决定性力量。

教师培养是一个长期的、系统的工程，尤其是高职“双师型”教师的培养，更是一个需要跨越普通高等院校、研究院所、高职院校和行业企业的复杂的工作场学习工程，需要教师跨越教学工作场和企业工作场，根据自身在不同发展阶段对教育教学理论和实践知识、学科专业理论知识、专业实践技能知识和工具性知识的不同需求，努力克服自我防卫和自我封闭的心理，坚持参加培养培训活动，不断反思，持续提高，彰显高职“双师型”教师学术性、师范性和实践性“三元合一”的特点。

① ROUECHE J E. Salvage, redirection, or custody? Remedial education in the community junior college[M]. Washington D C: American Association of Community College, 1968: 7-8.

不得不承认,目前对高职“双师型”教师培养困境的研究还没有得到学界足够的关注,尤其是有突破性的、有较大应用和指导价值的研究成果偏少,希望本研究能起到抛砖引玉的作用,启发更多的研究者投入到高职“双师型”教师培养的应用研究中来,帮助高职院校脱离“双师型”师资力量不强的困境。

附　　录

附录1　访 谈 提 纲

一、专任教师访谈提纲

1. 您是“双师型”教师吗？
2. 您获评“双师型”教师依据的是哪些条款？
3. 您如何评价自己的“双师”素能？或者说您认为“双师型”教师应该是什么样的？
4. 您参加过有关的培训活动吗？参加过几次？
5. 您如何评价这些培训活动？
6. 您为成为“双师型”教师做过些什么？
7. 您认为应该怎样不断提高“双师”素质？
8. 在培养和提升“双师”素质方面，您面临哪些困境？
9. 您认为学校在“双师型”教师培养方面做得如何？有什么需要改进的地方？
10. 您如何评价高职教育和高职教师的社会地位？

二、教育管理人员访谈提纲

1. 您如何评价高职教育和高职教师的社会地位？
2. 您认为学校应该如何激励“双师型”教师发展？
3. 在培养“双师型”教师方面，政府应该提供什么支持？
4. 您如何评价目前针对高职教师的培养培训活动？
5. 您如何评价参训教师的表现？

三、企业管理人员访谈提纲

1. 贵单位接受过高职教师企业实习或挂职锻炼吗?
2. 您认为企业是否欢迎教师到企业实践锻炼?
3. 企业接纳教师实践有困难吗? 有哪些困难?
4. 您认为企业实践教师可以在哪些方面为企业服务?
5. 您如何评价企业实践教师的表现?

附录 2 高职“双师型”教师培养培训调查问卷

尊敬的老师：

您好！非常感谢您在紧张的工作之余接受本次调查。调查的目的是了解高职院校教师参加“双师型”培养培训活动的动因、环境、过程和效果。问卷采取无记名方式，调查结果仅用于了解情况和学术研究之用，希望您按自己的真实想法据实填写。再次感谢您的支持与合作！

一、个人基本情况

1. 您的性别：□男　　□女
2. 您的年龄：__________岁
3. 您的职称：□助讲　　□讲师　　□副教授　　□教授
4. 您取得的职业（技术）资格证书：____________________
5. 您取得职业（技术）资格证书的方式：
   □自学参加社会考试　　□自费参加培训　　□公费参加培训　　□其他
6. 您的最高学历/学位　　□专科　　□本科　　□硕士　　□博士（含在读）
7. 您从事高职教育的教龄：__________年
8. 您从事的专业：____________________
9. 您获得最高学历的院校：____________________
10. 您与现任教专业相关的企业工作经验（可累积计算）：__________年
11. 您工作过的企业为：____________________
12. 您的企业工作是：□专职　　□兼职　　□其他具体形式__________
13. 您是否是 A 省教育厅认定的“双师型”教师？　　□是　　□否
14. 您被认定为“双师型”教师的级别：
    □初级　　□中级　　□高级

二、参加双师培养培训的动因

1. 您对“双师型”教师各种培养培训活动的整体评价：

很有价值　比较有价值　一般　价值不大　没有价值

您的评论和建议：

2. 您在“双师型”教师培养培训活动中投入的时间和精力：

很多　比较多　一般　不多　没有投入

您的评论和建议：

3. 院系支持您参加各级各类“双师型”教师培养培训活动：

很属实　比较属实　一般　不太属实　不属实

您的评论和建议：

4. 院系给您提供选择参加适合的相关活动的机会：

很属实　比较属实　一般　不太属实　不属实

您的评论和建议：

5. 您参加活动是因为您喜欢并觉得对个人成长有帮助：

很属实　比较属实　一般　不太属实　不属实

您的评论和建议：

6. 您参加活动是为了保有目前的工作：

很属实　比较属实　一般　不太属实　不属实

您的评论和建议：

7. 您感觉您能够综合应用从培养培训活动中学到的知识和技能：

很属实　比较属实　一般　不太属实　不属实

您的评论和建议：

8. 您近 5 年每学期平均参加了“双师型”教师培养培训活动_______次。

您的评论和建议：

三、参加双师培养培训的环境

1. 您认为高职教师的社会地位：

很高　比较高　一般　比较低　很低

您的评论和建议：

2. 院校安排的培养培训活动很适合您的需求：

很属实　比较属实　一般　不太属实　不属实

您的评论和建议：

3. 在教学和参加活动时，同事之间互相帮助、互相合作：

很属实　比较属实　一般　不太属实　不属实

您的评论和建议：

4. 院校相关制度激励教师参加双师培训：

很属实　　比较属实　　一般　　不太属实　　不属实

您的评论和建议：

5. 您与学生相处融洽，互相尊重：

很属实　　比较属实　　一般　　不太属实　　不属实

您的评论和建议：

6. 您与专业相关的行业企业组织之间的合作机会：

很多　　比较多　　一般　　很少　　没有

您的评论和建议：

7. 您一直坚持为提高双师素质和能力不断学习：

很属实　　比较属实　　一般　　不太属实　　不属实

您的评论和建议：

8. 您的家人对您参加培养培训活动：

很支持　　比较支持　　一般　　不太支持　　不支持

您的评论和建议：

四、参加双师培养培训的过程

1. 贵校举办的校本培训：

很多　比较多　一般　不太多　没有

您的评论和建议：

2. 贵校校本培训的形式：

很丰富　比较丰富　一般　不太丰富　不丰富

您的评论和建议：

3. 您积极参加学校的校本培训：

很属实　比较属实　一般　不太属实　不属实

您的评论和建议：

4. 您参加省级以上的培训机会：

很多　比较多　一般　不太多　没有

您的评论和建议：

5. 您积极参加省级以上的培训：

很属实　比较属实　一般　不太属实　不属实

您的评论和建议：

五、参加双师培养培训的效果

1. 您对高职教育的有关政策：

很了解　　比较了解　　一般　　不太了解　　不了解

您的评论和建议：

2. 您对高职教师应达到的“双师”素质要求：

很了解　　比较了解　　一般　　不太了解　　不了解

您的评论和建议：

3. 培训提高了您的专业理论水平：

很属实　　比较属实　　一般　　不太属实　　不属实

您的评论和建议：

4. 培训提高了您的专业实践技能：

很属实　　比较属实　　一般　　不太属实　　不属实

您的评论和建议：

5. 培训提高了您的教育教学能力：

很属实　　比较属实　　一般　　不太属实　　不属实

您的评论和建议：

6. 您认为“双师型”教师培养培训活动是否需要改进？如何改进？

附录3　2012年A省高职高专教师“双师素质”培训计划

培训基地单位	培训项目	培训对象	培训时间
中国科学技术大学软件学院	Android平台开发	计算机类及相关专业教师	7月21日开始培训，时间：20～30天
合肥工业大学管理学院	电子商务	财经类及相关专业教师	
安徽工程大学	计算机网络工程 工业电气自动化	计算机类及相关专业教师 电子、自动化类及相关专业教师	
安徽大学电子信息工程学院	现代应用电子工程设计与运用 基于Proteus的单片机应用 大学生创新实验、电子设计竞赛组织与技能培训	电子通信类及相关专业教师	8月1日开始培训，时间:20～30天
安徽财经大学	会计学 工商管理	财经、管理类及相关专业教师	7月21日开始培训，时间:20～30天
滁州职业技术学院	J2EE企业级应用开发案例实训	计算机类及相关专业教师	
安徽工商职业学院	物流管理	管理类及相关专业教师	
芜湖职业技术学院	数控机床调试与维修(FANUC系统) 现代汽车维修技术 现代电气控制技术 涂料制造及涂装技术 现代园艺园林技术 数控技术应用(加工方向) Android、嵌入式技术及应用	电子产品设计自动化与制作技术专业教师 工业自动化生产线控制与PLC技术专业教师 生产过程控制与组态技术专业教师 计算机网络信息安全专业教师 冲压成形及塑料成型加工专业教师	7月18日开始培训，时间：15～20天

续表

培训基地单位	培训项目	培训对象	培训时间
合肥通用职业技术学院	SolidWorks 基础操作培训	机械类及相关专业教师	
安徽职业技术学院	电子产品设计自动化与制作技术 工业自动化生产线控制与PLC 技术 生产过程控制与组态技术 计算机网络信息安全 冲压成形及塑料成型加工	电子类及相关专业教师 机电一体化类及相关专业教师 自动化类及相关专业教师 计算机类及相关专业教师 模具、机械类及相关专业教师	7 月 21 日开始培训，时间：15～20 天

附录4 2016年A省高职院校教师“双师素质”培训计划

培训基地单位	培训项目	培训对象	培训时间
芜湖职业技术学院	现代园林园艺技术	园艺园林类及相关专业教师	7月12日～23日
	增强现实技术	电子信息类及计算机类专业教师	
滁州职业技术学院	Html 5响应式前端设计	计算机类及相关专业教师	7月11日～26日
	模具设计与CAE分析	模具、机械、机电一体化技术及其相关专业教师	
中澳科技职业学院	跨境电商操作实践能力	商务英语、国际贸易、国际商务、电子商务等相关专业教师	7月14日～28日
安徽工程大学	物联网应用技术	计算机类及相关专业教师	7月14日～8月3日
	创新创业为导向的教师能力提升	电子、自动化类及相关专业教师	
合肥通用职业技术学院	工业机器人与三维数字化设计	机械类及相关专业教师	7月15日～29日
A省中华职业教育社	电子商务全网营销实战技巧与AR技术应用	电子商务、市场营销、信息管理、计算机、物流管理专业老师及实训指导教师	7月17日～31日
安徽师范大学经济管理学院	金融学	财经、管理类及相关专业教师	7月17日～8月1日
中关村＋战略新兴产业人才发展中心	“互联网＋”前端开发技术	从事互联网与移动互联网教育与竞赛辅导、网站应用开发、移动互联网应用开发以及Android、IOS应用前端开发授课、项目管理及人才培养的教师及工作人员	7月18日～8月10日

续表

培训基地单位	培训项目	培训对象	培训时间
合肥工业大学管理学院	电子商务与创意营销	电子商务、市场营销、财务管理、信息管理、计算机、物流管理专业老师及实训指导教师	7月18日～27日
安徽邮电职业技术学院	计算机网络技术应用	计算机、通信技术、通信工程类相关专业教师	7月18日～8月2日
	通信工程项目管理与新技术方向	通信技术、移动通信技术、通信工程、电子信息工程、计算机类相关专业教师	7月18日～8月1日
安徽艺术职业学院	艺术大类	高职高专艺术类专业教师，包括全省幼儿、中小学、中专层次艺术类相关专业教师	7月18日～30日
安徽城市管理职业学院	轨道交通新技术	高职高专院校城市轨道交通运营管理、轨道交通车辆技术、机电一体化、自动化等相关专业教师；企事业单位从事相关专业的科研工作者	7月19日～8月3日
黄山职业技术学院	茶林专业教师职业资格培训	高职高专院校茶叶专业类、茶文化专业类、茶艺专业类、园林园艺专业类、旅游专业类等相关专业教师和实训指导教师	7月18日～30日
六安职业技术学院	“互联网＋”“旅游＋”及中职高职衔接下的旅游类“教练型”双师教师培训	旅游管理专业教师	7月20日～31日
安徽大学电子信息工程学院	物联网	电子信息类及相关专业教师	7月24日～8月7日

附录5　2016年A省高职院校教师企业顶岗培训项目表

企业名称	培训项目	培训对象	培训时间
合肥立方制药股份有限公司	药物制剂技术	药学类相关专业骨干教师	7月4日～30日
蒙牛乳业有限公司	以蒙牛为平台的食品安全监测技术培训	农林牧渔、生化与药品、轻纺食品等专业大类专业教师	7月12日～8月5日
中国电子科技集团公司	云计算技术与应用	计算机信息管理、工商企业管理专业教师	7月10日～30日
中盐安徽红四方股份有限公司	应用化工技术类	应用化工技术、精细化工技术、工业分析与检验技术专业教师	7月15日～8月15日
华润雪花啤酒(阜阳)有限公司、安徽金种子酒业股份有限公司	酿酒生产及品控技术	生物技术、食品生物技术、微生物技术及应用、食品营养与检测、食品加工技术等专业教师	7月18日～8月13日
A省通信产业服务有限公司	计算机网络应用方向	计算机、信息工程、电子信息工程、通信技术、通信工程类相关专业教师及实训类教师	7月18日～8月13日
	通信新技术方向	通信技术、移动通信技术、通信工程、信息工程、电子信息工程、计算机类相关专业教师及实训类教师	
马钢(集团)控股有限责任公司	材料与资源大类	材料与资源大类专业教师	7月17日～8月7日

续表

培训基地单位	培训项目	培训对象	培训时间
北京触控科技公司	VR 高级实战及开发	计算机、信息工程、电子信息工程、通信技术、通信工程类相关专业教师及实训类教师	7月18日～8月20日
安徽江淮汽车公司阜阳分公司	制造大类	机械大类专业骨干教师，包括讲授或拟讲授该专业课程的专业教师、课程负责人、专业带头人或专业负责人（教研室主任）、实习实训指导教师、系主任或相近专业的专业教师	7月24日～8月19日
中德印刷培训中心印刷厂	平面媒体设计输出实务与3D包装成型技术	平面艺术设计、包装艺术设计、视觉传播设计与制作、广告设计与制作、数字媒体艺术设计、公共艺术设计等专业骨干教师	7月25日～8月18日
A省徽商集团有限公司	物流企业横向课题	物流管理专业或商贸流通类专业骨干教师	8月1日～25日

附录 6　A 省 2016 年度高职院校省培计划分校计划表[①]

学　　校	2014 年差额	2015 年指标	2015 年完成	2015 年差额	2016 年总指标
1. 安徽城市管理职业学院	0	20	22	-2	20
2. 安徽财贸职业学院	0	20	22	-2	20
3. 铜陵职业技术学院	0	20	21	-1	20
4. 亳州职业技术学院	0	20	20	0	20
5. 安徽体育运动职业技术学院	2	10	10	2	10
6. 安徽人口职业学院	2	10	10	2	10
7. 淮南联合大学	0	20	17	3	20
8. 安徽工商职业学院	2	40	27	15	30
9. 安徽警官职业学院	12	15	22	5	25
10. 安徽工业经济职业技术学院	12	15	22	5	25
11. 安庆医药高等专科学校	10	15	20	5	20
12. 马鞍山职业技术学院	0	30	25	5	25
13. 安徽国防科技职业学院	12	15	22	5	20
14. 阜阳职业技术学院	0	20	13	7	15
15. 安徽扬子职业技术学院	12	15	20	7	15
16. 安徽公安职业学院	8	10	11	7	15
17. 宿州职业技术学院	5	10	7	8	20
18. 皖北卫生职业学院	0	10	2	8	15
19. 安徽医学高等专科学校	12	15	16	11	25
20. 合肥经济技术职业学院	8	10	7	11	15

① 截至 2015 年完成情况及 2016 年各校总指标数。

续表

学　校	2014 年差额	2015 年指标	2015 年完成	2015 年差额	2016 年总指标
21. 马鞍山师范高等专科学校	12	15	15	12	20
22. 黄山职业技术学院	5	20	12	13	30
23. 滁州城市职业学院	6	20	13	13	30
24. 安徽绿海商务职业学院	10	10	7	13	20
25. 安徽冶金科技职业学院	5	20	12	13	20
26. 安徽工商职业学院	2	40	27	15	30
27. 安徽机电职业技术学院	20	15	20	15	30
28. 安徽审计职业学院	3	20	8	15	25
29. 池州职业技术学院	17	15	15	17	20
30. 宣城职业技术学院	13	15	11	17	20
31. 安徽经济管理干部学院	9	20	12	17	25
32. 蚌埠经济技术职业学院	10	10	2	18	25
33. 芜湖职业技术学院	15	30	26	19	35
34. 安徽电子信息职业技术学院	16	15	12	19	30
35. 安徽工贸职业技术学院	10	10	1	19	25
36. 阜阳幼儿师范高等专科学校	0	30	11	19	25
37. 合肥滨湖职业技术学院	10	10	0	20	25
38. 阜阳科技职业学院	10	10	0	20	25
39. 万博科技职业学院	18	15	13	20	25
40. 安徽电气工程职业技术学院	17	20	16	21	35
41. 桐城师范高等专科学校	20	15	14	21	30
42. 安徽汽车职业技术学院	1	20	0	21	30
43. 亳州师范高等专科学校	3	20	1	22	35
44. 合肥信息技术职业学院	14	15	7	22	30
45. 安徽广播影视职业技术学院	8	20	6	22	25
46. 安徽林业职业技术学院	13	15	6	22	25
47. 安徽中医药高等专科学校	16	15	8	23	35
48. 安庆职业技术学院	16	15	8	23	30

续表

学　校	2014 年差额	2015 年指标	2015 年完成	2015 年差额	2016 年总指标
49. 安徽新闻出版职业技术学院	5	20	1	24	30
50. 安徽涉外经济职业学院	17	15	8	24	35
51. 合肥职业技术学院	19	15	10	24	35
52. 徽商职业学院	7	20	3	24	30
53. 合肥财经职业学院	9	20	3	26	30
54. 滁州职业技术学院	30	30	33	27	40
55. 安徽黄梅戏艺术职业学院	12	15	0	27	30
56. 安徽国际商务职业学院	10	20	3	27	30
57. 安徽粮食工程职业学院	14	15	2	27	35
58. 安徽艺术职业学院	18	15	5	28	35
59. 安徽邮电职业技术学院	4	30	5	29	30
60. 六安职业技术学院	5	30	4	31	40
61. 合肥共达职业技术学院	19	15	2	32	35
62. 合肥科技职业学院	20	15	3	32	35
63. 安徽中澳科技职业学院	21	40	28	33	40
64. 合肥通用职业技术学院	20	20	6	34	40
65. 安徽现代信息工程职业学院	20	15	1	34	40
66. 安徽矿业职业技术学院	20	15	1	34	35
67. 安徽职业技术学院	20	20	5	35	40
68. 淮南职业技术学院	20	15	0	35	40
69. 安徽工业职业技术学院	17	20	1	36	40
70. 安徽旅游职业学院	17	20	0	37	45
71. 合肥幼儿师范高等专科学校	20	20	3	37	40
72. 皖西卫生职业学院	31	20	11	40	45
73. 安徽商贸职业技术学院	36	30	16	50	55
74. 淮北职业技术学院	30	30	5	55	55
75. 安徽水利水电职业技术学院	39	30	13	56	60
合　计	923	1 395	815	1 501	2 190

附录 7　A 省高等职业院校“双师型”教师认定办法(试行)

为进一步加强高等职业院校师资队伍建设，不断优化师资队伍结构，加快建设一支理论基础扎实、具有较强技术应用能力的“双师型”教师队伍，根据《A 省人民政府关于加强教师队伍建设的意见》(皖政〔2013〕67 号)精神，结合 A 省高等职业院校实际，制定本办法。

一、高等职业院校“双师型”教师认定范围

(1) 在高等职业院校承担教学任务 2 年以上的校内在职专任教师。

(2) 经学校聘任，承担高等职业院校教学任务 1 年以上、年龄一般不超过 60 周岁的校外兼职教师。

二、高等职业院校“双师型”教师认定条件

(一) 专业技术职务资格基本条件

(1) 校内专任教师申请认定高等职业院校“双师型”教师者必须具有高校教师系列中级及以上专业技术职务。

(2) 校外兼职教师申请认定高等职业院校“双师型”教师者必须具有本专业非高校教师系列中级及以上专业技术职务。

(二) 专业实践能力或专业教学能力基本条件

(1) 校内专任教师申请认定高等职业院校“双师型”教师者必须具有相应的专业实践能力，即必须具有本专业非高校教师系列初级及以上专业技术职务，或具备从事本专业高级技能(三级及以上)职业资格证书，或具备高等职业院校“双师型”教师认定标准规定的其他相应水平专业实践能力条件。

(2) 校外兼职教师申请认定高等职业院校“双师型”教师者必须具备相应的专业教学能力,即具备高校教师资格,且年度教学考核合格。

(3) 专业实践能力或专业教学能力虽不完全具备上述规定的条件,但专业实践能力某一方面特别突出的,也可申请认定,由专家评议委员会评审确定。

(三) “双师型”教师认定具体条件

各类专业各级“双师型”教师认定的具体条件参见“A 省高等职业院校‘双师型’教师认定标准”。

三、高等职业院校“双师型”教师申请

(1) 每年 6 月份受理高等职业院校“双师型”教师认定申请,具体受理时间由 A 省教育厅统一规定并公布。

(2) 申请认定高等职业院校“双师型”教师,实行自愿原则。凡申请认定高等职业院校“双师型”教师,应提交“A 省高等职业院校‘双师型’教师认定申请表”一式二份以及相应的支撑材料。

四、高等职业院校“双师型”教师认定

(一) 高等职业院校“双师型”教师认定机构

(1) 各高等职业院校人事处为“双师型”教师认定机构,负责本校“双师型”教师认定工作。

(2) 省高校师资培训中心为省教育厅高等职业院校“双师型”教师认定管理机构,受省教育厅委托,具体承担高等职业院校“双师型”教师认定管理工作。

(二) 高等职业院校“双师型”教师认定专家评议委员会

由“双师型”教师认定机构组建“双师型”教师认定专家评议委员会。专家评议委员会由学校负责人、省教育行政管理部门负责人、相关专业副高及以上专业技术职务的教师等 9～11 人组成。根据工作需要可下设若干个专业类评议组(一般由 3～5人组成)。专业类评议组须经全体人员半数以上投票表决同意后,方可提交专

家评议委员会评议。

（三）高等职业院校“双师型”教师认定程序

（1）各校“双师型”教师认定机构对申请人提交的材料进行初步审查。

（2）各校“双师型”教师认定专家评议委员会进行审查。审查同意的，在校内公示一周，无异议后报省教育厅高等职业院校“双师型”教师认定管理机构备案审核。

（3）经省教育厅高等职业院校“双师型”教师认定管理机构备案审核合格的，在安徽教育网进行公示。公示无异议后由省教育厅颁发文件及证书。

五、高等职业院校“双师型”教师证书管理

（1）高等职业院校“双师型”教师证书由省教育厅统一印制，由高等职业院校“双师型”教师认定管理机构负责发放。

（2）建立高等职业院校“双师型”教师电子管理平台。高等职业院校“双师型”教师证书纳入电子管理平台统一管理，并使用全省统一的证书编码。

（3）高等职业院校“双师型”教师证书实行登记注册制，各级“双师型”教师证书一次注册有效期为五年。

附录8 A省高等职业院校“双师型”教师认定标准(试行)

为做好A省高等职业院校“双师型”教师认定工作,根据《A省高等职业院校“双师型”教师认定办法》,结合我省高等职业院校实际,特制定本标准。

一、高等职业院校“双师型”教师认定等级

A省高等职业院校“双师型”教师认定按校内专任教师和校外兼职教师两种类型,依据不同条件分别设置高级“双师型”教师、中级“双师型”教师和初级“双师型”教师。

二、高等职业院校“双师型”教师认定标准

(一)校内专任教师申请认定“双师型”教师条件

1. 初级“双师型”教师

具有高校教师系列中级及以上专业技术职务,并同时具备下列专业实践能力条件之一:

(1) 具有本专业或相近专业非教师系列初级及以上专业技术职称(见A省教育人事网公告栏:A省高等职业院校各专业类“双师型”教师岗位资格证书对应一览表“本专业或相近专业非教师系列专业技术职务”栏);

(2) 具有从事本专业或相近专业的高级技能(三级)职业资格证书(见A省教育人事网公告栏:A省高等职业院校各专业类“双师型”教师岗位资格证书对应一览表“相应职业资格证书”栏);

(3) 具有从事本专业或相近专业的行业特许资格(执业资格)证书并参与行业企业具体案例、项目等工作(见A省教育人事网公告栏:A省高等职业院校各专业类“双师型”教师岗位资格证书对应一览表“相应注册执业资格”栏);

（4）具有从事本专业或相近专业国家职业技能鉴定中级及以上考评员资格证书；

（5）近5年中有1年以上（可累计计算）在企业第一线从事本专业实际工作经历，能指导学生专业实践实训活动；

（6）近5年主持或主要参与（前3名）为企事业单位开展的各类技术研发和相关服务，成果已被企业使用，效益良好；

（7）本人在B类及以上赛事中获得优秀奖，能全面指导学生专业实践活动；或近3年指导学生参加B类赛事取得一等奖以上；或近3年指导学生参加A类赛事取得三等奖以上（A、B类赛事依据皖教秘〔2014〕1号文件分类）；

（8）参加省级及以上教育部门师资培训基地组织的"双师"教师培训，完成规定的培训内容，掌握相应专业的关键技能经考核合格并取得合格证书。

2. 中级"双师型"教师

具有高校教师系列中级及以上专业技术职称，并同时具备下列专业实践能力条件之一：

（1）具有本专业或相近专业非教师系列中级及以上专业技术职称（见A省教育人事网公告栏：A省高等职业院校各专业类"双师型"教师岗位资格证书对应一览表"本专业或相近专业非教师系列专业技术职务"栏）；

（2）具有从事本专业或相近专业的高级技能（三级）职业资格证书，并在近5年内，有1年以上企业（或社会）实践工作经历；

（3）具有从事本专业或相近专业技师（二级）及以上职业资格证书（见A省教育人事网公告栏：A省高等职业院校各专业类"双师型"教师岗位资格证书对应一览表"相应职业资格证书"栏）；

（4）具有从事本专业或相近专业国家职业技能鉴定高级考评员资格证书；

（5）具有从事本专业或相近专业的行业特许资格（执业资格）证书并且每年承担行业企业具体案例、项目等工作1项以上（见A省教育人事网公告栏：A省高等职业院校各专业类"双师型"教师岗位资格证书对应一览表"相应注册执业资格"栏）；

（6）有5年以上企业第一线专业技术工作经历，能全面指导学生专业实践实训活动；

（7）近5年主持或主要参与（前3名）2项及以上为企事业单位开展的各类技术研发和相关服务，成果已被企业使用，效益良好；

（8）本人在B类及以上赛事中获得一等奖以上，或本人在A类赛事中获得三等奖以上，能全面指导学生专业实践活动，或近3年指导学生参加A类赛事取得一等奖以上。

3. 高级“双师型”教师

(1) 具有高校教师系列中级以上专业技术职称且具有本专业或相近专业非教师系列高级专业技术职称；或具有高校教师系列高级专业技术职称且具有本专业或相近专业非教师系列中级以上专业技术职称。

(2) 具有高校教师系列高级专业技术职称，并同时具备下列专业实践能力条件之一：

(1) 具有从事本专业或相近专业的高级技能(三级)职业资格证书，并在近 5 年内，有 3 年以上企业(或社会)实践工作经历；

(2) 具有从事本专业或相近专业技师(二级)职业资格证书，并在近 5 年内，有 1 年以上企业(或社会)实践工作经历；

(3) 具有从事本专业或相近专业高级技师(一级)职业资格证书(见 A 省教育人事网公告栏：A 省高等职业院校各专业类“双师型”教师岗位资格证书对应一览表“相应职业资格证书”栏)；

(4) 具有从事本专业或相近专业的行业特许资格(执业资格)证书者并且每年承担行业企业具体案例、项目等工作 2 项以上(见 A 省教育人事网公告栏：A 省高等职业院校各专业类“双师型”教师岗位资格证书对应一览表“相应职业资格证书”栏)；

(5) 本人在 A 类赛事中获得一等奖以上，能全面指导学生专业实践实训活动；

(6) 有 10 年以上企业专业技术工作经历，主持或主要参与(前 3 名)5 项及以上为企事业单位开展的各类技术研发和相关服务，成果已被企业使用，效益良好。

(二) 校外兼职教师申请认定“双师型”教师条件

1. 初级“双师型”教师

具有非教师系列中级专业技术职称，并同时具备高等学校教师资格。

2. 中级“双师型”教师

具有非教师系列中级专业技术职称，并取得本专业高等学校教师系列中级专业技术职称。

3. 高级“双师型”教师

具有非教师系列高级专业技术职称，并取得本专业高等学校教师系列中级专业技术职称；或具有非教师系列中级以上专业技术职称且具有本专业高校教师系列高级专业技术职称。

附录9　A省“双师型”教师岗位资格对应一览表(节选)

旅游大类专业相应级别双师型教师对应的岗位资格证书一览表(一)

<table>
<tr><th>专业类</th><th>双师型教师级别</th><th>教师系列专业技术职务</th><th>本专业非教师系列专业技术职务</th><th>岗位群</th><th>相应职业资格证书</th><th>执业资格</th></tr>
<tr><td rowspan="4">烹饪类</td><td>初级</td><td>讲师</td><td></td><td rowspan="2">中餐烹饪人员
中餐面点人员
西餐烹饪人员
西点烹饪人员
调酒与茶艺人员
营养配餐人员
厨政管理人员</td><td>中式烹调师(三级/高级工)
中式面点师(三级/高级工)
西式烹调师(三级/高级工)
西式面点师(三级/高级工)
公共营养师(三级/高级工)
调酒师或咖啡师(三级/高级工)</td><td></td></tr>
<tr><td>中级</td><td>讲师</td><td>经济师
工程师</td><td>中式烹调师(二级/技师)
中式面点师(二级/技师)
西式烹调师(二级/技师)
西式面点师(二级/技师)
公共营养师(二级/技师)
调酒师或咖啡师(二级/技师)
国家级职业技能鉴定考评员</td><td>国家餐饮业二级评委</td></tr>
<tr><td rowspan="2">高级</td><td>副教授及以上</td><td>经济师
工程师</td><td></td><td>中式烹调师(一级/高级技师)
中式面点师(一级/高级技师)
西式烹调师(一级/高级技师)
西式面点师(一级/高级技师)
公共营养师(一级/高级技师)
调酒师或咖啡师(一级/高级技师)
国家级职业技能竞赛裁判员</td><td>国家餐饮业一级评委</td></tr>
<tr><td>讲师及以上</td><td>高级经济师
高级工程师</td><td></td><td></td><td></td></tr>
</table>

旅游大类专业相应级别双师型教师对应的岗位资格证书一览表(二)

<table>
<tr><th>专业类</th><th>双师型
教师级别</th><th>教师系列
专业技术
职务</th><th>本专业非
教师系列
专业技术
职务</th><th>岗位群</th><th>相应职业资格证书</th><th>相应注册
执业资格</th></tr>
<tr><td rowspan="4">旅游管理类</td><td>初级</td><td>讲师</td><td>初级经济师</td><td rowspan="4">导游员
领队
计调
旅游营销员
门市接待员
酒店服务员
调酒师
茶艺师
展览讲解员
会展策划师
公共游览场所服务员</td><td>导游员(初级)
酒店(前厅、客房、餐厅)服务员(三级/高级工)
调酒师(三级/高级工)
茶艺师(三级/高级工)
会展策划师(三级/高级工)
国家职业技能鉴定中级考评员</td><td rowspan="4"></td></tr>
<tr><td>中级</td><td>讲师</td><td>经济师</td><td>导游员(中级)
出境领队证
国际(国内)旅行社总(部门)经理资格证书
酒店(前厅、客房、餐厅)服务员(二级/技师)
调酒师(二级/技师)
茶艺师(二级/技师)
会展策划师(二级/技师)
国家职业技能鉴定高级考评员</td></tr>
<tr><td rowspan="2">高级</td><td>副教授及以上</td><td>经济师</td><td>导游员(高级、特级)
酒店(前厅、客房、餐厅)服务员(一级/高级技师)
调酒师(一级/高级技师)
茶艺师(一级/高级技师)
会展策划师(一级/高级技师)
国家级职业技能竞赛裁判员</td></tr>
<tr><td>讲师及以上</td><td>高级经济师</td><td></td></tr>
</table>

附录 10　高等职业学校骨干教师国家级培训 2011 年度项目名单(节选)

项目代码	培训类别			培训方向	培训机构名称
	国内培训	企业顶岗	国外培训		
02111101	√			财经	天津交通职业学院
02111102	√			制造	天津交通职业学院
02111103	√			轻纺食品	天津现代职业技术学院
02111104	√			环保、气象与安全	天津现代职业技术学院
02111105	√			生化与药品	天津现代职业技术学院
03111101	√			化工设备维修技术	河北化工医药职业技术学院
03111102	√			计算机网络技术	河北工业职业技术学院 河北新龙科技股份有限公司
03111103	√			旅游管理	河北旅游职业学院
03111104	√			会计	河北旅游职业学院
03111105	√			软件技术	河北软件职业技术学院 世纪乐知(北京)网络技术有限公司
03111106	√			兽医	河北旅游职业学院
03111107	√			旅游管理	河北旅游职业学院
03111108	√			化工设备与机械	河北化工医药职业技术学院
03111109	√			生化制药技术	河北化工医药职业技术学院
03111110	√			电子信息技术	河北工业职业技术学院 河北新龙科技股份有限公司
03111111	√			计算机网络技术	河北工业职业技术学院 河北新龙科技股份有限公司

续表

项目代码	培训类别			培训方向	培训机构名称
	国内培训	企业顶岗	国外培训		
03111112	√			计算机网络技术	河北工业职业技术学院 杭州华三通信技术有限公司
03111113	√			移动通信技术	河北工业职业技术学院 华为技术有限公司
28111104	√			环保、气象与安全(环保)	兰州资源环境职业技术学院
28111105	√			环保、气象与安全(气象)	兰州资源环境职业技术学院
28111106	√			水利(水利工程、水利工程施工技术)	兰州资源环境职业技术学院
28111107	√			制造(机电一体化技术)	兰州资源环境职业技术学院
28111108	√			资源开发与测绘(测绘)	兰州资源环境职业技术学院
28111109	√			资源开发与测绘(地质工程与技术)	兰州资源环境职业技术学院
28111110	√			资源开发与测绘(矿物加工)	兰州资源环境职业技术学院
28111111	√			资源开发与测绘(资源勘查)	兰州资源环境职业技术学院
28111112	√			资源开发与测绘(矿业工程)	兰州资源环境职业技术学院
31111101	√			园艺技术专业	新疆农业职业技术学院
31111102	√			种子生产与经营	新疆农业职业技术学院
31112301		√		电脑艺术设计	新疆普拉纳广告有限公司、乌鲁木齐市金山峰广告有限公司、新疆头羊智业广告有限公司、新疆奥立广告有限公司、新疆新华印刷厂
31111103	√			电脑艺术设计	新疆轻工职业技术学院
31111104	√			计算机网络技术	新疆轻工职业技术学院
31111105	√			食品加工技术、纺织	新疆轻工职业技术学院
31111106	√			应用化工技术	新疆轻工职业技术学院

续表

项目代码	培训类别			培训方向	培训机构名称
	国内培训	企业顶岗	国外培训		
31112302		√		种子生产与经营	新疆新实良种股份有限公司、新疆华西种业有限公司、新疆西域种业股份有限公司、新疆九合种业、新疆康地种业、新疆金博种业
31112303		√		应用化工技术	新疆中泰化学股份有限公司、新疆天业集团、特变电工新疆硅业有限公司、新疆新化化肥有限责任公司、湖北宜化新疆公司、兖矿新疆煤化工有限公司
31112304		√		食品加工、检验和生物技术应用	中基实业股份有限公司、新疆麦趣尔食品有限公司、统一企业食品有限公司、新疆隆平高科红安种业有限责任公司、新疆太极华力食品有限公司、新疆雨润食品有限责任公司、张裕葡萄酒厂新疆分公司
38113101			√	电子信息(Oracle 软件)	甲骨文(中国)软件系统有限公司
38113102			√	数控、模具、机械学科专业	吉特迈技术贸易(上海)有限公司
38113103			√	护理专业、临床类专业	加拿大宏桥股份有限公司
38113104			√	精细化学品生产技术、煤矿开采技术、油气开采技术、工程监理	澳大利亚博士山技术及继续教育学院
38113105			√	数控系统应用技术	FANUC 株式会社
38113106			√	物流专业	加拿大宏桥股份有限公司
38113107			√	旅游管理、会展策划与管理、社区管理与服务、安全保卫专业	西澳大利亚州理工学院
38113108			√	农业类、园艺、工程造价、学前教育专业	新南威尔士州培训与继续教育学院

续表

项目代码	培训类别			培训方向	培训机构名称
	国内培训	企业顶岗	国外培训		
38113109			√	计算机应用专业	思科(中国)人才培训中心
38111101	√			计算机应用专业	思科(中国)人才培训中心
38112101		√		计算机应用专业	神州数码网络公司
38112102		√		数控、模具、机械学科专业	吉特迈技术贸易(上海)有限公司
38112103		√		新能源技术与应用(光伏)	天合光能有限公司、江西赛维 LDK 太阳能高科技有限公司、晶澳太阳能有限公司
38112104		√		新能源技术与应用(光伏、风电)	新疆金风科技股份有限公司、甘肃东方集团有限公司
38113110			√	教学管理、学生管理、实训基地管理	德国巴符州教师继续教育学院
38113111			√	跨专业的课程开发与教学法	德国巴符州教师继续教育学院
38113112			√	教学管理、学生管理、实训基地管理	新加坡南洋理工学院
38113113			√	机电一体化系统技术、数控技术、电子工程-嵌入法技术、数码多媒体设计	新加坡南洋理工学院
38113114			√	室内及环境设计、酒店及旅游管理、物流、国际商务、会计专业	新加坡南洋理工学院
38113115			√	酒店及旅游管理、物流、市场营销、会展	澳大利亚博士山职业技术学院
38113116			√	机电一体化、电工电子、数控、土建施工	澳大利亚博士山职业技术学院

附录 11 教育部公示的 A 省国培计划项目名单

项目名称	推荐机构	培训类别	培训方向	培训机构名称	培训地点
会计信息化专业骨干教师培训	A 省教育厅	国内培训	财经大类	安徽商贸职业技术学院	安徽芜湖
会计专业专业骨干教师培训	A 省教育厅	国内培训	财经大类	安徽商贸职业技术学院	安徽芜湖
市场营销专业骨干教师培训	A 省教育厅	国内培训	财经大类	安徽商贸职业技术学院	安徽芜湖
ERP(企业资源计划)专业骨干教师培训	A 省教育厅	国内培训	电子信息大类	安徽商贸职业技术学院	安徽芜湖
计算机网络专业骨干教师培训	A 省教育厅	国内培训	电子信息大类	安徽商贸职业技术学院	安徽芜湖
Pro/E 模具设计与制造专业骨干教师培训	A 省教育厅	国内培训	制造大类	安徽职业技术学院	安徽合肥
工业自动化生产线控制与 PLC 技术专业骨干教师培训	A 省教育厅	国内培训	制造大类	安徽职业技术学院	安徽合肥
市场营销专业骨干教师培训	A 省教育厅	国内培训	财经大类	安徽职业技术学院	安徽合肥
化工技术类专业骨干教师培训	A 省教育厅	国内培训	生化与药品大类	安徽职业技术学院	安徽合肥
机电一体化技术专业骨干教师培训	A 省教育厅	国内培训	制造大类	阜阳职业技术学院	安徽阜阳
微生物技术及应用专业骨干教师培训	A 省教育厅	国内培训	生化与药品大类	阜阳职业技术学院	安徽阜阳
园艺技术专业骨干教师培训	A 省教育厅	国内培训	农林牧渔大类	阜阳职业技术学院	安徽阜阳
数控技术专业骨干教师培训	A 省教育厅	国内培训	制造大类	阜阳职业技术学院	安徽阜阳
园林园艺类专业骨干教师培训	A 省教育厅	国内培训	农林牧渔大类	芜湖职业技术学院	安徽芜湖
现代电气控制技术专业骨干教师培训	A 省教育厅	国内培训	制造大类	芜湖职业技术学院	安徽芜湖
涂料生产与涂装工艺专业骨干教师培训	A 省教育厅	国内培训	材料与能源大类	芜湖职业技术学院	安徽芜湖
数控技术应用(加工方向)专业骨干教师培训	A 省教育厅	国内培训	制造大类	芜湖职业技术学院	安徽芜湖

续表

项目名称	推荐机构	培训类别	培训方向	培训机构名称	培训地点
数控机床装调与维修(FANUC系统)专业骨干教师培训	A省教育厅	国内培训	制造大类	芜湖职业技术学院	安徽芜湖
数控机床调试与维修(华中数控系统)专业骨干教师培训	A省教育厅	国内培训	制造大类	芜湖职业技术学院	安徽芜湖
汽车类专业骨干教师培训	A省教育厅	国内培训	制造大类	芜湖职业技术学院	安徽芜湖
现代水泥生产控制技术专业骨干教师培训	A省教育厅	企业顶岗培训	材料与能源大类	安徽职业技术学院 安徽枞阳海螺水泥股份有限公司	安徽合肥
道路桥梁施工技术企业培训	A省教育厅	企业顶岗培训	交通运输大类	安徽交通职业技术学院 A省公路桥梁工程有限公司	安徽合肥
ERP(企业资源计划)专业骨干教师培训	A省教育厅	企业顶岗培训	电子信息大类	安徽商贸职业技术学院 鼎捷软件股份有限公司	江苏南京
与奇瑞汽车公司合作开展现代汽车制造高职教师“顶岗实习”培训	A省教育厅	企业顶岗培训	制造大类	安徽师范大学 A省高等学校师资培训中心 奇瑞汽车公司人力资源部	安徽芜湖

参 考 文 献

[1] 中共中央关于教育体制改革的决定[N].中国教育报,1985-06-01(1).

[2] 中华人民共和国职业教育法[Z].1996-05-15.

[3] 关于加强中等职业学校教师队伍建设的意见[Z].1997-09-24.

[4] 面向二十一世纪深化职业教育教学改革的原则意见:教职〔1998〕1号[Z].1998-02-16.

[5] 关于深化教育改革,全面推进素质教育的决定[Z].1999-06-13.

[6] 关于加强高职高专教育人才培养工作的意见:教职〔2000〕2号[Z].2000-01-17.

[7] 关于大力发展职业教育的决定:国发〔2005〕35号[Z].2005-10-28.

[8] 关于全面提高高等职业教育教学质量的若干意见:教高〔2006〕16号[Z].2006-11-16.

[9] 高等职业院校人才培养工作评估方案[Z].2008.

[10] 国家中长期教育改革和发展规划纲要(2010～2020年)[Z].2010-07-08.

[11] 关于加强教师队伍建设的意见:国发〔2012〕41号[Z].2012-08-20.

[12] 关于加快发展现代职业教育的决定:国发〔2014〕19号[Z].2014-05-02.

[13] 现代职业教育体系建设规划(2014～2020年)[Z].2014-06-16.

[14] 关于开展现代学徒制试点工作的意见:教职成〔2014〕9号[Z].2014-08-25.

[15] 关于深化职业教育教学改革全面提高人才培养质量的若干意见:教职成〔2015〕6号[Z].2015-07-27.

[16] 高等职业教育创新发展行动计划(2015～2018年)[EB/OL].(2015-11-18).http://www.moe.gov.cn/.

[17] 克里斯·阿吉里斯.克服组织防卫[M].郭旭力,等译.北京:中国人民大学出版社,2007.

[18] 克里斯·阿吉里斯,罗伯特·帕特南,戴安娜·麦克莱恩·史密斯.行动科学:探究与介入的概念、方法与技能[M].夏林清,译.北京:教育科学出版社,2012.

[19] 克里斯·阿吉里斯.组织困境:领导力、文化、组织设计[M].姚燕瑾,译.北京:中国财富出版社,2013.

[20] 米高·奎因·巴顿.质的评鉴与研究[M].吴芝仪,李奉儒,译.台北:桂冠图书股份有限公司,1995.

[21] 毕恒达.教授为什么没告诉我[M].台北:学富文化,2005.

[22] 曹晔.我国职业教育“双师型”师资的内涵及发展趋势[J].教育发展研究,2007(10A):22-24.

[23] 曹晔.重视兼职教师的发展构建二元化“双师型”师资队伍[J].中国职业技术教育,2007(6):27.

[24] 陈鸣鸣.高职教师的专业发展阶段特点研究[J].教育学术月刊,2009(5):9-12.

[25] 陈启新,陈红,高小芹,等.国内高职院校校本培训研究综述[J].十堰职业技术学院学报,2013(4):10-14.

[26] 陈向明.教师如何做质的研究[M].北京:教育科学出版社,2001.

[27] 陈向明.对教师实践性知识构成要素的探讨[J].教育研究,2009(10):5-8.

[28] 陈向明,林小英.如何成为质的研究者:质的研究方法的教育学[M].北京:教育科学出版社,2004.

[29] 陈向明.旅居者和“外国人”:留美中国学生跨文化人际交往研究[M].北京:教育科学出版社,2004.

[30] 陈向明.质的研究方法与社会科学研究[M].北京:教育科学出版社,2000.

[31] 陈向明.教育研究方法[M].北京:教育科学出版社,2013.

[32] 陈亚军,李莉芳.高职院校教育研究机构建设现状调查与对策研究[J].中国职业技术教育,2017(6):91-96.

[33] 柴秀智.地方高职院校“双师素质”教师队伍现状及培养对策个案研究[D].长春:东北师范大学,2006.

[34] 董刚.职业教育发展的潜力与阻力[EB/OL].(2015-12-01).http://news.youth.cn/jy/201512/t20151201_7369506.htm.

[35] 付雪凌,石伟平.美、澳、欧盟职业教育教师专业能力标准比较研究[J].比较教育研究,2010(12):81-85.

[36] 付云.重庆市高职院校“双师型”教师队伍建设研究[D].重庆:西南大学,2007.

[37] 符家庆,孙建波.激励理论指导下的“双师型”教师队伍建设研究[J].职教论坛,2014(23):9-12.

[38] 冯塔纳.教师心理学[M].王新超,译.北京:北京大学出版社,2004.

[39] 高筠.地方本科院校培养“双师”素质教师的创新研究[J].继续教育,2007(9):17-20.

[40] 郭泽斌,夏金星.职业院校“双师型”教师队伍建设文献综述[J].长沙民政职业技术学院学报,2012(3):123-125.

[41] 黄纯国,贺文瑾,习海旭.“一体化双师型”职教师资培养模式的研究与实践[J].十堰职业技术学院学报,2009(5):10-13.

[42] 胡航,詹青龙.教与学的创新:职业教育中的工作场学习[J].职业技术教育,2009(16):5-9.

[43] 洪汉翻.解释学:它的历史和当代发展[M].北京:人民出版社,2001.

[44] HARRY F W.质性研究写作[M].顾瑜君,译.台北:五南图书出版股份有限公司,1998.

[45] HARVEY G.学会引用:大学生论文写作指导手册[M].沈文钦,李茵,译.北京:教育科学出版社,2007.

[46] HATCH J A.如何做质的研究[M].朱光明,等译.北京:中国轻工业出版社,2007.

[47] 贺文瑾.略论职技高师“双师型”师资队伍建设[J].职业技术教育,2002(4):24-27.

[48] 贺文瑾.职教教师教育的反思与建构:基于专业化取向的研究[D].上海:华东师范大学,2007.

[49] 贺文瑾,石伟平.我国职教师资队伍专业化建设的问题与对策[J].教育发展研究,2005(10):73-78.

[50] 贺文瑾.“双师型”教师的概念解读[J].职教通讯,2008(7/8):35-39.

[51] 贺文瑾.完善培养培训机制,促进职教师资专业成长[J].当代职业教育,2013(11):1.

[52] 贺文瑾.职业教育“双师型”教师队伍专业化建设的新部署[J].中国职业技术教育,2014(21):216.

[53] 华夏.终身学习视域下“双师型”师资队伍建设的研究与实践[J].职教论坛,2013(14):83.

[54] 威廉·富特·怀特.街角社会:一个意大利人贫民区的社会结构[M].黄育馥,译.北京:商务印书馆,1994.

[55] 黄斌,毛青松.“双师型”教师资格标准体系初探[J].教育与职业,2006(30):41.

[56] 黄伟祥.中职学校“双师型”教师培训的研究与实践[J].中国职业教育,2013(27):63.

[57] IMOTHY G K. CHARLES W C. JOHN W B.成为反思型教师[M].沈文钦,译.北京:中国轻工业出版社,2005.

[58] 姜大源.职业教育立法的跨界思考:基于德国经验的反思[J].教育发展研究,2009(19):32-35.

[59] 姜大源.论高等职业教育课程的系统化设计:关于工作过程系统化课程开发的解读[J].中国高教研究,2009(4):66-70.

[60] 姜大源. 高等职业教育:来自瑞士的创新与启示[J]. 中国职业技术教育,2011(4):27-41.

[61] 姜大源. 漫话工作过程系统化课程开发的哲学思考[J]. 新疆职业教育研究,2010(4):1-3.

[62] 姜大源. 新起点 新成果 新模式:中德职教师资进修培训项目回顾[J]. 中国职业技术教育,2005(9):1.

[63] 蒋夫尔,马树超. 高素质教师队伍是这样打造出来的[N]. 中国教育报,2010-06-27(3).

[64] 蒋凯. 英国高等职业教育:性质定位、运行模式与特点[J]. 中国职业技术教育,2010(18):5-10.

[65] 鞠玉翠. 走近教师的生活世界[M]. 上海:复旦大学出版社,2004.

[66] 克莱恩 J T. 跨界边界:知识、学科、学科互涉[M]. 姜智芹,译. 江苏:南京大学出版社,2000.

[67] 理查德 A. 克鲁杰,玛丽·安妮·凯西. 焦点团体:应用研究实用指南[M]. 林小英,译. 重庆:重庆大学出版社,2007.

[68] 克兰迪宁,迈克尔·康纳利. 叙事探究:质的研究中的经验和故事[M]. 北京:北京大学出版社,2008.

[69] 库伯. 体验学习[M]. 王灿明,朱水萍,等译. 上海:华东师范大学出版社,2008.

[70] 库尔德·勒温. 拓扑心理学原理[M]. 竺培梁,译. 杭州:浙江教育出版社,1997.

[71] 梁成艾. 职业学校“双师型”教师专业化发展论[M]. 成都:西南交通大学出版社,2014.

[72] 李飞龙. 西方工作场学习:概念、动因与模式探析[J]. 外国教育研究,2011(3):79-83.

[73] 李佳敏. 跨界与融合:基于学科交叉的大学人才培养研究[D]. 上海:华东师范大学,2014.

[74] 李娟,肖志雄. “双师型”教师评价指标体系的构建及评价方法研究[J]. 职业技术教育,2013(5):75-76.

[75] 李莉春. “信奉理论”与“使用理论”之辩及其对教育实践的意义[J]. 外国教育研究,2010(1):12-18.

[76] 李梦卿,张碧竹. “双师型”教师队伍建设制度的回顾与思考[J]. 教育与职业,2012(6):15.

[77] 李梦卿,刘晶晶. 我国职业教育 150 年的局变与势况[J]. 中国职业技术教育,2016(34):71-76.

[78] 李梦卿,熊健民,罗莉,等. 双师型教师队伍比较研究[M]. 武汉:华中科技大

学出版社,2010.
[79] 李梦卿,罗莉.“双师型”教师职称:职教教师专业发展的保证[J].职教论坛,2011(22):59.
[80] 李茂荣,黄健.工作场所学习概念的反思与再构:基于实践的取向[J].开放教育研究,2013(2):19-28.
[81] 李玉萍,王珊珊.高职院校教师队伍管理模式的构建[J].宿州学院学报,2011(11):81-82,99.
[82] 李玉萍.影响高职教师专业发展活动的内外部动因研究[J].职教论坛,2017(12):17-25.
[83] 林克松.工作场学习与专业化革新:职业院校“双师型”教师专业发展路径探新[D].重庆:西南大学,2014.
[84] 林克松.工作场学习:职业学校教师专业发展的有效路径[J].江苏教育,2015(2):35-38.
[85] 林素琴,邵汉强.“拜师学艺”创新“双师型”教师培养模式[J].中国职业技术教育,2007.
[86] 梁悦,李莹.论高职高专院校英语教师发展的模式与路径[J].韶关学院学报,2011(11).
[87] 刘永中,金才兵.英汉人力资源管理核心词汇手册[M].广州:广东经济出版社,2005.
[88] 刘建湘,周明星.探析双师型教师专业发展的管理策略[J].教育与职业,2005(21):25.
[89] 洛夫兰德.分析社会情境:质性观察与分析方法[M].林小英,译.重庆:重庆大学出版社,2009.
[90] 卢双盈.职业教育“双师型”教师解析及师资队伍建设[J].职业技术教育,2002(4):35-38.
[91] 约瑟夫 A.马克斯威尔.质的研究设计:一种互动的取向[M].朱光明,译.重庆:重庆大学出版社,2007.
[92] 马斯洛.人性能达的境界[M].林方,译.昆明:云南人民出版社,1987.
[93] MATTHEW B M,HUBERMAN A M.质性资料的分析:方法与实践[M].张芬芬,译.重庆:重庆大学出版社,2008.
[94] 马万华.多样性与领导力:马丁·特罗论美国高等教育和研究型大学[M].北京:教育科学出版社,2011.
[95] 孟庆国,吴炳岳,张兴会,等.动手动脑并举培养“一体化双师型”职教师资[J].中国高等教育,2006(22):59-60.
[96] 赖特·米尔斯.社会学的想象力[M].陈强,张永强,译.北京:三联书店,2001.

[97] 牟燕萌.高职院校“双师型”教师队伍现状及建设研究[D].济南:山东师范大学,2006.

[98] 宁永红,张萌,孙芳芳.中等职校“双师型”师资队伍建设存在的误区及建议[J].职教论坛,2012(10):58.

[99] 罗伯特 C.波格丹,萨莉·诺普·比克伦.教育研究方法:定性研究的视角[M].钟周,李越,赵琳,等译.北京:中国人民大学出版社,2008.

[100] 迈克尔·波兰尼.个人知识:迈向后批判哲学[M].许泽民,译.贵阳:贵州人民出版社,2000.

[101] 迈克尔·波特.竞争优势[M].陈小悦,译.北京:华夏出版社,1997.

[102] 潘慧春,禹旭才.职业院校教师成长的环境因素分析[J].湖南师范大学教育科学学报,2008(1):108-110.

[103] 彭移风.高职院校教师职业生涯发展困境与出路的思考[J].中国高教研究,2006(10).

[104] 乔新生.用“有形之手”促高职教育发展[N].深圳特区报,2017-03-23(A02).

[105] 海伦·瑞恩博德,艾莉森·富勒,安妮·蒙罗.情境中的工作场所学习[M].匡瑛,译.北京:外语教学与研究出版社,2011.

[106] 阮彩霞.高职院校开展青年教师校本培训的研究[J].教育与职业,2014(12):76-78.

[107] 理查德·沙沃森,丽萨·汤.教育的科学研究[M].曹晓南,等译.北京:教育科学出版社,2006.

[108] 石伟平.我国职教师资队伍专业化建设的问题与对策[J].教育发展研究,2005(10).

[109] 石伟平.时代特征与职业教育创新[M].上海:上海教育出版社,2006.

[110] 谭胜富.浅谈中职校“双师型”教师培养[J].职教论坛,2007(7):33-34.

[111] 唐林伟,周明星.职业院校“双师型”教师研究综述[J].河南职业技术师范学院学报,2005(4):30-33.

[112] 唐林伟,董桂玲,周明星.“双师型”教师专业标准的解构与重构[J].职业技术教育,2005(26):11-12.

[113] 唐智彬,石伟平.职业教育教师专业发展的校企联合支持模式初探[J].教育与职业,2009(1):13-15.

[114] 王邦佐.中学优秀教师的成长与高师教改之探索[M].北京:人民教育出版社,2000.80-81.

[115] 王继平.“双师型”与职业教育教师专业化[J].职业技术教育,2008(27).

[116] 王义澄.建设“双师型”专科教师队伍[N].中国教育报,1990-12-05(3).

[117] 王义澄,苏汀林.改革工科专业教育 培养高级工艺技术人才[J].上海高教

研究,1988(3):49-52.

[118] 王义澄.努力建设“双师型”教师队伍[J].高等工程教育研究,1991(2):49-53.

[119] 吴全全.职业教育“双师型”教师基本问题研究:基于跨界视域的诠释[M].北京:清华大学出版社,2011.

[120] 吴全全.职业教育“双师型”教师内涵及能量结构解读[J].中国职业技术教育,2014(21):212.

[121] 肖凤翔,张弛.“双师型”教师的内涵解读[J].中国职业技术教育,2012(15).

[122] 邢晖,佛朝晖,郭静.当前职业院校的定位困惑与政策建议[J].中国职业技术教育,2016(3):52-54.

[123] 徐国庆.美国职业教育教师培训内容研究:以俄亥俄州为例[J].外国教育研究,2012,(6):121-126.

[124] 徐国庆.从项目化到制度化:我国职业教育教师培养体系的设计[J].教育发展研究,2014(5):19-25.

[125] 徐晶,贺文瑾.三元共生职教师资培养模式的保障制度评析[J].职教论坛,2010,(34):63-65.

[126] 徐英俊,齐爱平.高职院校“双师型”教师队伍现状抽样调查及对策分析[J].成人教育,2009(11).

[127] 薛晓瑜,胡业华.浅析我国中职学校“双师型”教师内涵及其认定办法[J].职教论坛,2014(11):11-12.

[128] 颜明忠,张建荣,王建初.从国际比较角度看“双师型”职教师资培养[J].职业技术教育,2002(19):49.

[129] 辛涛,申继亮,林崇德.从教师的知识结构看师范教育的改革[J].教师教育研究,1999(6):12-17.

[130] 杨金土.高等技术与职业教育的专业和课程:以澳大利亚为个案的研究[M].北京:科学出版社,2004.

[131] 杨涛.职业教育“双师型”教师全方位解析[J].中国成人教育,2013(6):83.

[132] 姚贵平.解读职业教育“双师型”教师[J].中国职业技术教育,2002(6).

[133] 叶澜.教师角色与教师发展新探[M].北京:教育科学出版社,2001.

[134] 叶小明.高等职业院校教师专业发展研究[D].武汉:华中科技大学,2008.

[135] 罗伯特 K.殷.案例研究:设计与方法[M].周海涛,译.重庆:重庆大学出版社,2004.

[136] 由建勋.高职教师“双通道流动”机制的构建[J].教育发展研究,2007(07B).

[137] 苑毅.校企合作背景下“双师型”教师培养困境与出路[J].佳木斯职业学院

学报,2016(7):218-219.

[138] 余祖光. 建设我国高技能人才队伍的战略思考[N]. 中国组织人事报,2011-03-25(6).

[139] 詹先明. “双师型”教师发展论[M]. 合肥:合肥工业大学出版社,2010.

[140] 张宝歌. 高职“双师型”教师素质的提升:培养与评价一体化[J]. 江苏高教,2007(6).

[141] 张柏清. 职业院校“双师型”教师的职业技能及其培养[J]. 高等教育研究,2008(9):77-78.

[142] 张斌贤,崔延强,文东茅,等. 首届全国教育博士专业学位研究生论坛优秀论文集[C]. 重庆:西南师范大学,2014.

[143] 赵志峰. “双师型”教师的成长与发展[J]. 中国职业技术教育,2014(12):75-77.

[144] 郑余. 高职“双师型”教师的内涵识读与培养模式研究[D]. 金华:浙江师范大学,2006.

[145] 郑秀英,周志刚. “双师型”教师:职教教师专业化的发展目标[J]. 中国职业技术教育,2010(27):75-78.

[146] 周明星. 职业教育学通论[M]. 天津:天津人民出版社,2002.

[147] 周元春. 以行动为导向的“双师型”师资培训设计与实践[J]. 职教论坛,2013(7):67.

[148] 中国科教评价网. 2017-2018 年中国高职高专院校竞争力排行榜(600 强)[EB/OL]. (2017-01-23). http://www. nseac. com/html/168/.

[149] 中华人民共和国教育部. 2016 年全国教育事业发展统计公报[Z]. [EB/OL]. (2017-03-21). http://www. moe. gov. cn/srcsite/A03/s180/moe_633/201607/t20160706_270976. html.

[150] 中研网. 2016 年中国大学及学科专业评价咨询报告[EB/OL]. (2016-03-12). http://www. chinairn. com/news/20160226/104316201. shtml.

[151] 朱秋. 专职教师向双师型教师转型发展存在的问题及策略[J]. 教育与专业,2016(5):47-49.

[152] 朱孝平. 当前职校双师型教师培养的策略与方法评述[J]. 职教论坛,2009(5):4-5.

[153] ANTA. A glossary of VET terms, in NCVER: what makes for good workplace learning? [EB/OL]. (2016-02-08). http://www. never. edu. aulresearch/core/cp0207. pdf.

[154] ALFRED R L, NANCY S N. Faculty retraining: a strategic response to changing resources and technology[J]. Community College Review, 1993(2):3-29.

[155] ARGIRIS C. Reasoning, learning and action: individual and organizational [M]. San Francisco: Jossy-Bass, 1982.

[156] ARGIRIS C, SCHON D. Theory in practice: increasing professional effectiveness[M]. San Francisco: Jossy-Bass, 1974.

[157] BANDURA A. Social foundations of thought and action: A social cognitive theory[M]. Englewood Cliffs: Prentice-Hall, 1986.

[158] BANDURA A. Self-efficacy: the exercise of control[M]. New York: W. H. Freeman, 1997.

[159] BARNETT R. Learning to work and working to learn[M]//BOUND D, GARRICK J. Understanding learning at work. London: Routledge, 1999.

[160] BERNS R G, ERICKSON P M. Contextual teaching and learning: preparing students for the new economy[M]. Columbus: National Dissemination Center for Career and Technical Education, 2001.

[161] BLACKBURN R T, BIEBER J P, LAWRENCE J H. Faculty at work: focus on research, scholarship, and service[J]. Research in Higher Education, 1991, 32(4): 385-413.

[162] BILLET S. Authenticity and a culture of practice[J]. Australian and New Zealand of Vocational Education Research, 1993(1): 1-29.

[163] BILLET S, ROSE J. Developing conceptual knowledge in the workplace [M]//STEVENSON J. Learning in the workplace: tourism and hospitality. Brisbane: Griffith University, Center for Learning and Work Research, 1996: 204-228.

[164] BILLET S. Critiquing workplace learning discourses: participation and continuiy at work[J]. Studies in the education of adults, 2002, 34(1): 56-57.

[165] BOICE R. The new faculty member[M]. San Francisco: Jossey-Bass, 1992: 20-32.

[166] BRAY M. Comparative education: traditions, applications and the role of HKU[R]. Hong Kong: The University of Hong Kong Faculty of Education's 20th Aniversary Inaugural Lecture, 2004.

[167] BROWN B L. Professional development for career educators: ERIC digest [M]. Columbus: ERIC Clearinghouse on Adult, Career and Vocational Education, 2002.

[168] BROWN B L. New wine in new bottles: transforming vocational education into career and technical education[M]. Columbus: Center on Education and Training for Employment, The Ohio State University, 2002.

[169] BURNS J. Informal learning and transfer of learning:how new trade and industrial teachers perceive their professional growth and development [J]. Career and Technical Education Research,2008(33):3-24.

[170] CARCIOPPOLO J. Designing a phase-based professional development program to improve andragogical effectiveness of faculty teaching online [M]. Ann Arbor:ProQuest Dissertations Publishing,2013.

[171] CEDEFOP. Trainers in continuing VET: emerging competence profile [M]. Luxembourg:Publications Office of the European Union,2013.

[172] CLANDININ D J. Classroom practice:teacher images in action[M]. London:Falmer Press,1986.

[173] Council of the European Union,European Commission. The bruges communiqué on enhanced European cooperation in vocational education and training for the period 2011-20 [EB/OL]. (2015-12-27). http://ec.europa.eu/education/lifelong-learning-policy.

[174] COLBECK C. Integration:evaluating faculty work as a whole[J]. New Directions for Institutional Research,2002(114):43-52.

[175] COOK S,BROWN J S. Bridging epistemologies:the generative dance between organizational knowledge and organizational knowing [J]. Organization Science,1999,10(4):381-390.

[176] CUNNINGHAM J. The workplace:a Learning environment[C]. Sydney: The First Annual Conference of the Australia Vocational Education and Training Research Association,1998(2).

[177] DECI E L. Why we do what we do: understanding self-motivation[M]. New York:Penguin,1995:78-95.

[178] DECI E L,RYAN R M. The support of autonomy and the control of behavior[J]. Journal of Personality and Social Psychology, 1987 (53) 1024-1037.

[179] DECI E L, RYAN R M. The paradox of achievement: the harder you push,the worse it gets[M]//ARONSON J. Improving academic achievement:contributions of social psychology. New York:Academic,2002.

[180] DEE J R,CHERYL J D. Innovative models for organizing faculty development programs: pedagogical reflexivity, student learning empathy, and faculty agency[J]. Human Architecture:Journal of the Sociology of Self-Knowledge,2009,7(1):1.

[181] ELBAZ F. Teacher thinking: a study of practical knowledge[M]. New York:Nichols Publishing,1983.

[182] European Commission, Danish Technological Institute. European business forum on vocational training: challenges and trends in continuing development of skills and career development of the European workforce: survey report. [EB/OL]. (2015-12-27). http://eutrainingforum. teamwork. fr/docs/survey_report. pdf.

[183] ERICSSON K A, CHARNESS N. Expert performance: its structure and acquisition[J]. American Psychologist, 1994(49): 725-747.

[184] FAVERO M D, HINSON J M. Evaluating instructor technology integration in community and technical colleges: a performance evaluation matrix [J]. Community College Journal of Research and Practice, 2007(5): 389-408.

[185] HARDRE P L, CROWSON H M, LY C. Testing differential effects of computer-based, web-based, and aper-based administration of questionnaire research instruments[J]. British Journal of Educational Technology, 2007(1): 5-22.

[186] HOBAN F G. Teacher learning for educational change: a systems thinking approach[M]. Milton Keynes: Open University Press, 2002.

[187] HOEKSTRA B. Relating training to job satisfaction: a survey of online faculty members[J]. Journal of Adult Education, 2014(1): 1-17.

[188] HOU H. A Comparison of the career and technical education programs in a US community college and a Chinese institution[M]. Ann Arbor: ProQuest Dissertations Publishing, 2010.

[189] HUISKAMP J G. Connections, confidence, and competence: the meaning of professional development for community college support staff personnel[M]. Ann Arbor: ProQuest Dissertations Publishing, 2008.

[190] ILLERIS K. A model for learning in working life[J]. The Journal of Workplace Learning, 2004(8): 431-436.

[191] JOGENSE C H, WARNING N. Learning in the workplace[M]. London: RUC Press, 2001.

[192] JOHNSON W B, RIDLEY C H. The elements of mentoring[M]. New York: St. Martin's Press, 2015.

[193] KOZERACKI C A. ERIC review: issues in developmental education[J]. Community College Review, 2002(4): 83-97.

[194] LATHAM G P. Work motivation: history, theory, research and practice [M]. Thousand Oaks: Sage, 2007.

[195] LAVE J, WENGER E. Situated learning: legitimate peripheral learning

[M]//PEA R,BROWN J S. Learning in doing:social,cognitive and computational perspectives. Cambridge:Cambridge University Press,1991.

[196] LIEBERMAN, A teacher development: commitment and challenge [M]//GRIMMETT P P,NEUFELD J. Teacher development and struggle for authenticity: professional growth and restructuring in the context of change. New York & London: Teachers college press,1994.

[197] LINDHOLM A J. Pathways to the professoriate:the role of self,others, and environment in shaping academic career aspirations[J]. The Journal of Higher Education,2004,75(6):603-635.

[198] MANSFIELD R. Deriving standards of competence[M]//FENNEL E. Development of assessable standards for national certification. London: Department for Education and Employment,1991.

[199] MAURER M J. Professional development in career and technical education[M]. Columbus O H: National Dissemination Center for Career and Technical Education,The Ohio State University,2000.

[200] MCELROY C E. Participation in title III-funded faculty training at central piedmont community college and its impact on the teaching methodologies used by instructors in developmental reading and english courses[M]. Ann Arbor:ProQuest Dissertations Publishing,2007.

[201] MCLAUGHLIN M W,TALBERT J E. Professional communities and the work of high school teachers [M]. Chicago: University of Chicago Press,2001.

[202] MEZIROW J. Transformative dimensions of adult learning [M]. San Francisco:Jossey-Bass,1991.

[203] POLANI M. Personal knowledge: toward a post-critical philosophy[M]. Chicago:The University of Chicago Press,1946.

[204] Ministry of Education. Vet Teachers and Trainers in Finland[M]. Helsinki: Helsinki University Press,2006.

[205] MOORE A. The good teacher:dominant discourses in teaching and teachers education[M]. New York:Routledge Falmer,2004.

[206] National Staff Development Council. NSDC standards for staff development (Revised, 2001) [EB/OL]. (2006-05-19). http://www. nsdc. org/standards.

[207] NEWELL A. Unified theories of cognition[M]. Cambridge: Harvard University Press,1990.

[208] OWENS R G. Organizational behavior in education[M]. Boston:Allyn &

Bacon,2001.

[209] PENY P. Professional development:the inspectorate in England and wales [M]//ERIC H,JACUQUETTA M. World yearbook of education 1980: professional development of teachers. London:Kogan,1980.

[210] PEREZ A M, MCSHANNON J, HYNES P. Community college faculty development program and student achievement[J]. Community College Journal of Research and Practice,2012(5):379.

[211] Report to HEFCE by the KSA partnership: workplace learning in the North East [DB/OL]. (2016-02-08). http://www. hefce. ac. Uk/Pubs/RDreports/20061rd12-06. pdf.

[212] ROUECHE J E. Salvage, redirection, or custody? Remedial education in the community junior college[M]. Washington: American Association of Community College,1968:7-8.

[213] RYAN R M, DECI E L. Self-determination theory and the facilitation of intrinsic motivation, social development, and well-being[J]. American Psychologist,2000,55(1):68-78.

[214] SANDFORD B A, BELCHER G G, FRISBEE R L. A national assessment of perceived instructional needs for professional development of part-time technical and occupational education faculty in the community colleges in the U. S. [J]. Journal of Career and Technical Education,2007(1):446.

[215] MARLENE S, EBBERS L H, KING A R. Hiring and developing quality community college faculty[J]. Community College Journal of Research and Practice,2008(12):985-998.

[216] STURKO A P, GREGSON A J. Learning and collaboration in professional development for career and technical education teachers: a qualitative multi-case study[J]. Journal of Idustrial Teacher Education,2009(45):34-60.

[217] THREETON D M. The Carl D. Perkins career and technical education (CTE) act of 2006 and the roles and responsibilities of CTE teachers and faculty members[J]. Journal of Industrial Teacher Education,2007(44):66-82.

[218] TICKLE L. New teacher and the development of professionalism[M]// HOLLY M I, MCLOUGHLIN C S. Perspectivees on the teacher professional development. New York: The Falmer Press,1989.

[219] VITULLO M W, SPALTER-ROTH R. Contests for professional status: community college faculty in sociology[J]. The American Sociologist,

2013(4):349-365.

[220] YVONNE W, HAUSER G M. The impact of a system-wide community college professional development program on pedagogical practice: an assessment of faculty perspectives[J]. International Journal of Arts & Sciences, 2014(2):617.

[221] WILSON S M, BERNE J. Teacher learning and the acquisition of professional knowledge: an examination of research on contemporary professional development[J]. Review of Research in Education, 1999(24):173-209.